应用型本科会计人才培养系列教材
YINGYONGXING BENKE KUAIJI RENCAI PEIYANG XILIE JIAOCAI

财务管理学习指导

CAIWU GUANLI XUEXI ZHIDAO

主　编○姚永红
副主编○陈雪铃　叶国安　李美玲

西南财经大学出版社
Southwestern University of Finance & Economics Press
中国·成都

应用型本科会计人才培养系列教材
YINGYONGXING BENKE KUAIJI RENCAI PEIYANG XILIE JIAOCAI

编委会

总 序

会计学院是广州华商学院最早成立的院系之一，现开设会计学、财务管理、审计学和税收学四个专业。其中，会计学专业设会计师、注册会计师、管理会计师、金融会计、会计智能化和国际注册会计师（ACCA）六个专业方向；财务管理专业设公司理财和财务分析师（CFA）两个专业方向；审计学专业设审计师和信息技术（IT）审计两个专业方向；税收学专业设注册税务师专业方向。经过多年的探索，会计学院逐步形成以下办学特色：一是以 ACCA 和 CFA 为代表的国际化教学特色，二是以管理会计师（GAMA）卓越班为代表的协同育人特色，三是以线上线下混合教学实验区为代表的建构教学特色，四是将会计与投融资融为一体的多学科融合特色，五是以华商云会计产业学院为代表的产教融合特色。目前，会计学专业为国家一流专业建设点，财务管理专业为省级一流专业建设点，会计学科为广东省会计类特色重点学科。

在长期的教学实践中，广州华商学院一直秉承优质的教学理念，优选国内同类教材中最受欢迎的教材作为各专业课程的指定教材。教材选定的一般原则是：若有多种同类教材，首选教育部规划教材；若有多种教育部规划教材，首选其中的获奖教材；若没有教育部规划教材，优先选择国内知名高校的教材。这种教材筛选方式保证了会计学科各专业教学的高质量，但也不可避免地带来了一些问题。首先，所选教材难以满足应用型高校会计人才培养的需要。财政部出台的《会计行业中长期人才发展规划（2010—2020 年）》明确指出，适应经济社会发展对高素质应用型会计人才需求，加大应用型高层次会计人才培养力度。华商学院作为一所民办应用型高校，不论是从办学分工，还是从社会需求角度考虑，都必须以培养应用型人才为主要目标，但现有的教育部规划教材或名校教材大多偏重理论教学，鲜有明确为培养应用型人才而打造的教材。其次，各专业教材之间的衔接度不高。现有教材大多是各专业教师根据各学科教学要求选择的高规格知名高校教材，导致所选各学科教材之间的衔接度不高，有的内容重复讲授，有的内容则被遗漏，教学内容缺乏系统安排。最后，所选教材知识陈旧，跟不上相关会计准则与制度的变化。近年来，我国会计准则及税法、审计等相关法规制度均发生了较大变化，如新的《企业会计准则》的持续发布和重新修订、《管理会计基本指引》和《管理会计应用指引》的发布与实施，以及增值税法规和《中华人民共和国企业所得税法》的相继修订，导致现有教材内容跟不上制度的变化，学生无法系统地学习最新专业知识。在这一背景下，及时编写一套实践性和系统性强、体系完整、内容新颖、适用于应用型高校会计人才培养的会计系列教材就显得极为必要。

本系列教材的特点主要表现在以下几方面：第一，实践性强。本系列教材知识体系的构建、教学内容的选择以应用型人才培养为主要目标。第二，系统性强。各教材之间互有分工、各有重点、密切配合，共同构建了一个结构合理、内容完整的知识体系。第三，通用性强。本系列教材力求同时满足会计学、财务管理、审计学和税收学四个专业，多个专业方向同类课程的教学和学习要求，既方便了教师的教学安排，又增加了学生跨专业选课的便利性。第四，新颖性强。本系列教材根据最新发布的会计准则、税收法规，以及相关规章制度编写，以确保学生所学专业知识的新颖性。第五，可读性强。本系列教材力求做到通俗易懂、便于理解和使用，以方便学生自主学习、自主探索。

本系列教材包括会计学、财务管理、审计学和税收学四个专业的专业基础课、专业必修课和专业选修课教材。首批教材包括《初级财务会计》《中级财务会计》《高级财务会计》《成本会计》《管理会计》《财务管理》《审计学》《会计学》。第二批教材包括《财务共享服务》《会计信息系统》《企业行为模拟》《资本市场运作》《高级财务管理》。第三批教材包括《会计职业道德》《金融会计》《税法》《税收筹划》等。

本系列教材由广州华商学院的教授或教学经验丰富的教师担任主编，并由广州华商学院特聘教授或特聘讲席教授负责审稿，从而为所编教材的质量提供了保证。鉴于本系列教材涉及面较广，相关会计准则、制度处于不断的变动之中，加之编者学识有限，难免存在不当之处，真诚希望各位读者批评指正。

2021年6月

前 言

财务管理课程是经管类学科的基础课程之一，是兼具理论性与实践性的主干课程。在实务中，财务管理处于企业管理的核心地位，其重要性日益突出。为了能更好地完成课程建设任务，满足教师教学与学生学习的需要，提高教与学的质量，编者组织财务管理课程教学团队成员编写了本书。本书是根据西南财经大学出版社出版的《财务管理》（主编：姚永红）编写的指导书，本书既可以作为财务管理课程教学的辅导教材也可以作为自学的配套用书。

本书共9章，每章的框架结构包括学习指导、练习题、练习题参考答案三部分。其中，学习指导的内容包括有本章结构、学习目标和要求、本章重点难点，帮助学生了解学习目标，梳理重点难点，从整体上把握知识体系；练习题是根据知识点设置的，每个知识点下分别设置有单选题、多选题、判断题和计算题等，帮助学生巩固理论知识；练习题参考答案除了提供正确答案外，还提供答案解析，不仅能帮助学生深入理解相关知识点，还有助于学生检查学习成果。

本书的编写得到了广州华商学院领导和专家的大力支持与帮助，在此一并感谢！尽管我们力求做到符合专业特点、遵循教学规律，但由于编者水平有限，书中恐有不足或错漏，恳请广大读者提出指正意见，以便以后进一步完善。

编 者

2022年1月

目 录

第一章
总 论

第一节 学习指导

一、本章结构

本章结构如图 1-1 所示。

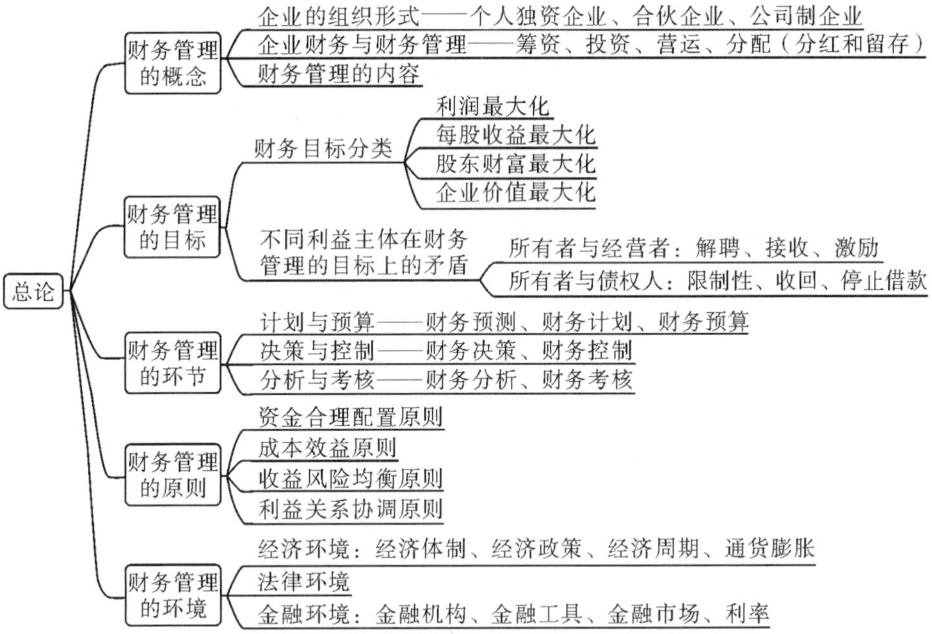

图 1-1 本章结构

二、学习目标和要求

1. 了解企业的几种不同的组织形式
2. 理解财务管理的概念

3. 掌握财务活动与财务关系的含义与内容

4. 理解和掌握财务管理的目标及其优缺点

5. 了解财务管理环境

6. 掌握利率的构成

三、本章重点难点

1. 企业的组织形式

企业的组织形式是指企业存在的形态和类型，典型的企业组织形式主要有个人独资企业、合伙企业和公司制企业三类。

（1）个人独资企业是指由一个自然人投资，财产为投资人所有的营利性经济组织。个人独资企业的优点包括企业的建立与解散程序简单、经营管理灵活自由、不需要缴纳企业所得税。其缺点包括业主对企业的债务负无限责任、企业的规模有限、企业的存在缺乏可靠性、不容易进行外部融资。

（2）合伙企业是由两个或两个以上的自然人通过订立合伙协议，共同出资经营、共负盈亏、共担风险的企业组织形式。合伙企业分为普通合伙企业（其中包括特殊的普通合伙企业）和有限合伙企业。合伙企业的优点包括相对于个人独资企业而言，合伙企业的筹资能力有所提高；与个人独资企业相比较，合伙企业能够让更多投资者发挥优势互补的作用；不用缴纳企业所得税。其缺点包括所有合伙人对企业债务需承担无限、连带责任；所有权转移比较困难。

（3）公司（或称公司制企业）是指由两个以上投资人（自然人或法人）依法出资组建，有独立法人财产，自主经营、自负盈亏的法人企业。出资者按出资额对公司承担有限责任。其主要形式分为有限责任公司和股份有限公司两种。公司制企业的优点包括有限债务责任、可以无限存续、股权便于转让、容易筹集所需资金。其缺点包括组建公司的成本高、存在代理问题、具有双重税负。

2. 财务管理的概念

财务管理（financial management）是指在一定的整体目标下，关于资产的购置（投资）、资本的融通（筹资）和经营中现金流量（营运资金）以及利润分配的管理工作。简单来说，财务管理是组织企业财务活动、处理财务关系的一项经济管理工作。

3. 财务活动

从生产经营企业来看，企业的资金运动包括企业筹资引起的财务活动、企业投资引起的财务活动、企业经营引起的财务活动、企业分配引起的财务活动。

4. 财务关系

企业生产经营过程中的资金运动，体现了企业和各方的经济关系，即财务关系。企业财务关系主要包括以下几个方面：

（1）企业同其所有者的财务关系。企业同其所有者的财务关系体现了所有权的性质，反映了经营权和所有权的关系。

（2）企业同其债权人的财务关系。企业同其债权人的财务关系体现的是债务与债权关系。

（3）企业同其被投资单位的财务关系。企业同其被投资单位的财务关系体现的是所有权性质的投资与受资关系。

（4）企业同其债务人的财务关系。企业同其债务人的财务关系体现的是债权与债务关系。

（5）企业内部各单位之间的财务关系。这种在企业内部形成的资金结算关系，体现了企业内部各单位之间的利益关系。

（6）企业与职工的财务关系。企业与职工的财务关系体现了职工和企业在劳动成果上的分配关系。

（7）企业与税务机关的财务关系。企业与税务机关的财务关系反映的是依法纳税和依法征税的权利义务关系。

5. 财务管理不同目标的特征及其优缺点

（1）利润最大化。利润最大化就是假定企业财务管理以实现利润最大为目标。企业追求利润最大化，就必须讲求经济核算、加强管理、改进技术、提高劳动生产率、降低产品成本，这些措施都有利于资源的合理配置和经济效益的提高。但是，利润最大化目标在实践中存在以下难以解决的问题：

①利润是指企业一定时期实现的税后净利润，没有考虑资金的时间价值。

②没有反映创造的利润与投入的资本之间的关系。

③没有考虑获取利润与其所承担风险的大小。

④片面追求利润最大化可能会导致企业短期行为，与企业发展的战略目标相背离。

（2）每股收益最大化。每股收益是企业实现的归属于普通股股东的当期净收益同当期发行在外的普通股的加权平均数的比值。以每股收益最大化作为财务管理的目标，可以有效克服利润最大化目标的缺陷。但与利润最大化目标一样，该指标仍然没有考虑资金的时间价值和风险因素，也不能避免企业的短期行为，从而会导致与企业发展的战略目标相背离。

（3）股东财富最大化。股东财富最大化是指通过财务上的合理经营，为股东创造最多的财富。该目标的优点如下：

①考虑了资金的时间价值。

②在一定程度上能够克服企业在追求利润上的短期行为，保证了企业的长期发展。

③体现了企业所有者对资本保值增值的要求。

其缺点如下：

①只有在上市公司才可以有比较清晰的价值反映，对非上市公司很难适用。

②要求金融市场是有效的。

③不能完全反映股东财富或价值的大小，对其他相关者的利益重视不够。

（4）企业价值最大化。企业价值就是企业的市场价值，是企业所能创造的预计未来现金流量的现值之和。在理论上，企业价值最大化目标是最合理、最完善的。该目标的优点如下：

①考虑了货币的时间价值和投资的风险价值。

②反映了对企业资产保值增值的要求。

③有利于克服管理上的片面性和短期行为。

④有利于社会资源的合理配置。社会资本通常流向企业价值最大化的企业或行业，从而实现社会效益最大化。

该目标的缺点如下：

①对非上市公司而言，这一目标不能依靠股票市价做出评判，而需通过资产评估的方式进行。受评估标准和评估方式的影响，这种估价不够客观和准确。

②企业价值，特别是股票价值并非为企业所控制，其价格波动也并非与企业财务状况的实际变动相一致，这给企业实际经营业绩的衡量带来了一定的问题。

6. 财务管理的环节

财务管理的环节是指财务管理工作的步骤与一般程序。企业财务管理包括以下几个环节：计划与预算、决策与控制、分析与考核。

7. 财务管理的原则

财务管理的原则是指企业组织财务活动、处理财务关系的基本准则。从财务管理具体实施的角度来讲，企业主要应遵循以下几项原则：资金合理配置原则、成本效益原则、收益风险均衡原则、利益关系协调原则。

8. 金融市场

金融市场是指资金供应者和资金需求者双方通过信用工具进行交易而融通资金的市场，即实现货币借贷和资金融通、办理各种票据和进行有价证券交易活动的市场。广义的金融市场是指一切资本流动的场所，包括实物资本和货币资本的流动。狭义的金融市场一般是指资金市场，包括货币市场（短期资金市场）和资本市场（长期资金市场）。以期限为标准，金融市场可以分为货币市场和资本市场。货币市场又称短期金融市场，是指以期限在 1 年以内（含 1 年）的金融工具为媒介，进行短期资金融通的市场。资本市场又称长期金融市场，是指以期限在 1 年以上的金融工具为媒介，进行长期资金交易活动的市场。

9. 利息率

利息率简称利率，是指资金增值额与投入资金成本额的比值。一般而言，资金的利率由三部分构成：纯利率、通货膨胀补偿率和风险报酬率。其中，风险报酬率又分为违约风险报酬率、流动性风险报酬率和期限风险报酬率 3 种。因此，利率的一般计算公式可表示为：

利率=纯利率+通货膨胀附加率+违约风险报酬率+流动性风险报酬率+期限风险报酬率

第二节 练习题

知识点1：企业组织形式

一、单选题

1. 下列选项中，属于公司制企业的缺点的有（ ）。
   A. 容易筹集所需资金　B. 有限债务责任
   C. 组建公司的成本高　D. 股权便于转让
2. 下列关于公司制企业的优点的表述中，不正确的是（ ）。
   A. 股权便于转让　B. 有限债务责任
   C. 组建公司的成本低　D. 容易筹集所需资金
3. 下列关于个人独资企业的优点的表述中，正确的是（ ）。
   A. 存在代理问题　B. 不需要缴纳企业所得税
   C. 筹资比较容易　D. 建立与解散程序复杂

二、多选题

1. 下列选项中，属于企业的组织形式有（ ）。
   A. 个人独资企业　B. 合伙企业
   C. 公司制企业　D. 关联企业
2. 公司制企业的优点包括（ ）。
   A. 股权便于转让　B. 有限债务责任
   C. 可以无限存续　D. 双重课税
3. 下列选项中，属于个人独资企业的优点的有（ ）。
   A. 建立与解散的程序简单　B. 经营管理灵活自由
   C. 容易进行外部融资　D. 不需要缴纳企业所得税

三、判断题

1. 不论是公司制企业还是合伙企业，股东或合伙人都面临双重课税问题。（ ）
2. 个人独资企业存在双重课税问题。（ ）
3. 就个人独资企业而言，即使企业的损失超过业主最初对企业的投资，业主也只需要承担有限责任。（ ）

4. 相对于企业的其他组织形式而言，公司制企业的筹资能力最强。 （ ）

5. 公司制企业的所有者以其出资额为限承担有限的责任。 （ ）

知识点2：财务管理的内容

一、单选题

1. （ ）是企业生存、发展以及进一步获取利润的基本前提。

A. 筹资　　B. 投资

C. 分配　　D. 经营

2. 企业在（ ）活动中，会发生一系列流动资产和流动负债资金的收付。

A. 筹资　　B. 投资

C. 分配　　D. 日常经营

3. 企业同其（ ）之间的财务关系体现了所有权的性质，反映了经营权和所有权的关系。

A. 所有者　　B. 债权人

C. 债务人　　D. 职工

4. 企业同其（ ）之间的财务关系体现的是债务与债权关系。

A. 所有者　　B. 债权人

C. 管理者　　D. 职工

二、多选题

1. 企业的财务活动主要包括（ ）。

A. 筹资活动　　B. 投资活动

C. 日常营运活动　　D. 分配活动

2. 从资金属性来看，营运资金包括（ ）。

A. 流动资产　　B. 流动负债

C. 固定资产　　D. 无形资产

3. 企业与税务机关的关系反映的是（ ）关系。

A. 依法纳税义务　　B. 内部资金结算

C. 所有权性质　　D. 依法征税权利

三、判断题

1. 在企业分配活动中，企业财务人员可以随意确定分配政策。 （ ）

2. 企业与职工之间的财务关系，体现了职工和企业在劳动成果上的分配关系。 （ ）

3. 企业同其被投资单位的关系体现的是债权债务的关系。 （ ）

知识点3：财务管理的目标

一、单选题

1. 如果把利润最大化作为财务管理的目标，下列选项中，不正确的是（　　）。

A. 没有考虑承担风险的大小

B. 没有反映创造的利润与投入资本之间的关系

C. 没有考虑资金的时间价值

D. 不会导致企业的短期行为

2. 在下列各种财务管理目标理论中，没有考虑时间价值和投资比重的财务管理目标是（　　）。

A. 利润最大化　　B. 企业价值最大化

C. 股东财富最大化　　D. 每股收益最大化

3. 下列有关利益冲突与协调的说法中，不正确的是（　　）。

A. 解聘是一种通过所有者约束经营者的办法

B. 接收是一种通过所有者约束经营者的办法

C. 债权人为了保障自己的利益，可以事先规定借债的用途限制，也可以收回借款或停止借款

D. 激励通常包括股票期权和绩效股票两种方式

4. 下列选项中，不能协调所有者与债权人之间利益冲突的方式是（　　）。

A. 债权人通过合同实施限制性借债　　B. 债权人停止借款

C. 市场对公司强行接收或吞并　　D. 债权人收回借款

5. 在协调所有者与经营者矛盾的方法中，通过市场来约束经营者的办法是（　　）。

A. 解聘　　B. 接收

C. 激励　　D. 奖金

二、多选题

1. 下列选项中，属于企业财务管理目标的有（　　）。

A. 利润最大化　　B. 股东财富最大化

C. 企业价值最大化　　D. 每股收益最大化

2. 作为财务管理的目标，下列关于股东财富最大化和企业价值最大化的说法中，正确的有（　　）。

A. 都考虑了风险因素　　B. 非上市公司很难应用

C. 都可以避免企业的短期行为　　D. 都考虑货币时间价值

3. 下列选项中，能够克服短期行为的财务管理目标有（　　）。

A. 利润最大化　　B. 股东财富最大化

C. 企业价值最大化　　D. 每股收益最大化

4. 经营者和所有者的主要利益冲突是经营者希望在创造财富的同时，能够获取更多的报酬、更多的享受；而所有者希望以较小的代价实现更多的财富。协调这一利益冲突的方式有（　　）。

A. 解聘经营者　　B. 给经营者以“股票期权”

C. 被其他企业吞并接收　　D. 给经营者以“绩效股票”

5. 为了解决所有者与债权人的利益冲突，通常采取的措施有（　　）。

A. 限制性借款　　B. 收回借款

C. 停止借款　　D. 规定借款用途

三、判断题

1. 企业财务管理的目标就是为实现企业创造财富或价值这一目标服务的。（　　）

2. 股东财富最大化强调得更多的是股东利益。（　　）

3. 对上市公司而言，将股东财富最大化作为财务管理目标的缺点之一是不容易被量化。（　　）

4. 在协调所有者与经营者矛盾的方法中，“接收”是一种通过所有者来约束经营者的方法。（　　）

5. 以利润最大化为财务管理目标，可能会导致企业短期行为。（　　）

6. 所有者与经营者的矛盾表现为代理问题。（　　）

知识点4：财务管理的环节和原则

一、单选题

1. （　　）是指按照财务战略目标的总体要求，利用专门的方法对各种备选方案进行比较和分析，从中选出最佳方案的过程。

A. 财务预测　　B. 财务决策

C. 财务控制　　D. 财务分析

2. 财务管理的核心是（　　）。

A. 财务预测　　B. 财务决策

C. 财务预算　　D. 财务控制

3. （　　）是指通过资金活动的组织和调节来保证各项物质资源具有最优化的结构比例关系。

A. 成本效益原则　　B. 资金合理配置原则
C. 收益风险均衡原则　　D. 利益关系协调原则

4.（　　）体现了财务管理要从“投入”与“产出”的对比分析来看待“投入（成本）”的必要性、合理性。

A. 成本效益原则　　B. 资金合理配置原则
C. 收益风险均衡原则　　D. 利益关系协调原则

5. 企业在实施财务管理活动过程中，应当协调好投资者、债权人、债务人、经营者等的经济利益关系，体现了（　　）。

A. 成本效益原则　　B. 资金合理配置原则
C. 收益风险均衡原则　　D. 利益关系协调原则

二、多选题

1. 从财务管理具体实施的角度来讲，主要应遵循的原则有（　　）。

A. 资金合理配置原则　　B. 成本效益原则
C. 收益风险均衡原则　　D. 利益关系协调原则

2. 下列选项中，属于计划与预算环节的有（　　）。

A. 财务预测　　B. 财务分析
C. 财务控制　　D. 财务预算

3. 下列选项中，属于财务控制措施的有（　　）。

A. 过程控制　　B. 预算控制
C. 运营分析控制　　D. 绩效考评控制

4. 下列关于财务管理环节的说法中，正确的有（　　）。

A. 财务预测为决策提供可靠的依据
B. 财务预算是财务战略的具体化
C. 财务考核是构建激励与约束机制的关键环节
D. 财务控制的方法有前馈控制、过程控制、反馈控制

三、判断题

1. 财务预算是财务管理的核心，决策的成功与否直接关系到企业的兴衰成败。（　　）

2. 财务管理的成本效益原则是指对企业经济活动中的花费与所得进行比较分析，对经济行为的得失进行衡量，使成本与收益成正比。（　　）

3. 成本效益观念就是财务管理要从“投入”与“产出”的对比分析来看待“投入（成本）”的必要性、合理性。（　　）

知识点5：财务管理的环境

一、单选题

1. 财务管理的经济环境不包括（　　）。

A. 经济周期　　B. 经济政策

C. 金融工具　　D. 通货膨胀

2.（　　）是指形成一方的金融资产并形成其他方的金融负债或权益工具的合同。

A. 经济周期　　B. 金融机构

C. 金融工具　　D. 金融市场

3.（　　）是指资金供应者和资金需求者双方通过信用工具进行交易而融通资金的市场。

A. 经济周期　　B. 金融机构

C. 金融工具　　D. 金融市场

4.（　　）的主要功能是调节短期资金融通。

A. 资本市场　　B. 货币市场

C. 外汇市场　　D. 期货市场

5.（　　）的主要功能是实现长期资本融通。

A. 资本市场　　B. 货币市场

C. 外汇市场　　D. 期货市场

6.（　　）是不考虑通货膨胀和不考虑风险的前提下由供求关系所决定的一个均衡点利率。

A. 纯利率　　B. 通货膨胀补偿率

C. 违约风险报酬率　　D. 外汇利率

二、多选题

1. 影响财务管理的主要金融环境因素有（　　）。

A. 金融机构　　B. 金融工具

C. 金融市场　　D. 利率

2. 经济周期循环一般包括（　　）。

A. 复苏　　B. 繁荣

C. 衰退　　D. 萧条

3. 金融工具可以分为（　　）。

A. 基本金融工具　　B. 投资工具

C. 衍生金融工具　　D. 金融机构

4. 以期限为标准，金融市场可以分为（　　）。

A. 货币市场　　B. 期货市场

C. 资本市场　　D. 外汇市场

5. 货币市场的主要特点有（　　）。

A. 期限短　　B. 交易目的是解决短期资金周转

C. 有较强的“货币性”　　D. 风险较小

6. 资本市场的主要特点有（　　）。

A. 融资期限长

B. 融资目的是解决长期投资性资本的需要

C. 资本借贷量大

D. 收益较高但风险也较大

7. 一般而言，资金的利率由（　　）构成。

A. 纯利率　　B. 通货膨胀补偿率

C. 风险报酬率　　D. 基准利率

三、判断题

1. 违约风险报酬是指为了弥补因偿还期长而带来的风险。（　　）

2. 按照利率间的依存关系，利率可以分为基准利率和套算利率。（　　）

3. 资本市场的主要功能是调节短期资金融通。（　　）

4. 金融工具具有流动性、风险性和收益性的特征。（　　）

第三节　练习题参考答案

知识点 1：企业组织形式

一、单选题

1. 【正确答案】C

【答案解析】公司制企业的缺点包括组建公司的成本高、存在代理问题、存在双重课税问题。因此，本题的正确答案为选项 C。

2. 【正确答案】C

【答案解析】公司制企业的优点包括有限债务责任、可以无限存续、股权便于转让、容易筹集所需资金。公司制企业的缺点之一是组建公司的成本高，因此本题的正确答案为选项 C。

3. 【正确答案】B

【答案解析】个人独资企业的优点包括企业的建立与解散程序简单、经营管理灵活自由、不需要缴纳企业所得税。因此，本题的正确答案为选项 B。

二、多选题

1.【正确答案】ABC

【答案解析】企业的组织形式是指企业存在的形态和类型，典型的企业组织形式主要有个人独资企业、合伙企业和公司制企业三类。因此，本题的正确答案为选项 ABC。

2.【正确答案】ABC

【答案解析】公司制企业的优点主要包括有限债务责任、可以无限存续、股权便于转让、容易筹集所需资金。因此，本题的正确答案为选项 ABC。

3.【正确答案】ABD

【答案解析】个人独资企业具有建立与解散程序简单、经营管理灵活自由、不需要缴纳企业所得税等优点。因此，本题的正确答案为选项 ABD。

三、判断题

1.【正确答案】×

【答案解析】公司制企业存在双重课税问题，合伙企业不存在双重课税问题。

2.【正确答案】×

【答案解析】公司制企业存在双重课税问题，个人独资企业和合伙企业都不需要缴纳企业所得税。

3.【正确答案】×

【答案解析】对个人独资企业业主而言，业主需要对企业债务承担无限责任。当企业的损失超过业主最初对企业的投资时，业主需要用个人的其他财产偿债，而不是承担有限责任。

4.【正确答案】√

【答案解析】相较于其他企业组织形式而言，公司制企业在规模上一般比较大，资本实力较强，其融资渠道也比较多，一般比较容易筹集到所需资金。

5.【正确答案】√

【答案解析】公司债务是法人的债务，不是所有者的债务。所有者以其出资额为限承担有限的责任。

知识点 2：财务管理的内容

一、单选题

1.【正确答案】B

【答案解析】投资是企业生存、发展以及进一步获取利润的基本前提。因此，本题的正确答案为选项 B。

2.【正确答案】D

【答案解析】企业在日常的生产经营活动中，会发生一系列流动资产和流动负债资金的收付。因此，本题的正确答案为选项 D。

3.【正确答案】A

【答案解析】企业同其所有者之间的财务关系体现了所有权的性质，反映了经营权和所有权的关系。因此，本题的正确答案为选项 A。

4.【正确答案】B

【答案解析】企业同其债权人之间的财务关系体现的是债务与债权关系。因此，本题的正确答案为选项 B。

二、多选题

1.【正确答案】ABCD

【答案解析】财务管理的对象是资金的循环和周转，财务管理的主要内容是管理筹资、投资、营运和分配等财务活动。因此，本题的正确答案为选项 ABCD。

2.【正确答案】AB

【答案解析】从资金属性来看，营运资金包括流动资产和流动负债。因此，本题的正确答案为选项 AB。

3.【正确答案】AD

【答案解析】企业与税务机关的关系反映的是依法纳税和依法征税的权利义务关系。因此，本题的正确答案为选项 AD。

三、判断题

1.【正确答案】×

【答案解析】在企业分配活动中，财务人员要根据公司自身的具体情况确定最佳的分配政策。

2.【正确答案】√

【答案解析】企业与职工之间的财务关系体现了职工和企业在劳动成果上的分配关系。

3.【正确答案】×

【答案解析】企业同其被投资单位的关系体现的是所有权性质的投资与受资关系。

知识点 3：财务管理的目标

一、单选题

1. 【正确答案】D

【答案解析】以利润最大化作为财务管理的目标，有其合理的一面。利润最大化目标在实践中存在以下难以解决的问题：第一，利润是指企业一定时期实现的税后净利润，它没有考虑资金的时间价值。第二，没有反映创造的利润与投入的资本之间的关系。第三，没有考虑获取利润与其所承担风险的大小。第四，片面追求利润最大化可能会导致企业短期行为，与企业发展的战略目标相背离。因此，本题的正确答案为选项 D。

2. 【正确答案】A

【答案解析】利润最大化没有考虑时间的价值和投资的比重。因此，本题的正确答案为选项 A。

3. 【正确答案】B

【答案解析】接收是一种通过市场约束经营者的办法，因此选项 B 的说法不正确。

4. 【正确答案】C

【答案解析】为协调所有者与债权人之间的利益冲突，通常采用的方式是限制性借债、收回借款或停止借款。选项 C 是一种通过市场约束经营者来协调所有者与经营者之间利益冲突的办法。因此，本题的正确答案为选项 C。

5. 【正确答案】B

【答案解析】在协调所有者与经营者矛盾的方法中，“接收”是一种通过市场来约束经营者的方法，“解聘”是一种通过所有者来约束经营者的方法。因此，本题的正确答案为选项 B。

二、多选题

1. 【正确答案】ABCD

【答案解析】企业财务管理目标是财务管理理论要素的重要组成部分，也是财务管理工作者首先要明确的目标。企业财务管理目标主要有利润最大化、每股收益最大化、股东财富最大化和企业价值最大化四种。因此，本题的正确答案为选项 ABCD。

2. 【正确答案】ABCD

【答案解析】以股东财富最大化和企业价值最大化作为财务管理的目标，其优点主要表现在考虑了货币的时间价值、考虑了投资的风险价值、利于克服管理上的片面性和短期行为。但股东财富最大化只有在上市公司才可以有比较清晰的价值反映，对非上市公司很难适用；以企业价值最大化作为财务管理的目标也存在这种问题，因为对非上市公司，不能依靠股票市价做出评判，而需通过资产评估的方式进行，由于受评估标准和评估方式的影响，这种估价不够客观和准确。因此，本题的正确答案为选项 ABCD。

3.【正确答案】BC

【答案解析】以利润最大化、每股收益最大化作为财务管理目标的缺陷之一就是容易导致短期行为。股东财富最大化、企业价值最大化都可以克服利润最大化的这个缺陷。因此，本题的正确答案为选项 BC。

4.【正确答案】ABCD

【答案解析】经营者和所有者的主要利益冲突是经营者希望在创造财富的同时能够获取更多的报酬、更多的享受；而所有者希望以较小的代价实现更多的财富。协调这一利益冲突的方式是解聘、接收、激励。因此，本题的正确答案为选项 ABCD。

5.【正确答案】ABCD

【答案解析】所有者与债权人的利益冲突可以通过以下方式解决：第一，限制性借债。债权人通过事先规定借债用途限制、借债担保条款和借债信用条件，使所有者不能通过以上两种方式削弱债权人的债权价值。第二，收回借款或停止借款。当债权人发现企业有侵蚀其债权价值的意图时，采取收回债权或不再给予新的借款的措施，从而保护自身权益。因此，本题的正确答案为选项 ABCD。

三、判断题

1.【正确答案】√

【答案解析】企业的目标就是创造财富（或价值）。而企业财务管理的目标就是为实现企业创造财富或价值这一目标服务的。

2.【正确答案】√

【答案解析】股东财富最大化强调的更多的是股东利益。

3.【正确答案】×

【答案解析】股东财富可以用股东权益市场价值来衡量，简单而言就是股票价格和股票数量决定股东财富。股数一定时，股价达到最高，股东财富也达到最大。对上市公司而言，股价数据容易获得，股东财富也容易被量化。

4.【正确答案】×

【答案解析】“接收”是一种通过市场来约束经营者的方法，“解聘”是一种通过所有者来约束经营者的方法。

5.【正确答案】√

【答案解析】以利润最大化为财务管理目标，片面追求利润最大化，可能会导致企业的短期行为，与企业发展的战略目标相背离。

6. 【正确答案】√

【答案解析】所有者与经营者的矛盾表现为代理问题。当所有权与经营权合一、所有者与经营者一体时，不会存在代理问题；当经营者未持有或持有很少的公司股权时，代理问题就会产生。

知识点4：财务管理的环节和原则

一、单选题

1. 【正确答案】B

【答案解析】财务决策是指按照财务战略目标的总体要求，利用专门的方法对各种备选方案进行比较和分析，从中选出最佳方案的过程。因此，本题的正确答案为选项B。

2. 【正确答案】B

【答案解析】财务决策是指按照财务战略目标的总体要求，利用专门的方法对各种备选方案进行比较和分析，从中选出最佳方案的过程。财务决策是财务管理的核心，决策的成功与否直接关系到企业的兴衰成败。因此，本题的正确答案为选项B。

3. 【正确答案】B

【答案解析】资金合理配置是指通过资金活动的组织和调节来保证各项物质资源具有最优化的结构比例关系。因此，本题的正确答案为选项B。

4. 【正确答案】A

【答案解析】财务管理的成本效益原则是指对企业经济活动中的花费与所得进行比较分析，对经济行为的得失进行衡量，使成本与收益成正比。所谓成本效益观念，是指财务管理要从“投入”与“产出”的对比分析来看待“投入（成本）”的必要性、合理性，即考察成本高低的标准是产出（收入）与投入（成本）之比，该比值越大，则说明成本效益越高；反之，成本效益越低。因此，本题的正确答案为选项A。

5. 【正确答案】D

【答案解析】企业在实施财务管理活动过程中，应当协调好投资者、债权人、债务人、经营者等的经济利益关系，在维护有关方合理权益的同时，充分调动其积极性，使其步调一致地为实现企业的财务目标而努力。因此，本题的正确答案为选项D。

二、多选题

1. 【正确答案】ABCD

【答案解析】财务管理的原则是指企业组织财务活动、处理财务关系的基本准则。它是对企业财务管理实践经验的高度概括，是企业理财活动的行为规范，体现了财务管理的基本要求。从财务管理具体实施的角度来讲，企业主要应遵循以下几项原则：资金合理配置原则、成本效益原则、收益风险均衡原则和利益关系协调原则。因此，本题的正确答案为选项 ABCD。

2. 【正确答案】AD

【答案解析】计划与预算环节包括三个方面：财务预测、财务计划、财务预算。因此，本题的正确答案为选项 AD。财务控制属于决策与控制环节，财务分析属于分析与考核环节。

3. 【正确答案】BCD

【答案解析】财务控制措施一般包括预算控制、运营分析控制和绩效考评控制等。选项 A 属于财务控制的方法。因此，本题的正确答案为选项 BCD。

4. 【正确答案】ABCD

【答案解析】财务预测可以测算各项生产经营方案的经济效益，为决策提供可靠的依据，因此选项 A 正确；财务预算是财务战略的具体化，是财务计划的分解和落实，因此选项 B 正确；财务考核与奖惩紧密联系，是贯彻责任制原则的要求，是构建激励与约束机制的关键环节，因此选项 C 正确；财务控制的方法通常有前馈控制、过程控制、反馈控制几种，因此选项 D 正确。

三、判断题

1. 【正确答案】×

【答案解析】财务决策是指按照财务战略目标的总体要求，利用专门的方法对各种备选方案进行比较和分析，从中选出最佳方案的过程。财务决策是财务管理的核心，决策的成功与否直接关系到企业的兴衰成败。

2. 【正确答案】√

【答案解析】财务管理的成本效益原则是指对企业经济活动中的花费与所得进行比较分析，对经济行为的得失进行衡量，使成本与收益成正比。

3. 【正确答案】√

【答案解析】成本效益观念就是财务管理要从“投入”与“产出”的对比分析来看待“投入（成本）”的必要性、合理性，即考察成本高低的标准是产出（收入）与投入（成本）之比。该比值越大，则说明成本效益越高。

知识点 5：财务管理的环境

一、单选题

1. 【正确答案】C

【答案解析】金融工具属于金融环境的要素。因此，本题的正确答案为选项 C。

2.【正确答案】C

【答案解析】金融工具是指形成一方的金融资产并形成其他方的金融负债或权益工具的合同。因此，本题的正确答案为选项C。

3.【正确答案】D

【答案解析】金融市场是指资金供应者和资金需求者双方通过信用工具进行交易而融通资金的市场，即实现货币借贷和资金融通、办理各种票据和进行有价证券交易活动的市场。广义的金融市场是指一切资本流动的场所，包括实物资本和货币资本的流动。狭义的金融市场一般是指资金市场，包括货币市场（短期资金市场）和资本市场（长期资金市场）。因此，本题的正确答案为选项D。

4.【正确答案】B

【答案解析】货币市场又称短期金融市场，是指以期限在1年以内（含1年）的金融工具为媒介，进行短期资金融通的市场。货币市场的主要功能是调节短期资金融通。因此，本题的正确答案为选项B。

5.【正确答案】A

【答案解析】资本市场又称长期金融市场，是指以期限在1年以上的金融工具为媒介，进行长期资金交易活动的市场。资本市场的主要功能是实现长期资本融通。因此，本题的正确答案为选项A。

二、多选题

1.【正确答案】ABCD

【答案解析】金融环境是企业最为主要的环境因素。影响财务管理的主要金融环境因素有金融机构、金融工具、金融市场和利率等。因此，本题的正确答案为选项ABCD。

2.【正确答案】ABCD

【答案解析】经济周期是指经济运行中周期性出现的经济扩张与经济紧缩交替更迭、循环往复的一种现象。这种循环一般经历复苏、繁荣、衰退和萧条四个阶段。

3.【正确答案】AC

【答案解析】金融工具是指形成一方的金融资产并形成其他方的金融负债或权益工具的合同。金融工具分为基本金融工具和衍生金融工具两大类。因此，本题的正确答案为选项AC。

4.【正确答案】AC

【答案解析】以期限为标准，金融市场可以分为货币市场和资本市场。因此，本题的正确答案为选项AC。

5.【正确答案】ABCD

【答案解析】货币市场的主要功能是调节短期资金融通。其主要特点如下：第一，期限短。期限一般为3~6个月，最长不超过1年。第二，交易目的是解决短期资金周转。它的资金来源主要是资金所有者暂时闲置的资金，融通资金的用途一般是弥补短期资金的不足。第三，货币市场上的金融工具有较强的“货币性”，具有流动性强、价格平稳、风险较小等特性。因此，本题的正确答案为选项 ABCD。

6.【正确答案】ABCD

【答案解析】资本市场的主要功能是实现长期资本融通。其主要特点如下：第一，融资期限长。期限是 1 年以上，最长可达 10 年甚至 10 年以上。第二，融资目的是解决长期投资性资本的需要，用于补充长期资本，扩大生产能力。第三，资本借贷量大。第四，收益较高但风险也较大。因此，本题的正确答案为选项 ABCD。

7.【正确答案】ABC

【答案解析】金融市场上的资金同其他任何商品一样，其交易价格基本上是由供应和需求因素决定的。一般而言，资金的利率由三部分构成：纯利率、通货膨胀补偿率和风险报酬率。因此，本题的正确答案为选项 ABC。

三、判断题

1.【正确答案】×

【答案解析】期限风险报酬是指为了弥补因偿还期长而带来的风险。

2.【正确答案】√

【答案解析】按照利率间的依存关系，利率可以分为基准利率和套算利率。

3.【正确答案】×

【答案解析】货币市场的主要功能是调节短期资金融通。

4.【正确答案】√

【答案解析】金融工具具有流动性、风险性和收益性的特征。

第二章 财务管理的方法基础

第一节 学习指导

一、本章结构

本章结构如图 2-1 所示。

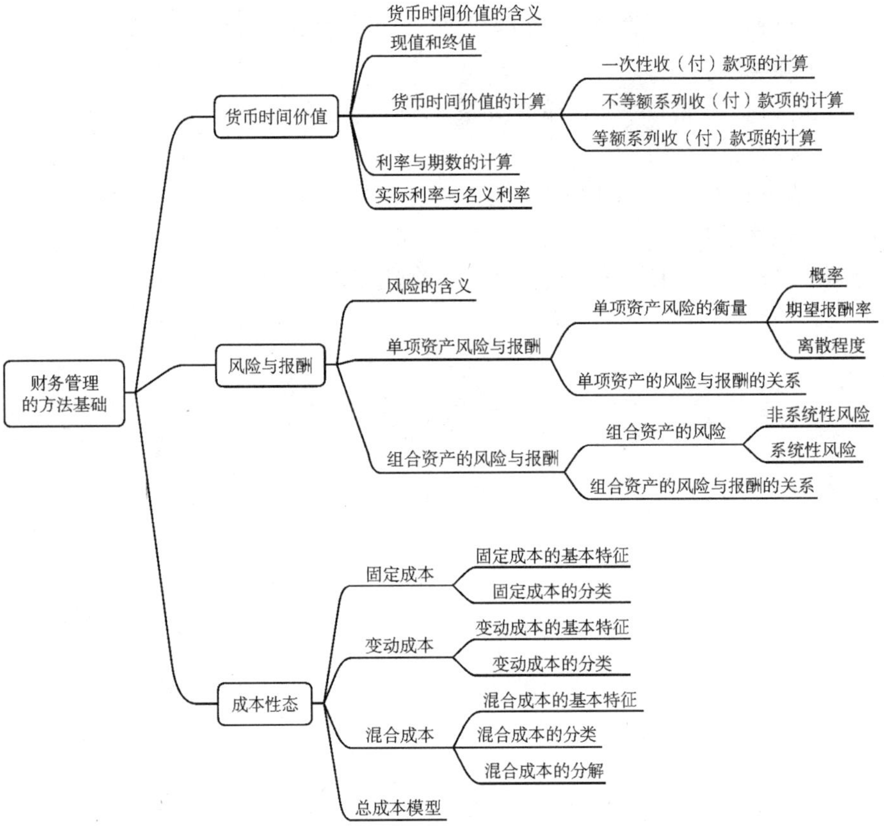

图 2-1 本章结构

二、学习目标和要求

1. 理解货币时间价值的概念
2. 掌握货币时间价值的计算
3. 理解风险的概念和分类
4. 掌握单项资产风险与报酬的计量
5. 掌握组合资产风险与报酬的计量

三、本章重点难点

1. 货币时间价值

货币时间价值又称资金时间价值，是指货币经历一定时间的投资和再投资所增加的价值。货币的时间价值额是货币在生产经营过程中带来的真实增值额。货币的时间价值率是没有风险报酬和通货膨胀下的社会平均利润率。在实务中，我们通常以利率、报酬率等代替货币时间价值。

2. 现值和终值

现值又称本金，是指未来某一时点上的一定量的资金按一定的折现率计算得到的现在的价值，用 PV 表示。终值又称本利和，是指现在一定量资金按一定的利率计算得到的未来某一个时点的价值，用 FV 表示。

3. 单利和复利

单利和复利是两种不同的利息计算方式。在单利情况下，只有本金计算利息，利息不计算利息；而在复利情况下，除本金计算利息之外，每经过一个计息期得到的利息也要计算利息，逐期滚算，俗称“利滚利”。

4. 复利终值和现值

（1）复利终值是指现在特定的资金按复利计算的将来一定时间的价值，或者说现在的一定本金在将来一定时间按复利计算的本金与利息之和，简称本利和。其计算公式如下：

$$F=P\times(1+i)^{n}$$

$$F=P\times(F/P, i, n)$$

（2）复利现值是复利终值的倒数，是指未来一定时间的特定资金按复利计算的现在价值，或者说为取得将来一定本利和现在所需要的本金。其计算公式如下：

$$P=F\times(1+i)^{-n}$$

$$P=F\times(P/F, i, n)$$

5. 不等额系列收付款项的终值和现值

（1）不同时点的收（付）款项按照一定的利率计算的复利终值之和，称为不等额系列收（付）款的终值。其计算公式如下：

$$F=\sum_{i=1}^{n} P_t(1+i)^{n-t} \quad (t\geqslant 0)$$

（2）不同时点的收（付）款项按照一定的折现率计算的复利现值之和，称为不等额系列收（付）款的现值。其计算公式如下：

$$P=\sum_{i=1}^{n}\frac{F_t}{(1+i)^t}\quad(t\geqslant 0)$$

6. 年金的终值和现值

等额系列收（付）款项也可以称为年金（annuity，A），是指在一定时期内每间隔相同时期等额收（付）的系列款项。例如，等额的分期付款赊购、分期偿还贷款、发放养老金、分期支付租金等，都属于年金收（付）形式。按照收（付）时点和方式的不同，年金可以分为普通年金、预付年金、递延年金和永续年金等形式。普通年金又称后付年金，是指每期期末等额的系列收（付）款。预付年金又称先付年金、即付年金，是指每期期初等额的系列收（付）款，它与普通年金的差别仅在于每期收（付）款的发生时间不同。递延年金又称延期年金，是指在最初的若干期没有收（付）款项的情况下，后面若干期每期期末有等额的系列收（付）款项。永续年金是一种无期限发生的等额收（付）特种年金（见表 2-1）。

表 2-1　年金终值和现值的计算公式

年金类型	终值	现值
普通年金	$F=A\times(F/A, i, n)$	$P=A\times(P/A, i, n)$
预付年金	$F=A\times(F/A, i, n)(1+i)$ $F=A\times[(F/A, i, n+1)-1]$	$P=A\times(P/A, i, n)(1+i)$ $P=A\times[(P/A, i, n-1)+1]$
递延年金	$F=A\times(F/A, i, n)$ 注：式中的 n 表示 A 的个数，与递延期无关	$P=A\times(P/A, i, m+n)-A\times(P/A, i, m)$ $P=A\times(P/A, i, n)\times(P/F, i, m)$ $P=A\times(F/A, i, n)\times(P/F, i, m+n)$ 注：m 为递延期
永续年金	无	$P=A\times\frac{1}{i}$

7. 实际利率与名义利率

实际利率是指一年复利一次时的利率。名义利率是指一年复利的次数超过一次时的利率。将名义利率转换为实际利率的计算公式如下：

$$i=\left(1+\frac{r}{m}\right)^m-1$$

8. 风险与报酬

风险是预期结果的不确定性。风险最简单的定义是：“风险是发生财务损失的可能性。”风险与报酬是一种对称关系，要求等量风险带来等量报酬，即风险报酬均衡。根据风险报酬均衡原则进行财务管理运作的一般目标如下：在风险水平一定的情况下，使收益达到较高的水平；在收益一定的情况下，将风险维持在较低的水平。风险报酬又称风险价值、风险收益，是指企业承担了风险从事财务活动所获得的超过无风险价值的额外收益。风险报酬有两种表现形式：一种是风险报酬额，它是一个绝对数；另一种是风险报酬率，它是一个相对数。在财务管理中，风险报酬通常用相对数——风险报酬率来计量。

9. 期望报酬率、方差、标准离差和标准离差率

（1）期望报酬率是各种可能的报酬率按其概率进行加权平均得到的报酬率，它是反映集中趋势的一种量度。其计算公式如下：

$$\overline{E}=\sum_{i=1}^{n}X_iP_i$$

（2）方差是用来表示随机变量与期望值之间的离散程度的一个数值。其计算公式如下：

$$\sigma^2=\sum_{i=1}^{n}(X_i-\overline{E})^2\times p_i$$

（3）标准离差又称均方差，是方差的平方根。其计算公式如下：

$$\sigma=\sqrt{\sum_{i=1}^{n}(X_i-\overline{E})^2\times p_i}$$

（4）标准离差率是标准离差与期望值的比值，通常用 V 表示。其计算公式如下：

$$V=\sigma/\overline{E}$$

标准离差率是一个相对数。通常，标准离差率越大，风险越大；标准离差率越小，风险越小。

10. 单项资产的风险与报酬

风险报酬系数是指一单位风险要求的收益（报酬）补偿，由投资者主观确定（经验数据）。确定风险报酬系数的方法如下：

（1）根据以往同类项目加以确定。

（2）由公司领导或公司组织有关专家确定。

（3）由国家有关部门组织专家确定。

风险报酬率可以表示为风险程度的线性函数。其计算公式如下：

$$R_R=b\cdot V$$

投资的总报酬率可以表示为：

$$K=R_f+R_R$$

11. 组合资产的风险

证券组合的资产多样化到达一定程度后，可以消除大部分风险，但不能消除全部风险。证券投资组合的风险按性质不同，分为非系统性风险和系统性风险。非系统性风险又称可分散风险或公司特别风险，是某些因素对单个证券造成经济损失的可能性。例如，一家公司的工人罢工、新产品开发失败、失去重要的销售合同、诉

讼失败等。系统性风险又称不可分散风险或市场风险，是指由于某些因素给市场上所有的证券带来经济损失的可能性。例如，经济萧条、通货膨胀、战争、利率调整等。不可分散风险的程度通常用β系数衡量。β系数是度量一种证券对市场组合变动的反应程度的指标。市场组合作为一个整体，β系数为1。如果一种证券的β系数为0.5，则表明它的系统性风险是市场组合的系统性风险的0.5；如果一种证券的β系数为1，则表明它的系统性风险和市场组合的系统性风险相同；如果一种证券的β系数为2，则表明它的系统性风险是市场组合的系统性风险的2倍。

12. 组合资产的风险与报酬

组合资产的β系数是单个证券β系数的加权平均数，权数为各个资产在组合中所占的比重。其计算公式如下：

$$\beta_P = \sum_{i=1}^{n} x_i \cdot \beta_i$$

由于组合资产可以把非系统性风险分散，因此组合投资的风险补偿只是对系统性风险要求补偿。资产组合的风险补偿是投资者因承担不可分散风险而要求的超过时间价值的额外报酬。其计算公式如下：

$$R_R = \beta_P \cdot (R_m - R_f)$$

投资者收益率的计算公式如下：

$$K = R_f + R_R = R_f + \beta_P \cdot (R_m - R_f)$$

13. 成本性态

成本性态又称成本习性，是指成本的变动与业务量（产量或销售量）之间的依存关系。按照成本性态不同，成本通常可以分为固定成本、变动成本、混合成本。

（1）固定成本是指其总额在一定时期及一定业务量范围内，不直接受业务量变动的影响而保持固定不变的成本。固定成本按其支出额是否受企业管理当局短期决策行为的影响，可以进一步分为约束性固定成本和酌量性固定成本。

（2）变动成本是指在一定的业务量范围内，总额与业务量之间形成正比例关系的成本。变动成本根据变动的原因，可以分为技术性变动成本和酌量性变动成本。

（3）混合成本介于固定成本和变动成本之间，其总额会随着产量的变动而变动但又不形成正比例关系。混合成本兼有固定与变动两种性质，可以进一步细分为半变动成本、半固定成本、延期变动成本和曲线变动成本。

将混合成本按照一定的方法区分为固定成本和变动成本之后，根据成本性态，企业的总成本的计算公式就可以表示为：

总成本=固定成本总额+变动成本总额=固定成本总额+单位变动成本×业务量

第二节　练习题

知识点 1：货币时间价值、现值和终值

一、单选题

1. 下列关于货币时间价值的表述中，错误的是（　　）。
   A. 货币时间价值是指货币经历一定时间的投资和再投资所增加的价值
   B. 货币时间价值相当于没有风险、没有通货膨胀条件下的社会平均利润率
   C. 根据货币时间价值理论，可以将某一时点的资金金额折算为其他时点的金额
   D. 现在的 100 元钱和 1 年后的 100 元钱相比，1 年后的 100 元钱的经济价值要大一些
2. 货币时间价值来源于货币进入社会再生产过程后的（　　）。
   A. 时间增值　　B. 价值增值
   C. 利息增值　　D. 本金增值
3. 在通常情况下，货币时间价值是指没有风险也没有通货膨胀情况下的（　　）。
   A. 市场平均报酬率　　B. 无风险利率
   C. 风险利率　　D. 社会平均利润率

二、多选题

1. 在不做特殊说明的情况下，资产的收益是指（　　）。
   A. 资产的收益额　　B. 资产的年收益率
   C. 资产的报酬率　　D. 资本利得
2. 下列关于资金时间价值的表述中，正确的有（　　）。
   A. 一般情况下应按复利方式来计算
   B. 可以直接用短期国债利率来表示
   C. 是指一定量资金在不同时点上的价值量差额
   D. 相当于没有风险也没有通货膨胀条件下的社会平均资金利润率
3. 下列关于资产收益的说法中，正确的有（　　）。
   A. 资产收益既能够以金额表示，也能够以百分比表示
   B. 一般用年收益率表示
   C. 以金额表示的收益便于不同规模下资产收益的比较
   D. 资产的收益率就是资本利得收益率

三、判断题

1. 随着折现率的降低，未来某一款项的现值将逐渐增大、终值将逐渐减小。（　　）

2. 货币时间价值是指一定量货币资本在相同时点上的价值量差额。（　　）

3. 随着折现率的增大，未来某一款项的现值将逐渐增大、终值将逐渐减小。（　　）

知识点 2：复利的终值和现值计算

一、单选题

1. 张某 4 年后需用资金 48 000 元，假定银行的 4 年期存款年利率为 5%，则在复利计息情况下，张某目前需存入的资金为（　　）元。

A. 40 000　　B. 29 803.04

C. 39 489.6　　D. 58 344

2. 某人为了 5 年后能从银行取出 10 000 元，在复利年利率为 4%的情况下，当前该人应该存入（　　）元。

A. 8 333.33　　B. 6 219.27

C. 7 219.27　　D. 8 218.95

3. 复利现值是指（　　）的特定资金按复利计算的现在的价值。

A. 现在　　B. 未来一段时间

C. 未来一定时间　　D. 过去

4. 某人第一年年初存入银行 400 元，第二年年初存入银行 500 元，第三年年初存入银行 400 元。银行的存款利率是 5%，则在第三年年末，该人可以从银行取出（　　）元。

A. 1 434.25　　B. 1 248.64

C. 1 324.04　　D. 1 655.05

5. 假设银行存款年复利率为 5%，某企业第一年年末需要用款 4 000 元，第二年年末需要用款 5 000 元，第五年年末需要用款 4 000 元，现在该企业应向银行存款（　　）元才能恰好到时够用?

A. 11 478.6　　B. 13 493.2

C. 18 475.1　　D. 11 258.4

6. 某人希望第二年年初从银行取出 500 元，第三年年初从银行取出 400 元，银行存款利率是 5%，则在第一年年初，该人需要存入银行（　　）元。

A. 1 334. 29　　B. 844. 64
C. 839　　D. 1 000. 05

二、多选题

1. 下列关于复利现值的说法中，正确的有（　　）。
   A. 复利现值是指未来一定时间的特定资金按复利计算的现在价值
   B. 复利现值系数 = $1/(1+i)^n$
   C. 复利现值系数和复利终值系数互为倒数关系
   D. 复利现值又称本利和
2. 下列关于复利终值的说法中，正确的有（　　）。
   A. 复利终值是指现在特定的资金按复利计算的将来一定时间的价值
   B. 复利终值是针对一次性收付款项的价值计算
   C. 复利终值系数 = $(1+i)^{-n}$
   D. 复利终值又称本利和
3. 下列关于复利现值系数的说法中，正确的有（　　）
   A. 复利现值系数 = $1/(1+i)^n$
   B. 复利现值系数用符号（P/F，i，n）表示
   C. 复利现值系数和复利终值系数互为倒数
   D. 本金在将来一定时间按复利计算的本利和

三、判断题

1. 复利终值系数和复利现值系数互为倒数。（　　）
2. 财务估值中一般按照复利方式计算货币的时间价值。（　　）
3. 复利终值系数用符号（P/F，i，n）表示。（　　）
4. 复利现值和求年偿债基金互为逆运算。（　　）
5. 不等额系列收付款项又称年金。（　　）
6. 不等额系列收付款期间不能有间隔。（　　）

四、计算题

1. 张先生获得资金 20 000 元，准备存入银行。在银行利率为 5%的情况下（复利计息），计算其 3 年后可以从银行取得多少元？

2. 假如将50万元存入银行，年利率为4%，存放2年整。按复利计算，2年后能取得多少钱？

3. 某公司董事会经研究决定，6年后用150 000元购买一套设备。银行存款年利率为9%，每年复利一次。计算该公司在6年后购买设备现在需要一次性存入银行的款项为多少？

4. 某公司经研究决定向银行存入现金80 000元，拟在8年后用于更新设备。银行存款年利率为8%，每年复利一次。计算该公司8年后能取出多少钱来用于更新设备？

知识点3：年金的终值和现值计算

一、单选题

1.（　　）是指每期期末等额的系列收（付）款。

A. 普通年金　　B. 预付年金

C. 递延年金　　D. 永续年金

2.（　　）是指每期期初等额的系列收（付）款，它与普通年金的差别仅在于每期收（付）款的发生时间不同。

A. 普通年金　　B. 预付年金

C. 递延年金　　D. 永续年金

3.（　　）是指在最初的若干期没有收（付）款项的情况下，后面若干期每期期末有等额的系列收（付）款项。

A. 普通年金　　B. 预付年金

C. 递延年金　　D. 永续年金

4.（　　）是一种无期限发生的等额收（付）特种年金。

A. 普通年金　　B. 预付年金

C. 递延年金　　D. 永续年金

5. 6 年期、折现率为 8%的预付年金现值系数是（　　）。

A. 2.992 7　　B. 4.206 4

C. 4.992 7　　D. 6.206 4

6. 利率为 10%，期数为 5 的即付年金现值系数的表达式是（　　）。

A. $(P/A, 10\%, 4)+1$　　B. $(P/A, 10\%, 6)-1$

C. $(P/A, 10\%, 6)+1$　　D. $(P/A, 10\%, 4)-1$

7. 现有一项永续年金需要每年投入 3 000 元，若其现值为 100 000 元，则其利率应为（　　）。

A. 2%　　B. 33.33%

C. 2.5%　　D. 3%

8. 根据资金时间价值理论，在普通年金终值系数的基础上乘以 $(1+i)$ 的计算结果应当等于（　　）。

A. 递延年金终值系数　　B. 后付年金终值系数

C. 预付年金终值系数　　D. 永续年金终值系数

9. 假设银行利率为 i，从现在开始每年年末存款 1 元，n 年后的本利和为 $(F/A, i, n)$ 元。如果改为每年年初存款，存款期数不变，n 年后的本利和应为（　　）元。

A. $(F/A, i, n+1)$　　B. $(F/A, i, n+1)-1$

C. $(F/A, i, n-1)+1$　　D. $(F/A, i, n-1)$

10. 下列选项中，与普通年金终值系数互为倒数的是（　　）。

A. 预付年金现值系数　　B. 普通年金现值系数

C. 偿债基金系数　　D. 资本回收系数

11. 甲方案是在 5 年中每年年初付款 1 000 元，乙方案是在 5 年中每年年末付款 1 000元，若利率相同且不等于零，则两者在第 5 年年末时的终值大小关系是（　　）。

A. 甲方案的终值等于乙方案的终值

B. 甲方案的终值大于乙方案的终值

C. 甲方案的终值小于乙方案的终值

D. 可能会出现上述三种情况中的任何一种

二、多选题

1. 按照收（付）时点和方式的不同，年金可以分为（　　）等形式，因此计算终值和现值时要区别对待。

A. 普通年金　　B. 预付年金

C. 递延年金　　D. 永续年金

2. 某公司向银行借入一笔款项，年利率为10%，分6次还清，从第5年至第10年每年年初偿还本息5 000元。下列计算该笔借款现值的算式中，正确的有（　　）。

A. 5 000×（P/A，10%，6）×（P/F，10%，3）

B. 5 000×[（P/A,10%,5)+1]×(P/F,10%,4)

C. 5 000×[（P/A,10%,9)-(P/A,10%,3)]

D. 5 000×[（F/A,10%,7)-1]×(P/F,10%,10)

3. 某公司向银行借入一笔款项，年利率为10%，分6次还清，从第5年至第10年每年年末偿还本息5 000元。下列计算该笔借款现值的算式中，正确的有（　　）。

A. 5 000×（P/A，10%，6）×（P/F，10%，3）

B. 5 000×（P/A，10%，6）×（P/F，10%，4）

C. 5 000×[（P/A，10%，9）-（P/A，10%，3）]

D. 5 000×[（P/A，10%，10）-（P/A，10%，4）]

4. 计算递延年金的现值时，下列表达式中（n 表示连续收支期数，m 表示递延期），正确的有（　　）。

A. $P=A×$（P/A，i，n）×（P/F，i，m）

B. $P=A×$[（P/A，i，$m+n$）-（P/A，i，m）]

C. $P=A×$(F/A，i，n）×（P/F，i，$m+n$）

D. $P=A×$(P/A，i，$m+n$）×（P/F，i，n）

5. 某企业租赁一台设备，约定未来5年每年年初支付租金10万元，年利率为10%。下列关于该系列租金在第5年年末终值的计算方法中，正确的有（　　）。

A. 第5年年末终值=10×（F/A，10%，5）

B. 第5年年末终值=10×（F/A，10%，5）×（1+10%）

C. 第5年年末终值=10×（F/A，10%，6）-10

D. 第5年年末终值=10×（F/A，10%，4）+10

6. 某公司从第 3 年起连续 3 年每年年末从银行支出一笔固定金额的款项，若按复利计算第 1 年年初应存入银行的金额，则有可能选用的时间价值系数有（　　）。

A. 复利终值系数　　B. 复利现值系数

C. 普通年金终值系数　　D. 普通年金现值系数

7. 某公司向银行借入 12 000 元，借款期为 3 年，每年年末还本付息为 4 600 元，则借款利率（　　）。

A. 大于 8%　　B. 小于 8%

C. 大于 7%　　D. 小于 6%

8. 某人从 2018 年年初开始，每年年初存入银行 5 万元，存款年利率为 4%，按年复利计息，共计存款 3 次。下列关于 2020 年年初存款本利和计算的表达式中，正确的有（　　）。

A. 5×（F/P，4%，2）+5×(F/P，4%，1)+5

B. 5×（F/A，4%，3）

C. 5×［(F/A，4%，4)−1］

D. 5×［(F/A，4%，4)−1］×(P/F，4%，1)

三、判断题

1. 由于永续年金没有终结点，因此其没有终值的计算，而只有现值的计算。（　　）

2. 普通年金终值是一定时期内每期期末等额定期系列收付款项的复利终值之和。（　　）

3. 永续年金是一种有一定期限发生的等额收（付）的年金。（　　）

4. 递延年金有终值，终值的大小与递延期是有关的，在其他条件相同的情况下，递延期越长，则递延年金的终值越大。（　　）

5. 复利现值和求年资本回收额互为逆运算。（　　）

四、计算题

1. 某公司拟购置一处房产，付款条件是从第 6 年开始，每年年末支付 10 万元，连续支付 10 次，共 100 万元。假设该公司的资金成本率为 10%，计算该项付款资金相当于该公司现在一次付款的金额为多少？

2. 某人从 2015 年年初开始，每年年初存入银行 2 万元，存款年利率为 4%，按年复利计息，共计存款 5 次。计算其在 2019 年年末可以从银行取出多少钱?

3. 王先生计划成立一项基金。该基金每年将向品学兼优的学生发放资金 2 000 元。假设银行利率为 4%，那么王先生现在应该一次性存入银行多少钱?

4. 某人向银行借入一笔款项，年利率为 10%，分 8 次还清，第 1 年至第 8 年每年年初偿还本息 4 000 元，计算这笔款项的现值为多少?

5. 有一项年金，前 3 年无流入，后 5 年每年年初流入 1 000 万元，假设年利率为 10%，求该年金在第 7 年年末的终值为多少?

6. 某企业有一笔 5 年后到期的贷款，到期需要偿还的本利和是 40 000 元。假设存款年利率为 3%，为了到期偿债，该企业计划每年年初存入固定的数额，共计存款 5 次，试计算每次应该存入多少钱?

知识点 4：实际利率和名义利率

一、单选题

1. 一项 600 万元的借款，借款期为 3 年，年利率为 8%，若每半年复利一次，实际利率会高出名义利率（　　）。

A. 4%　　　　B. 0.24%

C. 0.16%　　　　D. 0.8%

2. 某投资者购买债券，在名义利率相同的情况下，对其最有利的计息期是（　　）。

A. 1 年　　　　B. 半年

C. 1 季度　　　　D. 1 个月

3. 一项 1 000 万元的借款，期限为 3 年，年利率为 4%，如果每季度付息一次，那么实际利率将比名义利率（　　）。

A. 高 0.02%　　　　B. 低 0.02%

C. 高 0.06%　　　　D. 低 0.06%

4. 下列说法中，正确的是（　　）。

A. 当计息周期为一年时，名义利率与实际利率相等

B. 当计息周期短于一年时，实际利率小于名义利率

C. 当计息周期长于一年时，实际利率大于名义利率

D. 当计息周期为一年时，名义利率大于实际利率

5. 某债券的票面利率为 12%，期限为 10 年，对债务人最有利的计息方式是（　　）。

A. 每年计息一次

B. 每半年计息一次，复利计息

C. 每个季度计息一次，复利计息

D. 每个月计息一次，复利计息

6. 年利率为 10%，按季复利计息，则实际利率为（　　）。

A. 2.5%　　　　B. 10.38%

C. 10%　　　　D. 11.38%

7. 有一项 1 000 万元的借款，借款期为 2 年，年利率为 10%，若每半年复利一次，则年实际利率为（　　）。

A. 5%　　　　B. 20%

C. 10.25%　　　　D. 9.75%

8. 某公司向银行借款 1 000 万元，年利率为 4%，按季度付息，期限为 1 年，则该借款的实际年利率为（　　）。

A. 2.01%　　B. 4.00%

C. 4.04%　　D. 4.06%

9. 下列关于名义利率与实际利率的说法中，正确的是（　　）。

A. 名义利率是不包含通货膨胀的金融机构报价利率

B. 计息期短于一年时，实际利率大于名义利率

C. 名义利率不变时，实际利率随着每年复利次数的增加而呈线性递减

D. 名义利率不变时，实际利率随着期间利率的递减而呈线性递增

二、多选题

1. 某债券的面值为1 000元，每半年发放40元的利息，那么下列说法中，正确的有（　　）。

A. 半年的利率为4%　　B. 年票面利率为8%

C. 年实际利率为8%　　D. 年实际利率为8.16%

2. 下列说法中，不正确的是（　　）。

A. 当计息周期为一年时，名义利率与实际利率相等

B. 当计息周期短于一年时，实际利率小于名义利率

C. 当计息周期长于一年时，实际利率大于名义利率

D. 当计息周期为一年时，名义利率小于实际利率

3. 某债券的面值为1 000元，每半年发放50元的利息，那么下列说法中，正确的有（　　）。

A. 半年的利率为5%　　B. 年票面利率为10%

C. 年实际利率为10%　　D. 年实际利率为10.25%

三、判断题

1. 假设银行存款年利率为10%，每季度复利计息一次，银行存款的实际利率为8%，则名义利率为10%。（　　）

2. 实际收益率表示已经实现或确定可以实现的资产收益率，当存在通货膨胀时，还应当加上通货膨胀率的影响，才是真实的收益率。（　　）

3. 当计息周期为一年时，名义利率与实际利率相等。（　　）

4. 当计息周期短于一年时，实际利率大于名义利率。（　　）

知识点5：风险与报酬、单项资产风险的衡量

一、单选题

1. 下列关于风险与报酬的说法中，理解错误的是（　　）。

A. 高风险要求高报酬　　B. 低风险可以获得高报酬

C. 风险报酬额是一个绝对数　　D. 风险报酬额是一个相对数

2. 企业拟进行一项投资，投资收益率的情况会随着市场情况的变化而发生变化。已知市场繁荣、一般和衰退的概率分别为 0.3、0.5、0.2，相应的投资收益率分别为 20%、10%、-5%，则该项投资的投资收益率的标准差为（　　）。

A. 10%　　B. 9%

C. 8.66%　　D. 7%

3. 如果已知甲资产的风险大于乙资产的风险，则可以推断出的结论是（　　）。

A. 甲资产的预期收益率大于乙资产的预期收益率

B. 甲资产的方差大于乙资产的方差

C. 甲资产的标准差大于乙资产的标准差

D. 甲资产的标准离差率大于乙资产的标准离差率

4. 某企业有 A、B 两个投资项目。项目 A 的期望投资收益率为 10%，标准离差为 12%；项目 B 的期望投资收益率为 15%，标准离差为 8%。下列选项中，正确的是（　　）。

A. A 项目优于 B 项目

B. A 项目的风险小于 B 项目

C. A 项目的风险大于 B 项目

D. 无法评价 A、B 项目的风险大小

5. 在期望值不同的情况下，可以用来衡量风险大小的指标是（　　）。

A. 收益率的方差　　B. 收益率的标准差

C. 收益率的标准离差率　　D. 均方差

6. 某一件事情可能出现不同的情况，各种情况对应各自的概率，各种概率之和（　　）。

A. 大于 1　　B. 等于 1

C. 小于 1　　D. 不能确定

7. 某企业拟进行一项存在一定风险的投资，有甲、乙两个方案可供选择。已知甲方案收益的期望值为 1 000 万元，标准差为 300 万元；乙方案收益的期望值为 1 200万元，标准差为 330 万元。下列选项中，正确的是（　　）。

A. 甲方案优于乙方案　　B. 甲方案的风险大于乙方案的风险

C. 甲方案的风险小于乙方案的风险　　D. 无法评价甲、乙方案风险的大小

8. 甲持有一项投资，其下跌和上涨的概率分别为 30%和 70%，相应的投资收益率分别为-5%和 20%，则该项投资的预期收益率为（　　）。

A. 12.5%　　B. 18.5%

C. 30%　　D. 10%

二、多选题

1. 下列关于证券资产组合的风险与收益的说法中，正确的有（　　）。

A. 当某项资产或证券成为投资组合的一部分时，标准离差就可能不再是衡量风险的有效工具

B. 证券资产组合的预期收益率就是组成证券资产组合的各种资产收益率的加权平均数

C. 证券资产组合收益率的方差就是组成证券资产组合的各种资产收益率方差的加权平均数

D. 在证券资产组合中，能够随着资产种类增加而降低直至消除的风险被称为系统性风险

2. 证券投资的风险分为可分散风险和不可分散风险两大类。下列选项中，属于可分散风险的有（　　）。

A. 研发失败风险　　B. 生产事故风险

C. 通货膨胀风险　　D. 利率变动风险

3. 下列关于风险的说法中，正确的有（　　）。

A. 风险是指收益的不确定性

B. 风险就是损失

C. 资产的风险是资产收益率的不确定性

D. 从财务管理的角度看，风险就是企业在各项生产经营活动过程中，由于各种难以预料或无法控制的因素作用，使企业的实际收益与预计收益发生背离，从而蒙受经济损失的可能性

4. A 证券的预期报酬率为 12%，标准差为 15%；B 证券的预期报酬率为 18%，标准差为 20%，则下列说法中，不正确的有（　　）。

A. A 证券的风险比 B 证券的风险大

B. B 证券的风险比 A 证券的风险大

C. A 证券和 B 证券的风险无法比较

D. A 证券和 B 证券的风险相同

5. 离散程度是用以衡量风险大小的统计指标，反映随机变量离散程度的指标包括（　　）。

A. 期望值　　B. 方差

C. 标准离差　　D. 标准离差率

6. 现有两个投资方案甲和乙，已知方案甲和乙的期望值分别为 20%、25%，标准离差分别为 40%、64%，则下列选项中，不正确的有（　　）。

A. 甲方案的风险程度大于乙方案的风险程度

B. 甲方案的风险程度小于乙方案的风险程度

C. 乙方案优于甲方案

D. 甲方案优于乙方案

三、判断题

1. 风险越大，收益越大，因此关于风险，人们考虑更多的是收益发生的多少。（ ）

2. 风险是指收益的不确定性，在实务中，人们普遍认为风险是指损失发生的可能性。（ ）

3. 从财务管理的角度看，风险就是企业在各项财务活动过程中，由于各种难以预料或无法控制的因素作用，使企业的实际收益与预计收益发生背离，从而蒙受经济损失的可能性。（ ）

4. 概率就是用百分比或小数来表示随机事件发生可能性及出现某种结果可能性大小的数值。因此，所有可能出现的概率之和为 1。（ ）

四、计算题

1. 某公司目前面临一个投资机会，该项目所在行业竞争激烈，如果经济发展迅速并且该项目经营得好，将会取得较大的市场占有率，利润会较高，否则利润很少甚至亏本。假设未来的经济情况只有 3 种，即繁荣、正常、衰退，出现的概率分别为 0.2、0.5、0.3，预计收益率分别为 100%、20%、-70%。请计算该项目的期望值、方差、标准离差和标准离差率。

2. 某企业拟进行一项存在一定风险的完整工业项目投资，有甲、乙两个方案可供选择。已知甲方案收益的期望值为 1 000 万元，标准差为 300 万元；乙方案收益的期望值为 1 200 万元，标准差为 330 万元。请计算两个方案哪个方案的风险更大？

3. 甲持有一种股票，买入价格为 10 元，预计未来的价格有两种可能，分别为 11%和 12%，概率分别为 70%和 30%。请计算该股票的预期收益率。

4. 已知A股票和B股票的投资收益率及其概率分布如表2-2所示。

表2-2 A股票和B股票的投资收益率及其概率分布

市场情况	该种情况出现的概率		投资收益率	
	A股票	B股票	A股票	B股票
好	0.20	0.30	15%	20%
一般	0.60	0.40	10%	15%
差	0.20	0.30	0	-10%

（1）计算A、B两只股票的期望收益率和标准差。

（2）计算A、B两只股票的标准离差率，并判断哪只股票的相对风险更大。

知识点6：组合资产的风险与收益

一、单选题

1. 如果A、B两只股票的收益率变化方向和变化幅度完全相同，则由其组成的投资组合（　　）。

A. 不能降低任何风险

B. 可以分散部分风险

C. 可以最大限度地抵消风险

D. 风险等于两只股票的风险之和

2. 下列关于证券投资组合理论的表述中，正确的是（　　）。

A. 系统性风险对所有资产或所有企业有相同的影响

B. 证券投资组合的总规模越大，承担的风险越大

C. 证券资产组合的系统性风险是用相关系数衡量的

D. 在一般情况下，随着更多的证券加入投资组合中，整体风险降低的速度会越来越慢

3. 如果某单项资产的系统性风险大于整个市场投资组合的风险，则可以判定该项资产的β值（　　）。

A. 等于1　　B. 小于1

C. 大于1　　D. 等于0

4. 下列关于股票或股票组合的β系数的说法中，不正确的是（　　）。

A. 如果某股票的β系数为0.5，表明它的风险是市场组合风险的0.5倍

B. β系数可能为负值

C. 投资组合的β系数是组合中各证券β系数的加权平均数

D. 某股票的β系数的大小反映了这只股票收益率的变动与整个股票市场收益率的变动之间的关系

5. 下列关于β系数的说法中，正确的是（　　）。

A. 资产组合的β系数是所有单项资产的β系数之和

B. 某项资产的β系数=该项资产的风险收益率÷市场组合的风险收益率

C. 某项资产的β系数=该项资产收益率与市场组合收益率的协方差÷市场组合收益率的标准差

D. 当β系数为0时，表明该资产没有风险

6. A公司是国内一家极具影响力的汽车公司，已知该公司的β系数为1.33，短期国库券利率为4%，市场上所有股票的平均收益率为8%，则A公司股票的必要收益率为（　　）。

A. 9.32%　　B. 14.64%

C. 15.73%　　D. 8.28%

7. A股票要求的收益率为18%，收益率的标准差为25%，与市场投资组合收益率的相关系数为0.5，市场投资组合要求的收益率是14%，市场组合的标准差是4%。假设处于市场均衡状态，则市场风险溢价和该股票的β系数分别为（　　）。

A. 1.88%　3.125　　B. 1.82%　1.75

C. 4.25%　3.125　　D. 5.25%　3.125

8. 某投资组合的必要收益率等于无风险收益率，则该组合的β系数为（　　）。

A. 1　　B. 0

C. 3　　D. 无法确定

二、多选题

1. 下列关于证券投资组合理论的表述中，不正确的有（　　）。

A. 在一般情况下，随着更多的证券加入投资组合中，整体风险降低的速度会越来越慢

B. 证券资产组合中单项资产之间的相关系数越大，组合分散风险的作用越小

C. 证券投资组合的总规模越大，承担的风险越大

D. 系统性风险对所有资产或所有企业有相同的影响

2. 下列关于β值和标准差的表述中，正确的有（　　）。

A. β值测度系统性风险，而标准差测度非系统性风险

B. β 值测度系统性风险，而标准差测度整体风险

C. β 值测度财务风险，而标准差测度经营风险

D. β 值只反映市场风险，而标准差还反映特有风险

3. 下列关于市场组合的表述中，正确的是（　　）。

A. 市场组合是指由市场上所有资产组成的组合

B. 市场组合的收益率就是市场平均收益率，实务中通常用股票价格指数的收益率来代替

C. 市场组合的方差代表了市场整体的风险

D. 市场组合的风险就是市场风险或系统性风险

4. 下列关于资本资产定价模型的说法中，正确的有（　　）。

A. 如果市场风险溢酬提高，则所有资产的风险收益率都会提高，并且提高的数值相同

B. 如果无风险收益率提高，则所有资产的必要收益率都会提高，并且提高的数值相同

C. 对风险的平均容忍程度越低，市场风险溢酬越大

D. 如果某资产的 $\beta=1$，则该资产的必要收益率 = 市场平均收益率

5. 下列关于系统性风险的说法中，正确的有（　　）。

A. 系统性风险又称为不可分散风险或市场风险

B. 是某些因素给市场上所有的证券带来经济损失的可能性

C. 不能通过证券组合分散掉

D. 经济萧条和通货膨胀属于系统性风险

6. 资本资产定价模型的局限性主要表现在（　　）。

A. 某些资产或企业的 β 系数难以估计

B. 依据历史数据估算出来的 β 系数对未来的指导作用必然要打折扣

C. 资本资产定价模型的假设条件与实际情况存在较大偏差

D. 提供了对风险和收益之间的一种实质性的表述

三、判断题

1. 一般来讲，随着证券资产组合中资产个数的增加，证券资产组合的风险会逐渐降低。（　　）

2. 在证券资产组合中资产数目较少时，增加资产的个数，分散风险的效应会比较明显，但资产数目增加到一定程度时，风险分散的效应就会逐渐减弱。（　　）

3. 根据证券投资组合理论，在其他条件不变的情况下，如果两项资产的收益率具有完全正相关关系，则该证券投资组合不能够分散风险。（　　）

4. 投资组合的 β 系数是组合中各证券 β 系数的算术平均数。（　　）

5. 投资组合的β系数一定会比组合中任一单个证券的β系数低。 （ ）

6. 市场风险溢价反映市场作为整体对风险的厌恶程度。 （ ）

知识点7：成本性态

一、单选题

1. 单耗相对稳定的外购零部件成本属于（ ）。

A. 约束性固定成本 B. 酌量性固定成本

C. 技术性变动成本 D. 酌量性变动成本

2. 下列选项中，属于酌量性固定成本的是（ ）。

A. 固定的设备折旧费 B. 保险费

C. 直接材料费 D. 新产品研究开发费用

3. 在应用高低点法进行成本性态分析时，选择高点坐标的依据是（ ）。

A. 最高点业务量

B. 最高的成本

C. 最高点业务量和最高的成本

D. 最高点业务量或最高的成本

4. 下列关于混合成本的说法中，不正确的是（ ）。

A. 混合成本就是“混合”了固定成本和变动成本两种不同性质的成本

B. 混合成本要随业务量的变化而变化

C. 混合成本的变化与业务量的变化保持着纯粹的正比例关系

D. 混合成本的变化不能与业务量的变化保持着纯粹的正比例关系

5. 职工的基本工资，在正常工作时间情况下是不变的，但当工作时间超出正常标准，则需按加班时间的长短成比例地支付加班薪金。从成本性态的角度看，这部分人工成本属于（ ）。

A. 固定成本 B. 半变动成本

C. 无法判断 D. 延期变动成本

6. 半变动成本有一个初始的固定基数，这部分成本类似于（ ）。

A. 半固定成本 B. 固定成本

C. 曲线变动成本 D. 半变动成本

二、多选题

1. 下列关于总成本的表达式中，正确的有（ ）。

A. 总成本＝固定成本总额+变动成本总额

B. 总成本＝固定成本总额×变动成本总额

C. 总成本=固定成本总额×业务量+单位变动成本

D. 总成本=固定成本总额+单位变动成本×业务量

2. 曲线变动成本可以分为（　　）。

A. 递增曲线成本
B. 半变动曲线成本
C. 固定曲线成本
D. 递减曲线成本

3. 下列选项中，不属于半固定成本的有（　　）。

A. 直接材料
B. 直接人工
C. 化验员工资
D. 检验员工资

4. 下列关于混合成本的分解方法的说法中，正确的有（　　）。

A. 高低点法计算较简单，但代表性较差

B. 回归分析法是一种较为精确的方法，但要与账户分析法配合使用

C. 账户分析法简便易行，但比较粗糙且带有主观判断

D. 技术测定法通常只适用于投入成本与产出数量之间有规律性联系的成本分解

5. 下列关于成本按性态分类的说法中，正确的有（　　）。

A. 所谓成本性态，是指成本的变动与业务量之间的依存关系

B. 固定成本的稳定性是没有条件的

C. 混合成本可以分为半固定成本和半变动成本

D. 混合成本介于固定成本和变动成本之间，可以分解为固定成本和变动成本

6. 下列选项中，属于固定成本项目的有（　　）。

A. 采用工作量法计提的折旧
B. 不动产财产保险费
C. 直接材料费
D. 写字楼租金

三、判断题

1. A 公司业务员李某的固定工资为 2 600 元/月，另外他还可以按业务收入的 1.5%提成，则他的工资对公司来讲属于半变动成本。（　　）

2. 混合成本介于固定成本和变动成本之间，可以分解成固定成本和变动成本两部分。其中的回归分析法是一种较为精确的分解方法。（　　）

3. 采用工作量法计提的折旧是固定成本。（　　）

4. 职工培训费是固定成本。（　　）

第三节　练习题参考答案

知识点 1：货币时间价值的含义、现值和终值

一、单选题

1.【正确答案】D

【答案解析】由于货币存在时间价值，现在的 100 元经过 1 年的时间之后，价值大于 100 元，现在的 100 元的价值要大于 1 年后的 100 元的价值。因此，本题的正确答案为选项 D。

2.【正确答案】B

【答案解析】货币的时间价值来源于货币进入社会再生产过程后的价值增值。因此，本题的正确答案为选项 B。

3.【正确答案】D

【答案解析】货币的时间价值来源于货币进入社会再生产过程后的价值增值。在通常情况下，它是指既没有风险也没有通货膨胀情况下的社会平均利润率，是利润平均化规律发生作用的结果。因此，本题的正确答案为选项 D。

二、多选题

1.【正确答案】BC

【答案解析】如果不做特殊说明的话，资产的收益是指资产的年收益率，又称资产的报酬率。因此，本题的正确答案为选项 BC。

2.【正确答案】ACD

【答案解析】只有在通货膨胀率很低的情况下，才可以用短期国债利率来表示资金时间价值。因此，本题的正确答案为选项 ACD。

3.【正确答案】AB

【答案解析】以金额表示的收益不便于不同规模资产之间收益的比较，以百分比表示的收益便于不同规模下资产收益的比较和分析。因此，选项 C 的说法错误。资产收益率包括两部分：一是利息（股息）的收益率，二是资本利得的收益率。因此，选项 D 的说法错误。因此，本题的正确答案为选项 AB。

三、判断题

1.【正确答案】√

【答案解析】折现率与现值大小成反向变化，与终值大小呈现同方向变动。

2.【正确答案】×

【答案解析】货币时间价值是指一定量货币资本在不同时点上的价值量差额。

3.【正确答案】×

【答案解析】折现率与现值大小成反向变化，与终值大小呈现同方向变动。

知识点2：复利的终值和现值计算

一、单选题

1.【正确答案】C

【答案解析】现值 $=48\ 000\times(P/F，5\%，4)=48\ 000\times0.822\ 7=39\ 489.6$（元）。因此，本题的正确答案为选项C。

2.【正确答案】D

【答案解析】$P=F\div(1+i)^n=10\ 000\div(1+4\%)^5=8\ 218.95$（元）。因此，本题的正确答案为选项D。

3.【正确答案】C

【答案解析】复利现值是复利终值的倒数，是指未来一定时间的特定资金按复利计算的现在价值。因此，本题的正确答案为选项C。

4.【正确答案】A

【答案解析】第三年年末的本利和 $=400\times(F/P,5\%,3)+500\times(F/P,5\%,2)+400\times(F/P,5\%,1)=400\times1.157\ 6+500\times1.102\ 5+400\times1.050\ 0=1\ 434.25$（元）。因此，本题的正确答案为选项A。

5.【正确答案】A

【答案解析】$P=4\ 000\times(P/F,5\%,5)+5\ 000\times(P/F,5\%,2)+4\ 000\times(P/F,5\%,1)=4\ 000\times0.952\ 4+5\ 000\times0.907\ 0+4\ 000\times0.783\ 5=11\ 478.6$（元）。因此，本题的正确答案为选项A。

6.【正确答案】C

【答案解析】$P=400\times(P/F,5\%,2)+500\times(P/F,5\%,1)=400\times0.907\ 0+500\times0.952\ 4=839$（元）。因此，本题的正确答案为选项C。

二、多选题

1.【正确答案】ABC

【答案解析】复利现值是复利终值的对称概念，是指未来一定时间的特定资金按复利计算的现在价值，或者说为取得将来一定本利和现在所需要的本金。因此，选项D错误。

2.【正确答案】ABD

【答案解析】复利终值系数 $=(1+i)^n$，$(1+i)^{-n}$ 是复利现值系数，因此选项C错误。

3. 【正确答案】ABC

【答案解析】复利现值是复利终值的倒数，是指未来一定时间的特定资金，按复利计算的现在价值，或者说为取得将来一定本利和现在所需要的本金。因此，选项D错误。

三、判断题

1. 【正确答案】√

【答案解析】复利终值系数是（$1+i$）^{n}，复利现值系数是1/（$1+i$）^{n}，从表达式就可以看出，它们互为倒数。

2. 【正确答案】√

【答案解析】根据经济人假设，人们都是理性的，会用赚取的收益进行再投资，企业的资金使用也是如此。因此，财务估值中一般都按照复利方式计算货币时间价值。

3. 【正确答案】×

【答案解析】复利终值系数用符号（F/P，i，n）表示。

4. 【正确答案】×

【答案解析】复利终值和复利现值互为逆运算。

5. 【正确答案】×

【答案解析】等额系列收付款项也可以称为年金。

6. 【正确答案】×

【答案解析】不等额系列收付款项对每次付款时间没有要求。

四、计算题

1. 【答案解析】20 000×(F/P,5%,3)= 20 000×1. 157 6=23 152（元）。
2. 【答案解析】F=50×(F/P,4%,2)= 50×1. 081 6=54. 08（万元）。
3. 【答案解析】P=150 000×(P/F,9%,6)= 150 000×0. 596 3=89 445（元）。
4. 【答案解析】80 000×(F/P,8%,8)= 80 000×1. 850 9=148 072（元）。

知识点3：年金的终值和现值计算

一、单选题

1. 【正确答案】A

【答案解析】普通年金又称后付年金，是指每期期末等额的系列收（付）款。普通年金终值也可以简称年金终值，它犹如零存整取的本利和。因此，本题的正确答案为选项A。

2. 【正确答案】B

【答案解析】预付年金又称先付年金、即付年金，是指每期期初等额的系列收（付）款，它与普通年金的差别仅在于每期收（付）款的发生时间不同。因此，本题的正确答案为选项 B。

3. 【正确答案】C

【答案解析】递延年金又称延期年金，是指在最初的若干期没有收（付）款项的情况下，后面若干期每期期末有等额的系列收（付）款项。因此，本题的正确答案为选项 C。

4. 【正确答案】D

【答案解析】永续年金是一种无期限发生的等额收（付）特种年金。它是普通年金在期限趋于无穷条件下的特殊形式。因此，本题的正确答案为选项 D。

5. 【正确答案】C

【答案解析】6 年期、折现率为 8%的预付年金现值系数 $=[(P/A,8\%,6-1)+1]=3.9927+1=(P/A,8\%,6)\times(1+8\%)=4.6229\times1.08=4.9927$。因此，本题的正确答案为选项 C。

6. 【正确答案】A

【答案解析】利率为 i，期数为 n 的预付年金现值系数是：$(P/A,i,n-1)+1=(P/A,10\%,4)+1$。因此，本题的正确答案为选项 A。

7. 【正确答案】D

【答案解析】永续年金利率 $I=A/P$，$A=3\,000\div100\,000=3\%$。因此，本题的正确答案为选项 D。

8. 【正确答案】C

【答案解析】预付年金终值系数可以通过在普通年金终值系数的基础上乘以 $(1+i)$ 计算得出。因此，本题的正确答案为选项 C。

9. 【正确答案】B

【答案解析】预付年金终值系数与普通年金终值系数相比，期数加 1，而系数减 1。因此，本题的正确答案为选项 B。

10. 【正确答案】C

【答案解析】与普通年金终值系数互为倒数的是偿债基金系数，与普通年金现值系数互为倒数的是资本回收系数。因此，本题的正确答案为选项 C。

11. 【正确答案】B

【答案解析】因为甲方案在第 5 年年末的终值是预付年金终值，乙方案在第 5 年年末的终值是普通年金终值，预付年金终值 $=(1+i)\times$ 普通年金终值，说明预付年金终值大于普通年金终值。因此，本题的正确答案为选项 B。

二、多选题

1.【正确答案】ABCD

【答案解析】等额系列收（付）款项又称年金（annuity，A），是指在一定时期内每间隔相同时期等额收（付）的系列款项。例如，分期付款赊购、分期偿还贷款、发放养老金、分期支付租金等，都属于年金收（付）形式。按照收（付）时点和方式的不同，年金可以分为普通年金、预付年金、递延年金和永续年金等形式，计算终值和现值时要区别对待。因此，本题的正确答案为选项 ABCD。

2.【正确答案】ABCD

【答案解析】由于连续等额还款 6 次，因此，$n=6$；由于从第 5 年年初到第 10 年年初发生（相当于从第 4 年年末到第 9 年年末发生），因此递延期是 4－1＝3 期。由递延年金现值公式可知，选项 AC 是正确答案。在选项 B 中，$5\,000\times[(P/A, 10\%, 5)+1]$ 表示的是预付年金现值，即 6 次连续等额的还款在第 5 年年初的现值，因此进一步折现（到第 1 年年初）时，应该复利折现 4 期，即选项 B 的表达式正确。在选项 D 中，$5\,000\times[(F/A, 10\%, 7)-1]$ 表示的是预付年金终值，即 6 次连续等额的还款在第 10 年年末的终值，因此进一步折现（到第 1 年年初）时，应该复利折现 10 期，即选项 D 的表达式正确。

3.【正确答案】BD

【答案解析】本题是求递延年金现值，使用的公式是 $P=A\times(P/A,i,n)\times(P/F,i,m)$，$P=A\times[(P/A,i,m+n)-(P/A,i,m)]$，题中年金是从第 5 年年末到第 10 年年末发生，年金 A 是 5 000，i 是 10%。年金期数是 6 期，递延期是 4 期，$n=6$，$m=4$。将数据代入公式可知，选项 BD 是本题的正确答案。

4.【正确答案】ABC

【答案解析】递延年金的计算方法有三种：第一，先将递延年金视为 n 期普通年金，求出在递延期期末的普通年金现值，之后再折算到现在，因此选项 A 正确。第二，先计算 $m+n$ 期年金现值，再减去 m 期年金现值，因此选项 B 正确。第三，先求递延年金终值再折现为现值，因此选项 C 正确。

5.【正确答案】BC

【答案解析】即付年金终值等于期数相同的普通年金终值乘以“$1+i$”，因此选项 B 正确；即付年金终值系数等于普通年金终值系数期数加 1，系数减 1，因此选项 C 正确。

6.【正确答案】ABCD

【答案解析】因为本题中是从第 3 年起每年年末从银行支出一笔固定金额的款项，所以符合递延年金的形式。计算第 1 年年初应存入银行的金额时方法有很多，既有可能用复利终值系数及复利现值系数，也有可能用普通年金终值系数和普通年金现值系数。因此，本题的正确答案为选项 ABCD。

7.【正确答案】BC

【答案解析】12 000=4 600×(P/A，i，3)，因此（P/A，i，3）= 12 000÷4 600= 2.609，查表可知，借款利率大于7%小于8%。因此，本题的正确答案为选项BC。

8.【正确答案】ABD

【答案解析】本题不是即付年金终值计算问题，实际上是普通年金终值计算问题。

本题年金在2018年、2019年和2020年每年年初发生一次流量。选项A，5×(F/P，4%，2)+5×(F/P，4%，1)+5，这是分别计算的三项年金的终值。选项B，普通年金终值时点为最后一次流量发生时点，即付年金终值时点为最后一次流量发生的下一个时点。最后一次流量发生在2020年年初时点，要求计算2020年年初的本利和，终值时点为最后一次流量发生时点，可以用普通年金终值计算，即5×(F/A，4%，3)。选项C，本题终值时点为最后一次流量发生时点，属于普通年金，而不是即付年金。选项C计算的是该年金在2020年年末的价值，属于错误选项。选项D，按照即付年金终值系数在普通年金终值系数的基础上“期数加上1，系数减去1”，5×[（F/A，4%，4）-1] 是计算到2020年年末（即付年金的终值点是最后一笔流量的下一个时点）。要求的计算的时点是2020年年初，因此后面再乘以（P/F，4%，1）计算的就是2020年年初的价值。

三、判断题

1.【正确答案】√

【答案解析】由于永续年金没有终结点，因此其没有终值的计算，而只有现值的计算。

2.【正确答案】√

【答案解析】普通年金终值是一定时期内每期期末等额定期系列收付款项的复利终值之和。

3.【正确答案】×

【答案解析】永续年金是一种无期限发生的等额收（付）特种年金。

4.【正确答案】×

【答案解析】递延年金有终值，但是终值的大小与递延期无关，递延年金的终值=A×（F/A，i，n），其中n表示等额收付的次数（年金A的个数），显然其大小与递延期m无关。

5.【正确答案】×

【答案解析】复利终值和复利现值互为逆运算。

四、计算题

1.【答案解析】

$P=10\times[(P/A,10\%,15)-(P/A,10\%,5)]=10\times(7.6061-3.7908)=38.15$（万元）。

或者 $P=10\times(P/A,10\%,10)\times(P/F,10\%,5)=10\times6.1446\times0.6209=38.15$（万元）。

2.【答案解析】$F=2\times(F/A,4\%,5)\times(1+4\%)=2\times5.4163\times1.04=11.27$（万元）。

3.【答案解析】永续年金现值=2 000÷4%=50 000（元）。

4.【答案解析】$4\ 000\times[(P/A,10\%,7)+1]=4\ 000\times(4.8684+1)=23\ 473.6$（元）。

利率为 i，期数为 n 的预付年金现值系数是 $(P/A,i,n-1)+1=(P/A,10\%,7)+1$，因此该笔借款现值的计算是 $4\ 000\times[(P/A,10\%,7)+1]=4\ 000\times(4.8684+1)=23\ 473.6$（元）。

5.【答案解析】$F=1\ 000\times(F/A,10\%,5)=1\ 000\times6.1051=6\ 105.1$（万元）。

此题年金最后一次流量发生在第 8 年年初（相当于第 7 年年末），因此是递延年金终值的计算。递延年金终值计算与普通年金终值计算一样，$F=1\ 000\times(F/A,10\%,5)=6\ 105.1$ 万元

6.【答案解析】本题属于已知预付年金终值求预付年金问题。因为已知（F/A，3%，6）=6.468 4，所以列等式：$40\ 000=A\times(F/A,3\%,6)-A$，预付年金 $A=40\ 000\div(6.4684-1)=7\ 315$（元）。

知识点 4：实际利率和名义利率

一、单选题

1.【正确答案】C

【答案解析】实际利率 $=(1+8\%/2)^2-1=8.16\%$，实际利率高出名义利率 0.16%（8.16%−8%）。因此，本题的正确答案为选项 C。

2.【正确答案】D

【答案解析】在名义利率相同的情况下，计息的次数越多越有利，因此，本题的正确答案为选项 D。

3.【正确答案】C

【答案解析】根据名义利率与实际利率之间的关系式 $i=(1+r/m)^m-1=(1+4\%/4)^4-1=4.06\%$，因此实际利率高出名义利率 4.06%−4%=0.06%。因此，本题的正确答案为选项 C。

4. 【正确答案】A

【答案解析】$i=(1+r/m)^m-1$，选项 A 正确，选项 BCD 不正确。

5. 【正确答案】A

【答案解析】本题考查利率的计算。在名义利率相同的情况下，每年复利次数越多，年实际利率越高，对于债务人越不利。因此，本题的正确答案为选项 A。

6. 【正确答案】B

【答案解析】根据名义利率与实际利率之间的关系式 $i=(1+r/m)^m-1=(1+10\%/4)^4-1=10.38\%$。因此，本题的正确答案为选项 B。

7. 【正确答案】C

【答案解析】实际利率 $=(1+10\%/2)^2-1=10.25\%$。因此，本题的正确答案为选项 C。

8. 【正确答案】D

【答案解析】根据实际利率与名义利率之间的关系可知，实际年利率 $=(1+r/m)^m-1=(1+4\%/4)^4-1=4.06\%$。因此，本题的正确答案为选项 D。

9. 【正确答案】B

【答案解析】名义利率是包含通货膨胀的利率，选项 A 错误；名义利率不变时，实际利率随着每年复利次数的增加、实际利率随着计息期利率的递减而非线性递增，选项 CD 错误。因此，本题的正确答案为选项 B。

二、多选题

1. 【正确答案】ABD

【答案解析】面值为 1 000 元，每半年发放 40 元的利息，因此半年的利率为 $(40\div1\ 000)\times100\%=4\%$，年票面利率 $=4\%\times2=8\%$，年实际利率 $=(1+4\%)^2-1=8.16\%$。因此，本题的正确答案为选项 ABD。

2. 【正确答案】BCD

【答案解析】$i=(1+r/m)^m-1$，因此选项 A 正确，选项 BCD 不正确。

3. 【正确答案】ABD

【答案解析】面值为 1 000 元，每半年发放 50 元的利息，因此半年的利率为 $(50/1\ 000)\times100\%=5\%$，年票面利率为 $5\%\times2=10\%$，年实际利率为 $(1+5\%)^2-1=10.25\%$。因此，本题的正确答案为选项 ABD。

三、判断题

1. 【正确答案】×

【答案解析】实际利率 $=(1+10\%/4)^4-1=10.38\%$。

2. 【正确答案】×

【答案解析】实际收益率表示已经实现或确定可以实现的资产收益率，表述为已实现或确定可以实现的利息（股息）率与资本利得收益率之和。当然，当存在通货膨胀时，还应当扣除通货膨胀率的影响，才是真实的收益率。

3.【正确答案】√

【答案解析】$i=(1+r/m)^m-1$，说法正确。

4.【正确答案】√

【答案解析】$i=(1+r/m)^m-1$，说法正确。

知识点 5：风险与报酬、单项资产风险的衡量

一、单选题

1.【正确答案】B

【答案解析】风险与报酬是一种对称关系，它要求等量风险带来等量报酬，即风险报酬均衡。简单来说，就是高风险要求高报酬，低风险只能获得低报酬。风险报酬又称为风险价值、风险收益，是指企业承担了风险从事财务活动所获得的超过无风险价值的额外收益。风险报酬有两种表现形式：一种是风险报酬额，它是一个绝对数；另一种是风险报酬率，它是一个相对数。在财务管理中，风险报酬通常用相对数——风险报酬率来计量。因此，本题的正确答案为选项 B。

2.【正确答案】C

【答案解析】根据题意可知，投资收益率的期望值 $=20\%\times0.3+10\%\times0.5+(-5\%)\times0.2=10\%$，投资收益率的标准差 $=[(20\%-10\%)^2\times0.3+(10\%-10\%)^2\times0.5+(-5\%-10\%)^2\times0.2]^{1/2}=8.66\%$。因此，本题的正确答案为选项 C。

3.【正确答案】D

【答案解析】在预期收益率（期望值）相同的情况下，风险大的标准差大，此时标准离差率也大；在预期收益率（期望值）不同的情况下，风险大的标准离差率也大，因为标准离差是衡量相对风险的指标。综上所述，甲资产的标准离差率大于乙资产的标准离差率。因此，本题的正确答案为选项 D。

4.【正确答案】C

【答案解析】本题考查资产的风险及其衡量。A 项目的标准离差率 $=12\%/10\%=1.2$，B 项目的标准离差率 $=8\%/15\%=0.53$，A 项目的风险大于 B 项目的风险；B 项目风险低且收益高，B 项目优于 A 项目。因此，本题的正确答案为选项 C。

5.【正确答案】C

【答案解析】方差和标准离差作为绝对数，只适用于期望值相同的决策方案风险程度的比较。对期望值不同的决策方案，评价和比较其各自的风险程度只能借助于标准离差率这一相对数值。因此，本题的正确答案为选项 C。

6.【正确答案】B

【答案解析】概率就是用百分比或小数来表示随机事件发生可能性及出现某种结

果可能性大小的数值。我们用 X 表示随机事件，X_i 表示随机事件的第 i 种结果，P_i 为出现该种结果的相应概率。若 X_i 出现，则 $P_i=1$；若 X_i 不出现，则 $P_i=0$，同时所有可能结果出现的概率之和必定为 1。因此，本题的正确答案为选项 B。

7.【正确答案】B

【答案解析】当两个方案收益的期望值不同时，比较风险只能借助于标准离差率这一相对数值。标准离差率=标准差÷期望值，标准离差率越大，风险越大；反之，标准离差率越小，风险越小。甲方案的标准离差率=300÷1 000=0.3，乙方案的标准离差率=330÷1 200=0.275，因此甲方案的风险大于乙方案的风险。因此，本题的正确答案为选项 B。

8.【正确答案】A

【答案解析】预期收益率=30%×(−5%)+70%×20%=12.5%。因此，本题的正确答案为选项 A。

二、多选题

1.【正确答案】AB

【答案解析】尽管方差、标准离差、标准离差率是衡量风险的有效工具，但当某项资产或证券成为投资组合的一部分时，这些指标就可能不再是衡量风险的有效工具，选项 A 正确；证券资产组合的预期收益率就是组成证券资产组合的各种资产收益率的加权平均数，但是由于组合可以分散一部分风险，因此组合收益率的方差并不等于组成证券资产组合的各种资产收益率方差的加权平均数，选项 B 正确，选项 C 错误；在证券资产组合中，能够随着资产种类增加而降低直至消除的风险被称为非系统性风险，选项 D 错误。

2.【正确答案】AB

【答案解析】可分散风险是特定企业或特定行业所特有的，与政治、经济和其他影响所有资产的市场因素无关。因此，本题的正确答案为选项 AB。

3.【正确答案】AC

【答案解析】风险是指收益的不确定性，选项 B 错误。从财务管理的角度看，风险就是企业在各项财务活动过程中，由于各种难以预料或无法控制的因素作用，使企业的实际收益与预计收益发生背离，从而蒙受经济损失的可能性，选项 D 错误。因此，本题的正确答案为选项 AC。

4.【正确答案】BCD

【答案解析】在期望值不同的情况下，需要计算标准离差率来比较风险，A 证券的标准离差率=15%÷12%=1.25，B 证券的标准离差率=20%÷18%=1.11，A 证券的风险比 B 证券的风险大。因此，本题的正确答案为选项 BCD。

5.【正确答案】ABCD

【答案解析】反映随机变量离散程度的指标包括期望值、方差、标准离差、标准离差率和全距等。因此，本题的正确答案为选项 ABCD。

6.【正确答案】ACD

【答案解析】甲的标准离差率＝40%÷20%＝200%，乙的标准离差率＝64%÷25%＝256%，可以判断甲的风险小，乙的风险大，甲的期望值小于乙的期望值，无法判断哪个方案较优，要取决于投资者对风险的态度。因此，本题的正确答案为选项 ACD。

三、判断题

1.【正确答案】×

【答案解析】风险是指收益的不确定性。虽然风险的存在可能意味着收益的增加，但人们考虑更多的则是损失发生的可能性。

2.【正确答案】√

【答案解析】风险是指收益的不确定性。虽然风险的存在可能意味着收益的增加，但人们考虑更多的则是损失发生的可能性。

3.【正确答案】√

【答案解析】从财务管理的角度看，风险就是企业在各项财务活动过程中，由于各种难以预料或无法控制的因素的作用，使企业的实际收益与预计收益发生背离，从而蒙受经济损失的可能性。

4.【正确答案】√

【答案解析】概率就是用百分比或小数来表示随机事件发生可能性及出现某种结果可能性大小的数值。我们用 X 表示随机事件，X_i 表示随机事件的第 i 种结果，P_i 为出现该种结果的相应概率。若 X_i 出现，则 $P_i=1$；若 X_i 不出现，则 $P_i=0$，同时所有可能结果出现的概率之和必定为 1。

四、计算题

1.【答案解析】期望值＝100%×0.2+20%×0.5−70%×0.3＝9%。

方差＝(100%−9%)^2×0.2+(20%−9%)^2×0.5+(−70%−9%)^2×0.3＝0.358 9。

标准离差＝0.358 9$^{1/2}$＝59.91%。

标准离差率＝59.91%/9%＝6.66。

2.【答案解析】当两个方案收益的期望值不同时，比较风险只能借助于标准离差率这一相对数值。标准离差率＝标准差÷期望值，标准离差率越大，风险越大；反之，标准离差率越小，风险越小。甲方案的标准离差率＝300÷1 000＝30%，乙方案的标准离差率＝330/1 200＝27.5%，因此甲方案的风险大于乙方案的风险。

3.【答案解析】预计未来的收益率分别为 10%和 20%，则预期收益率＝11%×70%+12%×30%＝11.3%。

4.【答案解析】(1) A 股票的期望收益率=0.2×15%+0.6×10%+0.2×0=9%。

B 股票的期望收益率=0.3×20%+0.4×15%+0.3×(-10%)=9%。

A 股票的方差$=0.2\times(0.15-0.09)^2+0.6\times(0.10-0.09)^2+0.2\times(0-0.09)^2=0.0024$。

A 股票的标准差$=(0.0024)^{1/2}=4.90\%$。

B 股票的方差$=0.3\times(0.20-0.09)^2+0.4\times(0.15-0.09)^2+0.3\times(-0.10-0.09)^2=0.0159$。

B 股票的标准差$=(0.0159)^{1/2}=12.61\%$。

(2) A 股票的标准离差率=4.90%÷9%×100%=54.44%。

B 股票的标准离差率=12.61%÷9%×100%=140%。

由于 B 股票的标准离差率大于 A 股票的标准离差率，因此 B 股票的相对风险更大。

知识点 6：组合资产的风险与收益

一、单选题

1.【正确答案】A

【答案解析】如果 A、B 两只股票的收益率变化方向和变化幅度完全相同，则两只股票的相关系数为 1。相关系数为 1 时投资组合不能降低任何风险，组合的风险等于两只股票风险的加权平均数。因此，本题的正确答案为选项 A。

2.【正确答案】D

【答案解析】尽管绝大部分企业和资产都不可避免地受到系统性风险的影响，但并不意味着系统性风险对所有资产或所有企业有相同的影响。有些资产受系统性风险的影响大一些，而有些资产受系统性风险的影响较小，因此，选项 A 不正确。由于存在风险分散化效应，因此选项 B 不正确。对证券资产组合来说，其所含的系统性风险的大小可以用组合 β 系数来衡量，因此选项 C 不正确。一般来讲，随着证券资产组合中资产个数的增加，证券资产组合的风险会逐渐降低，当资产的个数增加到一定程度时，证券资产组合的风险程度将趋于平稳，这时组合风险的降低将非常缓慢直到不再降低，因此选项 D 正确。

3.【正确答案】C

【答案解析】市场组合的 β 值=1，如果某单项资产的系统风险性大于整个市场投资组合的风险，说明某单项资产的 β 值大于市场组合的 β 值，某单项资产的 β 值大于 1。因此，本题的正确答案为选项 C。

4.【正确答案】A

【答案解析】如果某股票的 β 系数为 0.5，表明它的系统性风险是市场组合风险的 0.5 倍。因此，本题的正确答案为选项 A。

5. 【正确答案】B

【答案解析】本题考查对β系数的理解。资产组合的β系数是所有单项资产β系数的加权平均数，权数为各种资产在资产组合中所占的价值比重。因此，选项A不正确。某项资产的风险收益率=该项资产的β系数×(R_m-R_f)，市场组合的β系数=1，市场组合的风险收益率=(R_m-R_f)。因此，某项资产的β系数=该项资产的风险收益率÷市场组合的风险收益率，即选项B正确。单项资产的β系数=该项资产收益率与市场组合收益率的协方差÷市场组合收益率的方差。因此，选项C不正确。β系数仅衡量系统性风险，并不能衡量非系统性风险，当β系数为0时，表明该资产没有系统性风险，但不能说明该资产没有非系统性风险。因此，选项D不正确。

6. 【正确答案】A

【答案解析】$R=R_f+\beta\times(R_m-R_f)=4\%+1.33\times(8\%-4\%)=9.32\%$。因此，本题的正确答案为选项A。

7. 【正确答案】A

【答案解析】$\beta=0.5\times25\%\div4\%=3.125$。

由$R_f+3.125\times(14\%-R_f)=18\%$，得$R_f=12.12\%$。

市场风险溢价=14%−12.12%=1.88%。

因此，本题的正确答案为选项A。

8. 【正确答案】B

【答案解析】根据资本资产定价模型$R=R_f+\beta\times(R_m-R_f)$，必要收益率等于无风险收益率，所以$\beta$系数等于零。因此，本题的正确答案为选项B。

二、多选题

1. 【正确答案】CD

【答案解析】由于证券投资组合存在风险分散化效应，因此选项C不正确。尽管绝大部分企业和资产都不可避免地受到系统风险的影响，但并不意味着系统性风险对所有资产或所有企业有相同的影响。有些资产受系统性风险的影响大一些，而有些资产受系统性风险的影响较小，因此选项D不正确。

2. 【正确答案】BD

【答案解析】β值测度系统性风险（又称市场风险），而标准差测度整体风险（包括系统性风险和非系统性风险，非系统性风险又称特有风险）。因此，本题的正确答案为选项BD。

3. 【正确答案】ABCD

【答案解析】市场组合是指由市场上所有资产组成的组合，市场组合的风险中分散掉了非系统性风险，留下了系统性风险（又称市场风险）。方差、标准差代表的是资产的整体风险（包括系统性风险和非系统性风险），市场组合的风险代表了市场的整体风险。市场组合的收益率就是市场平均收益率，实务中通常用股票价格指数的收益率来代替。因此，本题的正确答案为选项ABCD。

4.【正确答案】BCD

【答案解析】某资产的风险收益率＝该资产的β系数×市场风险溢酬$(R_m - R_f)$，不同资产的β系数不同，因此选项A不正确。某资产的必要收益率＝无风险收益率+该资产的风险收益率＝无风险收益率+该资产的β系数×$(R_m - R_f)$，其中$(R_m - R_f)$表达的是对市场平均风险要求的风险补偿率。由于无风险收益率变化并不影响市场平均风险，因此$(R_m - R_f)$不受无风险收益率变动的影响。或者说，当R_f变动时，R_m会等额变动。也就是说，无风险收益率的变化不影响资产的风险收益率，因此选项B正确。市场风险溢酬$(R_m - R_f)$反映市场整体对风险的偏好，对风险的平均容忍程度越低，意味着风险厌恶程度越高，要求的市场平均收益率越高，因此$(R_m - R_f)$的值越大，即选项C正确。某资产的必要收益率＝R_f+该资产的β系数×$(R_m - R_f)$，如果$\beta = 1$，则该资产的必要收益率＝$R_f + (R_m - R_f) = R_m$，而R_m表示的是市场平均收益率，因此，选项D正确。

5.【正确答案】ABCD

【答案解析】系统性风险又称为不可分散风险或市场风险，指的是由于某些因素给市场所有的证券带来经济损失的可能性。例如，经济萧条、通货膨胀、战争、利率调整等都属于系统性风险。这些因素对所有证券都有影响，不能通过证券组合分散掉。因此，本题的正确答案为选项ABCD。

6.【正确答案】ABC

【答案解析】尽管资本资产定价模型已经得到了广泛的认可，但在实际运用中，仍存在着一些明显的局限，主要表现在以下几个方面：第一，某些资产或企业的β值难以估计，特别是对一些缺乏历史数据的新兴行业。第二，经济环境的不确定性和不断变化，使得依据历史数据估算出来的β值对未来的指导作用必然要打折扣。第三，资本资产定价模型是建立在一系列假设之上的，其中一些假设与实际情况有较大偏差，使得资本资产定价模型的有效性受到质疑。选项D是资本资产定价模型有效性的一种表现。因此，本题的正确答案为选项ABC。

三、判断题

1.【正确答案】×

【答案解析】一般来讲，随着证券资产组合中资产个数的增加，证券资产组合的风险会逐渐降低，当资产的个数增加到一定程度时，证券资产组合的风险程度将趋于平稳，这时组合风险的降低将非常缓慢直到不再降低。

2.【正确答案】√

【答案解析】在风险分散的过程中，不应当过分夸大资产多样性和资产个数的作用。实际上，在证券资产组合中资产数目较少时，增加资产的个数，分散风险的效应会比较明显，但资产数目增加到一定程度时，风险分散的效应就会逐渐减弱。

3.【正确答案】√

【答案解析】当两项资产的收益率完全正相关时，两项资产的风险完全不能相互抵消，因此这样的组合不能降低任何风险。

4.【正确答案】×

【答案解析】投资组合的β系数是组合中各证券β系数的加权平均数，而不是算术平均数。

5.【正确答案】×

【答案解析】投资组合的β系数等于单项资产的β系数的加权平均数。

6.【正确答案】×

【答案解析】市场风险溢价也就是资本资产定价模型中的（R_m-R_f），它是附加在无风险收益率之上的。由于承担了市场平均风险所要求获得的补偿，它反映的是市场作为整体对风险的平均“容忍”程度，也就是市场整体对风险的厌恶程度。对风险越是厌恶和回避，要求的补偿就越高，因此市场风险溢价的数值就越大。

知识点7：成本性态

一、单选题

1.【正确答案】C

【答案解析】生产单位产品需要多少零部件，是技术设计阶段就已经确定下来的，不是可以通过斟酌来确定的。选项C属于技术性变动成本。因此，本题的正确答案为选项C。

2.【正确答案】D

【答案解析】对保险费和固定的设备折旧而言，即使生产中断也仍然要发生，因此属于约束性固定成本，选项AB错误；直接材料费属于变动成本，选项C错误；酌量性固定成本是指管理当局的短期经营决策行动能改变其数额的固定成本。因此，本题的正确答案为选项D。

3.【正确答案】A

【答案解析】高低点法是以过去某一会计期间的总成本和业务量资料为依据，从中选择业务量最高点和业务量最低点，将总成本进行分解，得出成本性态的一种方法。在这种方法下，选择高点和低点坐标的依据是最高点的业务量和最低点的业务量。因此，本题的正确答案为选项A。

4.【正确答案】C

【答案解析】顾名思义，混合成本就是“混合”了固定成本和变动成本两种不同性质的成本。一方面，混合成本要随业务量的变化而变化；另一方面，混合成本的变化又不能与业务量的变化保持着纯粹的正比例关系。因此，本题的正确答案为选项C。

5. 【正确答案】D

【答案解析】延期变动成本在一定的业务量范围内有一个固定不变的基数，当业务量增长超出了这个范围，它就与业务量的增长呈现正比例变动。因此，本题的正确答案为选项D。

6. 【正确答案】B

【答案解析】半变动成本是指在有一定初始量的基础上，随着产量的变化而呈现正比例变动的成本。这些成本的特点是通常有一个初始的固定基数，在此基数内与业务量的变化无关，这部分成本类似于固定成本；在此基数之上的其余部分，则随着业务量的增加呈现正比例增加。因此，本题的正确答案为选项B。

二、多选题

1. 【正确答案】AD

【答案解析】将混合成本按照一定的方法区分为固定成本和变动成本之后，根据成本性态，企业的总成本公式就可以表示为总成本=固定成本总额+变动成本总额=固定成本总额+单位变动成本×业务量。因此，本题的正确答案为选项AD。

2. 【正确答案】AD

【答案解析】曲线成本又可以分为以下两种类型：一是递增曲线成本，如累进计件工资、违约金等，随着业务量的增加，成本逐步增加，并且增加幅度是递增的。二是递减曲线成本，如有价格折扣或优惠条件下的水、电消费成本、“费用封顶”的通信服务费等，用量越大则总成本越高，但增长越来越慢，变化率是递减的。因此，本题的正确答案为选项AD。

3. 【正确答案】AB

【答案解析】半固定成本随产量的变化而呈阶梯形增长，产量在一定限度内的这种成本不变。当产量增长到一定限度后这种成本就跳跃到一个新水平，之后在业务量增长的一定限度内，发生额又保持不变，直到又一个新的跳跃。企业的管理员、运货员、检验员的工资都属于这类成本。因此，本题的正确答案为选项AB。

4. 【正确答案】ACD

【答案解析】需要与账户分析法配合使用的是合同确认法，选项B错误。

5. 【正确答案】AD

【答案解析】一定期间固定成本的稳定性是有条件的，即产量变动的范围是有限的。如果产量增加达到一定程度，固定成本也会上升，因此选项B不正确。混合成本兼有固定与变动两种性质，可以进一步将其细分为半变动成本、半固定成本、延期变动成本和曲线变动成本，因此选项C不正确。

6. 【正确答案】BD

【答案解析】固定成本是指在特定的业务量范围内不受业务量变动影响，一定期间的总额能保持相对稳定的成本。例如，固定折旧费用、房屋租金、行政管理人员工资、财产保险费、广告费、职工培训费、办公费、产品研究与开发费用等，均属于固定成本。因此，本题的正确答案为选项 BD。

三、判断题

1.【正确答案】√

【答案解析】半变动成本是指在有一定初始量的基础上，随着产量的变化而呈现正比例变动的成本。这些成本的特点是通常有一个初始的固定基数，在此基数内与业务量的变化无关，这部分成本类似于固定成本；在此基数之上的其余部分，则随着业务量的增加呈现正比例增加。

2.【正确答案】√

【答案解析】混合成本介于固定成本和变动成本之间，可以分解成固定成本和变动成本两部分。混合成本的分解主要包括高低点法、回归分析法、账户分析法、技术测定法和合同确认法，其中的回归分析法是一种较为精确的分解方法。

3.【正确答案】×

【答案解析】固定成本是指在特定的业务量范围内不受业务量变动影响，一定期间的总额能保持相对稳定的成本。因此，采用工作量法计提的折旧不是固定成本。

4.【正确答案】√

【答案解析】固定成本是指在特定的业务量范围内不受业务量变动影响，一定期间的总额能保持相对稳定的成本。例如，固定折旧费用、房屋租金、行政管理人员工资、财产保险费、广告费、职工培训费、办公费、产品研究与开发费用等，均属于固定成本。

第三章
筹资管理

第一节　学习指导

一、本章结构

本章结构如图 3-1 所示。

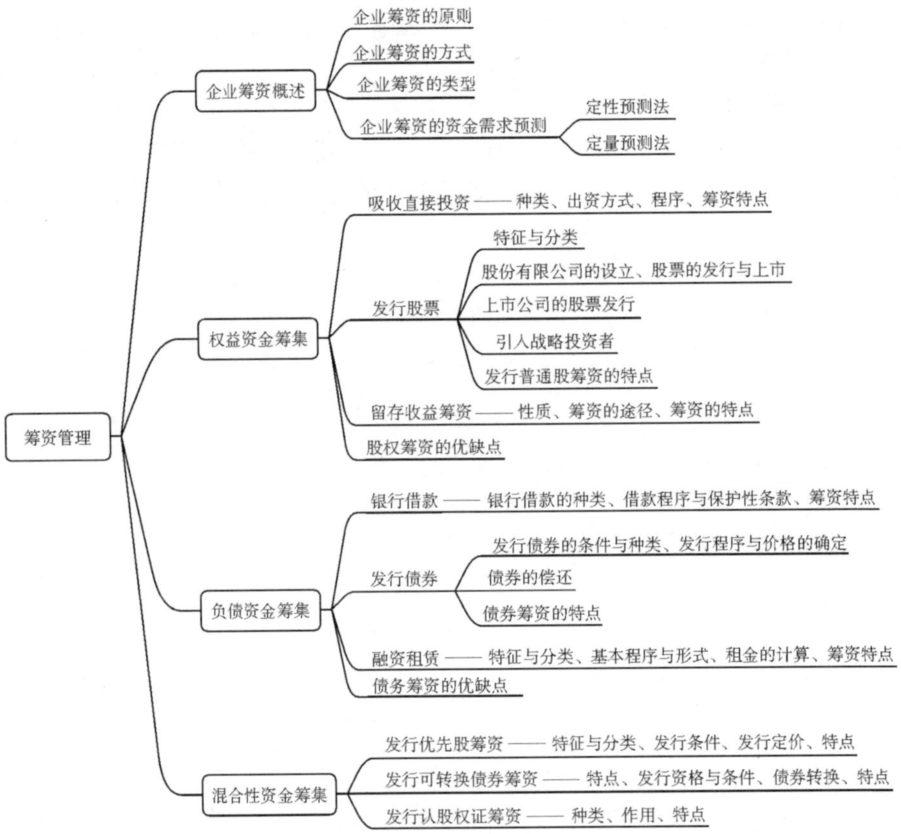

图 3-1　本章结构

二、学习目标和要求

1. 掌握筹资的概念、种类和原则
2. 了解筹资规模与筹资时机
3. 掌握权益资金筹集和债务筹资的方式及其特点

三、本章重点难点

1. 企业筹资概述

（1）企业筹资必须遵循以下基本原则：合理确定资金需要量，科学安排筹资时间；合理组合筹资渠道和方式，降低资金成本；优化资本结构，降低筹资风险；拟订好筹资方案，认真签订和执行筹资合同。

（2）企业筹资的方式包括吸收直接投资、发行股票、发行债券、银行借款、利用民间资本、利用留存收益、融资租赁。

（3）企业筹资的类型如下：按照资本属性的不同，企业筹资可以分为股权性筹资、债务性筹资和混合性筹资；按照是否通过金融机构，企业筹资可以分为直接筹资和间接筹资；按照所筹资金使用期限的长短，企业筹资可以分为短期资金筹集和长期资金筹集；按照资金的取得方式不同，企业筹资可以分为内源筹资和外源筹资。

2. 企业筹资的资金需求预测

（1）定性预测法是根据调查研究所掌握的情况和数据资料，凭借预测人员的知识和经验，对资金需要量所做的判断。定性预测法包括德尔菲法、市场调查法以及相互影响预测法。

（2）定量预测法包括销售百分比法和资金习性预测法。

①销售百分比法要求将反映生产经营规模的销售因素与反映资金占用的资产因素连接起来，根据销售与资产之间的数量比例关系，预计企业的外部筹资需要量。利用销售百分比法计算外部融资需求量的模型如下：

$$外部融资需求量=\frac{A}{S_1}\times\Delta S-\frac{B}{S_1}\times\Delta S-P\times E\times S_2$$

②资金习性预测法是根据资金习性预测未来资金需要量的一种方法。其中，线性回归分析法是根据历史上企业资金占用总额与产销量之间的关系，把资金分为不变和变动两部分，之后结合预计的销售量来预测资金需要量。我们设产销量为自变量 X，资金占用为因变量 Y，它们之间的关系可用下式表示：

$$Y=a+bX$$

式中，a 为不变资金，b 为单位产销量所需变动资金。

可见，只要求出 a 和 b，并知道预测期的产销量，就可以用上述公式测算资金需求情况。a 和 b 可以用回归直线方程求出。

$$a=\frac{\sum X_i^2\sum Y_i-\sum X_i\sum X_i Y_i}{n\sum X_i^2-(\sum X_i)^2},\quad b=\frac{n\sum X_i Y_i-\sum X_i\sum Y_i}{n\sum X_i^2-(\sum X_i)^2}$$

3. 吸收直接投资

（1）吸收直接投资的种类包括吸收国家投资、吸收法人投资、吸收外商直接投资、吸收社会公众投资。

（2）吸收直接投资的出资方式包括以货币资产出资、以实物资产出资、以土地使用权出资、以工业产权出资。

（3）吸收直接投资筹资的特点包括能够尽快形成生产能力；容易进行信息沟通；吸收投资的手续相对比较简便，筹资费用较低；资本成本较高；企业控制权集中，不利于企业治理；不利于产权交易。

4. 发行股票

（1）股票的特点包括永久性、流通性、风险性、参与性。

（2）股东的权利包括公司管理权、收益分享权、股份转让权、优先认股权、剩余财产要求权。

（3）股票的种类如下：按股东权利和义务不同，股票可以分为普通股股票和优先股股票；按票面有无记名，股票可以分为记名股票和无记名股票；按票面是否标明金额，股票可以分为有面额股票和无面额股票；按发行对象和上市地点不同，股票可以分为 A 股、B 股、H 股、N 股和 S 股等。

（4）股票的发售方式是指股份有限公司向社会公开发行股票时所采取的股票销售方式，有自销和承销两种方式。

（5）上市的股份有限公司在证券市场上发行股票，包括公开发行和非公开发行两种类型。公开发行股票又分为首次上市公开发行股票和上市公开发行股票。非公开发行即向特定投资者发行，也叫定向发行。

（6）发行普通股筹资的特点包括所有权与经营权相分离，分散公司控制权，有利于公司自主管理、自主经营；没有固定的股息负担，资本成本较低；能提高公司的社会声誉；促进股权流通和转让；筹资费用较高，手续复杂；不易尽快形成生产能力；公司控制权分散，容易被经理人控制。

5. 留存收益筹资

（1）从性质上看，企业通过合法有效地经营实现的税后净利润都属于企业的所有者。企业将本年度的部分甚至全部利润留存下来的原因主要包括：第一，收益的确认和计量是建立在权责发生制基础上的，企业有利润，但企业不一定有相应的现金净流量增加，因此企业不一定有足够的现金将利润全部或部分派给所有者。第二，法律法规从保护债权人利益和要求企业可持续发展等角度出发，限制企业将利润全部分配出去。《中华人民共和国公司法》规定，企业每年的税后利润，必须提取10%的法定盈余公积金。第三，企业基于自身扩大再生产和筹资的需求，也会将一部分利润留存下来。

（2）留存收益筹资的途径有提取盈余公积金和未分配利润。

（3）利用留存收益筹资的特点包括不用发生筹资费用、维持公司的控制权分布、筹资数额有限。

6. 股权筹资的优缺点

（1）股权筹资的优点：股权筹资是企业稳定的资本基础、股权筹资是企业良好的信誉基础、企业财务风险较小。

（2）股权筹资的缺点：资本成本负担较重、容易分散企业的控制权、信息沟通与披露成本较高。

7. 银行借款

（1）银行借款的种类如下：按提供贷款的机构不同，银行借款可以分为政策性银行贷款、商业银行贷款和其他金融机构贷款；按机构对贷款有无担保要求不同，银行借款可以分为信用贷款和担保贷款；按企业取得贷款的用途不同，银行借款可以分为基本建设贷款、专项贷款和流动资金贷款。

（2）银行借款筹资的特点包括筹资速度快、资本成本较低、筹资弹性较大、限制条款多、筹资数额有限。

8. 发行债券

（1）公司债券的种类如下：按是否记名，公司债券可以分为记名债券和无记名债券；按是否能够转换成公司股权，公司债券可以分为可转换债券与不可转换债券；按有无特定财产担保，公司债券可以分为担保债券和信用债券。

（2）债券发行价格的确定。

①债券发行价格是指债券原始投资者购入债券时应支付的市场价格，它与债券的面值既可能一致也可能不一致。在实务中，公司债券发行价格通常有 3 种情况：溢价发行、平价发行、折价发行。

②影响债券发行价格的因素包括债券面值、票面利率、市场利率和债券期限。

③债券发行价格的确定：

$$\text{债券发行价格}=\frac{\text{债券面值}}{(1+\text{市场利率})^{\text{年数}}}+\sum\frac{\text{债券面值}\times\text{债券利率}}{(1+\text{市场利率})^{\text{期数}}}$$

$$P=M\times(P/F,\ i,\ n)+M\times r\times(P/A,\ i,\ n)$$

（3）债券偿还时间按其实际发生与规定的到期日之间的关系，分为提前偿还与到期偿还两类，其中后者又包括分批偿还和一次偿还两种。

（4）债券筹资的特点包括一次筹资数额大；提高公司的社会声誉；筹集资金的使用限制条件少；发行资格要求高，手续复杂；资本成本较高。

9. 融资租赁

（1）租赁的基本特征包括所有权与使用权相分离、融资与融物相结合、租金的分期回流。

（2）按性质不同，租赁可以分为融资租赁和经营租赁。融资租赁与经营租赁的区别如表 3-1 所示。

表 3-1 融资租赁与经营租赁的区别

对比项目	融资租赁（financial lease）	经营租赁（operational lease）
业务原理	融资融物于一体	无融资租赁特征，只是一种融物方式
租赁目的	融通资金，添置设备	暂时性使用，预防无形损耗风险
租期	较长，相当于设备经济寿命的大部分	较短
租金	包括设备价款	只是设备使用费
契约法律效力	不可撤销合同	经双方同意可中途撤销合同
租赁标的	一般为专用设备，也可为通用设备	通用设备居多
维修与保养	专用设备多为承租人负责，通用设备多为出租人负责	全部为出租人负责
承租人	一般为一个	设备经济寿命期内轮流租给多个承租人
灵活方便	不明显	明显

（3）融资租赁的基本形式包括直接租赁、售后回租、杠杆租赁。

（4）融资租赁租金的计算。

①租金的构成：设备原价及预计残值，包括设备买价、运输费、安装调试费、保险费等以及该设备租赁期满后，出售可得的市价；利息，即租赁公司为承租企业购置设备垫付资金所应支付的利息；租赁手续费，即租赁公司承办租赁设备所发生的业务费用和必要的利润。

②租金的计算：我国融资租赁实务中，租金的计算大多采用等额年金法。在等额年金法下，我们通常要根据利率和租赁手续费率确定一个租费率，作为折现率。

后付年金方式下每年年末支付租金的计算公式如下：

$$A=\frac{P}{(P/A,\ i,\ n)}$$

先付年金方式下每年年初支付租金的计算公式如下：

$$A=\frac{P}{(P/A,\ i,\ n-1)+1}$$

（5）融资租赁筹资的特点包括能迅速获得所需资产；财务风险小，财务优势明显；限制条件较少；租赁能延长资金融通的期限；免遭设备陈旧过时的风险；资本成本高。

10. 债务筹资的优缺点

（1）债务筹资的优点：筹资速度较快、筹资弹性大、资本成本负担较轻、可以利用财务杠杆、稳定公司的控制权。

（2）债务筹资的缺点：不能形成企业稳定的资本基础、财务风险较大、筹资数额有限。

11. 发行优先股筹资

（1）优先股的特征包括优先分配固定的股利、优先分配公司的剩余财产、优先股股东一般无表决权、优先股可以由公司赎回。

（2）优先股的分类如下：按股利是否累积支付，优先股可分为累积优先股和非累积优先股；按股利是否分配额外股利，优先股可分为参与优先股和非参与优先股；按公司可否赎回，优先股可分为可赎回优先股和不可赎回优先股。

（3）优先股筹资的特点包括优先股一般没有固定的到期日，不用偿付本金；优先股的股利既有固定性，又有一定的灵活性；保持普通股股东对公司的控制权；优先股的资本成本虽然低于普通股，但一般高于债券；可能形成较重的财务负担。

12. 发行可转换债券筹资

（1）可转换债券是一种特殊的债券，它在一定期间内依据约定的条件可以转换为普通股。

（2）可转换债券的转换。

①转换期限是指按发行公司的约定，持有人可将其转换为股票的期限。

②转换价格是指以可转换债券转换为股票的每股价格。这种转换价格通常由发行公司在发行可转换债券时约定。

③转换比率是每份可转换债券所能转换的股份数。转换比率等于可转换债券的面值除以转换价格。

（3）可转换债券的特点包括有利于降低资本成本、有利于筹集更多资本、有利于调整资本结构、有利于避免筹资损失、存在一定的偿债压力、回售条款的规定可能使发行公司遭受损失。

第二节　练习题

知识点 1：企业筹资概述

一、单选题

1. 下列选项中，对企业筹资的描述错误的是（　　）。

A. 筹资是企业经营活动的前提

B. 筹资是资金运动的起点

C. 筹资是决定企业生产经营发展程度的重要环节

D. 筹资是指企业为获取未来长期收益而向一定对象投放资金的经济行为

2. 企业外部筹资的方式有很多，但不包含（　　）方式。

A. 吸收直接投资　　B. 利用留存收益

C. 发行股票筹资　　D. 银行借款筹资

3. 按照资金的取得方式不同，企业筹资可以分为（　　）。

A. 股权性筹资和债务性筹资　　B. 直接筹资和间接筹资

C. 内源筹资和外源筹资　　D. 短期资金筹资和长期资金筹资

4. 下列选项中，不属于企业筹集资金的分类的是（　　）。

A. 短期资金筹资和长期资金筹资

B. 股权性筹资、债务性筹资和混合性筹资

C. 直接筹资和间接筹资

D. 内部筹资和外国筹资

5. 资金习性预测法中的不变资金需要量不包括（　　）。

A. 固定资产占用资金　　B. 无形资产占用资金

C. 应收账款占用资金　　D. 存货保险储备占用资金。

二、多选题

1. 企业为有效地筹集企业所需资金，必须遵循的基本原则有（　　）。

A. 合理确定资金需求量，科学安排筹资时间

B. 合理组合筹资渠道和方式，降低资金成本

C. 优化资本结构，降低筹资风险

D. 拟订好筹资方案，认真签订和执行筹资合同

2. 吸收直接投资可来自（　　）。

A. 国家　　B. 法人

C. 个人　　D. 外商

3. 下列选项中，属于间接筹资的有（　　）。

A. 利用留存收益　　B. 银行借款

C. 融资租赁　　D. 发行股票

4. 下列选项中，属于资金需要量预测方法的有（　　）。

A. 德尔菲法　　B. 连环替代法

C. 销售百分比法　　D. 资金习性预测法

5. 按照资金与产销量之间的依存关系，资金可以区分为（　　）。

A. 不变资金　　B. 变动资金

C. 半固定资金　　D. 半变动资金

三、判断题

1. 按照资金同产销量之间的依存关系划分，直接材料属于变动资金。（　　）

2. 处于成长期的企业，当面临资金短缺时，大多都选择内部筹资以减少筹资费用。（　　）

3. 按照所筹资金使用期限的长短，筹资可以分为权益筹资和负债筹资。（　　）

4. 内源筹资一般无需花费筹资费用。（　　）

四、计算题

1. 某企业 2021 年的经营性资产为 500 万元，经营性负债为 200 万元，销售收入为 1 000 万元，经营性资产、经营性负债占销售收入的百分比不变，销售净利率为 10%，股利支付率为 40%。若预计 2022 年的销售收入增加 50%，该企业需要从外部筹集的资金是多少万元?

2. 某公司 2021 年的销售收入为 20 000 万元，销售净利润率为 12%，净利润的 60%分配给投资者。2021 年 12 月 31 日的资产负债表（简表）如表 3-2 所示。

表 3-2　资产负债表（简表）

2021 年 12 月 31 日　　　　单位：万元

资产	期末余额	负债及所有者权益	期末余额
货币资金	1 000	应付账款	1 000
应收账款	3 000	应付票据	2 000
存货	6 000	长期借款	9 000
固定资产	7 000	实收资本	4 000
无形资产	1 000	留存收益	2 000
资产总计	18 000	负债与所有者权益合计	18 000

该公司 2022 年计划销售收入比上年增长 30%，为实现这一目标，该公司需新增设备一台，价值为 148 万元。据历年财务数据分析，该公司流动资产与流动负债随销售额同比率增减。假定该公司 2022 年的销售净利率和利润分配政策与 2021 年保持一致。

要求：

（1）计算该公司 2022 年由于销售增长而需要的资金需求增长额。

（2）预测该公司 2022 年需要对外筹集资金量。

知识点 2：吸收直接投资

一、单选题

1. 企业在采用吸收直接投资方式筹集资金时，不能被投资者用于出资的是（　　）。

A. 劳务　　B. 土地使用权

C. 实物资产　　D. 无形资产

2. 下列关于吸收直接投资特点的选项中，错误的是（　　）。

A. 能够尽快形成生产能力　　B. 容易进行信息沟通

C. 有利于产权交易　　D. 筹资费用较低

3. 下列关于吸收直接投资的选项中，错误的是（　　）。

A. 能够尽快形成生产能力

B. 吸收投资的手续相对比较简便，筹资费用较低

C. 公司控制权分散，不利于公司治理

D. 不利于产权交易

二、多选题

1. 企业在采用吸收直接投资方式筹集资金时，投资者的出资方式包括（　　）。

A. 以货币资产出资　　B. 以实物资产出资

C. 以工业产权出资　　D. 以土地使用权出资

2. 以工业产权出资，可以采用的无形资产有（　　）。

A. 专有技术　　B. 专利权

C. 商标权　　D. 土地使用权

3. 下列关于吸收直接投资的选项中，正确的有（　　）。

A. 吸收直接投资能够尽快形成生产能力

B. 吸收直接投资容易进行信息沟通

C. 吸收直接投资的资本成本较高

D. 吸收直接投资不利于产权交易

三、判断题

1. 在吸收直接投资的出资方式中，以实物资产出资是吸收直接投资中最重要的出资方式。（　　）

2. 在进行直接投资时，投资人可以用特许经营权作价出资。（　　）

3. 企业吸收直接投资会使得控制权分散，不利于企业治理。（　　）

知识点 3：发行股票

一、单选题

1. 某上市公司决定以发行普通股股票的方式进行筹资，属于该筹资方式的特点的是（　　）。

A. 所有权和经营权集中，不易分散公司的控制权

B. 没有固定的股息负担，资本成本较低

C. 筹资费用较低

D. 不利于公司的自主管理

2. 与债务筹资相比，下列选项中，属于发行普通股股票筹资的优点的是（　　）。

A. 资本成本较低　　B. 财务风险较小

C. 稳定公司控制权　　D. 筹资弹性较大

3. 下列选项中，不属于股票的特点的是（　　）。

A. 风险性　　B. 收益稳定性

C. 流通性　　D. 永久性

二、多选题

1. 普通股股东享有（　　）。

A. 公司管理权　　B. 收益分享权

C. 优先认股权　　D. 优先清偿权

2. 股票上市的目的是多方面的，主要包括（　　）。

A. 便于筹措新资金　　B. 促进股权流通和转让

C. 促进股权分散化　　D. 便于确定公司价值

3. 战略投资者应满足的基本要求有（　　）。

A. 要与公司的经营业务联系紧密

B. 要出于长期投资目的而较长时期地持有股票

C. 要具有相当的资金实力，且持股数量较多

D. 要有较高的资本市场认同度

三、判断题

1. 我国可以折价、平价或溢价发行股票。（　　）

2. 公司向社会公募发行股票时可以采用自销、包销、代销等方式。（　　）

3. 记名股票是在股票票面上记载股东姓名或将名称记入公司股东名册的股票。（　　）

知识点 4：留存收益筹资、股权筹资的优缺点

一、单选题

1. 下列有关利用留存收益筹资特点的选项中，错误的是（　　）。
   A. 不发生筹资费用　　B. 维持公司的控制权分布
   C. 可能会稀释原有股东的控制权　　D. 筹资数额有限
2. 下列有关留存收益的选项中，错误的是（　　）。
   A. 留存收益的筹资途径有提取盈余公积金和未分配利润
   B. 盈余公积金提取的基数是抵减年初累计亏损后的本年度的净利润
   C. 未分配利润是未指定用途的留存净收益
   D. 盈余公积金可以用于转增股本、弥补以前年度经营亏损和以后年度的对外利润分配
3. 下列关于筹资方式的选项中，最有利于降低公司财务风险的是（　　）。
   A. 发行普通股　　B. 发行优先股
   C. 发行公司债券　　D. 发行可转换债券

二、多选题

1. 与增发新股筹资相比，留存收益筹资的优点有（　　）。
   A. 筹资成本低　　B. 有助于提高公司的社会声誉
   C. 有助于维持公司的控制权分布　　D. 筹资规模大
2. 留存收益筹资的途径有（　　）。
   A. 提取盈余公积金　　B. 未分配利润
   C. 发行股票　　D. 销售资产
3. 下列有关股权性资金筹集的选项中，正确的是（　　）。
   A. 股权性资金包括吸收投入资本和发行普通股
   B. 吸收非现金投资主要包括实物资产投资和无形资产投资
   C. 吸收投入资本不需要偿还，因此资金成本较低
   D. 发行股票主要分为设立发行和增资发行

三、判断题

1. 留存收益也是企业筹资的一种方式。（　　）
2. 企业每年的税后利润必须提取 20%的法定盈余公积金。（　　）
3. 高速增长的企业会更多地倾向于股权筹资。（　　）

知识点5：银行借款

一、单选题

1. 下列关于银行贷款的分类的选项中，不正确的是（　　）。
   A. 按提供贷款的机构，分为政策性银行贷款、商业银行贷款和其他金融机构贷款
   B. 按机构对贷款有无担保要求，分为信用贷款和担保贷款
   C. 担保贷款包括卖方信贷、抵押贷款和质押贷款
   D. 流动基金借款、生产周转借款、结算借款属于流动资金贷款
2. 下列选项中，不能作为贷款担保的质押品的是（　　）。
   A. 股票　　B. 存款单
   C. 不动产　　D. 专利权
3. 对出借方来说，下列关于贷款方式的选项中，风险最高的是（　　）。
   A. 担保贷款　　B. 抵押贷款
   C. 信用贷款　　D. 保证贷款

二、多选题

1. 企业申请银行借款，银行需要按照有关政策和贷款条件对借款企业进行信用审查。审查内容包括（　　）。
   A. 公司财务状况　　B. 信用情况
   C. 借款投资项目的可行性　　D. 盈利的稳定性
2. 关于银行借款的筹资特点，下列选项中，正确的有（　　）。
   A. 筹资弹性较大　　B. 筹资成本较高
   C. 限制条件多　　D. 筹资速度快
3. 下列选项中，属于长期借款特点的有（　　）。
   A. 金额高　　B. 期限长
   C. 风险大　　D. 风险小

三、判断题

1. 由于信用贷款是以借款人的信誉或保证人的信用为依据而获得的贷款，因此银行通常收取的利息比担保贷款收取的利息要低。（　　）
2. 利用银行借款的筹资弹性比较大，但是筹资数额有限。（　　）
3. 专项贷款是指企业因从事新建、改建、扩建等基本建设项目需要资金而向银行申请借入的款项。（　　）

知识点6：发行债券

一、单选题

1. 按照有无特定的财产担保，债券可以分为（　　）。

A. 记名债券和无记名债券

B. 可转换债券和不可转换债券

C. 信用债券和担保债券

D. 不动产抵押债券、动产抵押债券和证券信托抵押债券

2. 按照是否能够转换成公司股权，债券可以分为（　　）。

A. 记名债券和无记名债券

B. 可转换债券和不可转换债券

C. 信用债券和担保债券

D. 不动产抵押债券和证券信托抵押债券

3. 下列关于公司债券发行程序的选项中，错误的是（　　）。

A. 拟发行公司债券的公司，需要由公司董事会制订公司债券发行的方案

B. 债券发行方案最终由董事长批准，作出决议

C. 公司债券的募集分为私募发行和公募发行

D. 公司申请发行债券由国务院证券监督管理部门批准

二、多选题

1. 下列选项中，可以发行债券的有（　　）。

A. 股份有限公司　　B. 国有独资有限公司

C. 有限责任公司　　D. 合伙企业

2. 债券发行价格的影响因素有（　　）。

A. 债券面值　　B. 票面利率

C. 市场利率　　D. 债券期限

3. 债券的偿还时间按实际发生与规定的到期日之间的关系，分为到期偿还、提前偿还两类。到期偿还又包括（　　）。

A. 分批偿还　　B. 一次偿还

C. 强制性赎回　　D. 通知赎回

三、判断题

1. 无记名公司债券的转让由债券持有人将该债券交付给受让人后即发生转让的效力。（　　）

2. 公开发行公司债券筹集的资金不得用于弥补亏损。（　　）
3. 当票面利率低于市场利率，债券溢价发行。（　　）

四、计算题

甲公司打算购买 A 公司刚发行的 5 年期公司债券，每张面值为 1 000 元，票面利率为 8%。假定该债券每年付息一次，到期按面值偿还，投资者要求的必要报酬率为 10%。根据上述资料计算当每张债券价格最高为多少元时，甲公司才可以考虑购买？

知识点 7：融资租赁

一、单选题

1. 下列选项中，属于融资租赁筹资特点的是（　　）。
   A. 财务风险小，财务优势明显　　B. 融资租赁的限制条件多
   C. 资本成本较低　　D. 可能发生设备陈旧过时的风险
2. 下列关于融资租赁的选项中，不正确的是（　　）。
   A. 融资租赁属于直接筹资
   B. 融资租赁的设备到租赁期满的时候通常被承租企业留购
   C. 融资租赁的杠杆租赁中涉及承租人、出租人和资金出借人三方
   D. 售后回租属于融资租赁的一种基本形式
3. 下列选项中，不属于租赁的基本特征的有（　　）。
   A. 所有权与使用权相分离　　B. 融资与融物相结合
   C. 租金的分期回流　　D. 租赁期较短

二、多选题

1. 融资租赁筹资的优点包括（　　）。
   A. 财务风险较小　　B. 限制条件较少
   C. 资本成本较低　　D. 融资速度较快
2. 融资租赁的基本形式包括（　　）。
   A. 直接租赁　　B. 杠杆租赁
   C. 售后回租　　D. 经营租赁

3. 下列选项中，影响融资租赁每期租金的因素有（　　）。

A. 设备原价及预计残值　　B. 利息

C. 租赁手续费　　D. 租赁支付方式

三、判断题

1. 融资租赁形式下只涉及承租人和出租人。（　　）

2. 杠杆租赁中，如果出租人到期不能按期偿还借款，资产所有权则转移给资金的出借者。（　　）

3. 杠杆租赁涉及承租人、出租人和资金出借者三方。（　　）

四、计算题

某公司于2021年1月1日从租赁公司租入一套设备，价值为500万元，租期为6年，租赁期满时预计残值为50万元，归租赁公司所有。折现率为10%，租金于每年年末支付一次。每年的租金为多少万元？

知识点8：混合型资金筹集

一、单选题

1. 下列关于优先股的股利的选项中，不正确的是（　　）。

A. 相对普通股而言，优先股的股利是相对固定的

B. 优先股的股息一般会根据公司的经营情况而变化

C. 优先股分配公司的剩余财产

D. 优先股可以由公司赎回

2. 下列关于优先股筹资的选项中，不正确的是（　　）。

A. 优先股筹资有利于调整股权资本的内部结构

B. 优先股筹资兼有债务筹资和股权筹资的某些性质

C. 优先股筹资不利于保障普通股的控制权

D. 优先股筹资会给公司带来一定的财务压力

3. 下列关于可转换债券的选项中，不正确的是（　　）。

A. 可转换债券的票面利率一般高于普通债券的票面利率

B. 转换价格一般高于发售日股票市场价格

C. 标的股票一般是本公司股票
D. 一般情况下，当市场价格高于转换价格时，投资者会选择行权

4. 下列关于认股权证筹资的选项中，不正确的是（　　）。
A. 属于股权融资方式　　B. 是一种融资促进工具
C. 能够为公司筹集额外的现金　　D. 是一种买入期权

二、多选题

1. 与普通股股东相比，优先股股东的优先权利包括（　　）。
A. 公司管理权　　B. 年度利润分配权
C. 剩余财产清偿分配权　　D. 表决权

2. 下列选项中，属于优先股筹资特点的有（　　）。
A. 有利于丰富资本市场的投资结构
B. 有利于股份公司股权资本结构的调整
C. 不利于保障普通股收益和控制权
D. 可能给股份公司带来一定的财务压力

3. 下列关于可转换债券的基本要素的选项中，正确的有（　　）。
A. 标的股票一般是发行公司自己的普通股票
B. 可转换债券的票面利率一般会低于普通债券的票面利率，但不会低于同期银行存款利率
C. 转换价格是指可转换债券在转换期间内据以转换为普通股的折算价格
D. 转换比率是指每一股股票在既定的转换价格下需要兑换的可转换债券的张数

4. 发行可转换债券的公司，按照国家相关规定，必须满足的基本条件包括（　　）。
A. 最近3个会计年度加权平均净资产收益率平均不低于6%。扣除非经常性损益后的净利润与扣除前的净利润相比，以较低者作为加权平均净资产收益率的计算依据
B. 本次发行后累计公司债券余额不超过最近一期期末净资产总额的40%
C. 最近3个会计年度实现的年均可分配利润不少于公司债券1年的利息
D. 最近3个会计年度实现的年均可分配利润不少于公司债券2年的利息

5. 下列关于可转换债券与认股权证区别的选项中，正确的有（　　）。
A. 认股权证在认购股份时给公司带来新的权益资本，而可转换债券转换时没有增加新的资本
B. 可转换债券相比认股权证，灵活性较差
C. 附带认股权证的债券发行者，主要目的是发行债券而不是股票，可转换债券的发行者的主要目的是发行股票而不是债券

D. 可转换债券的承销费用与纯债券类似，而附带认股权证债券的承销费用介于债务融资和普通股之间

三、判断题

1. 一旦公司处于清算，剩余财产先分给优先股股东，再分给债权人，最后分给普通股股东。（　）

2. 优先股筹资属于混合筹资，其筹资特点兼有债务筹资和股权筹资性质。（　）

3. 可转换债券的持有人具有在未来按一定的价格购买普通股股票的权利，因此可转换债券具有买入期权的性质。（　）

4. 可转换债券的票面利率一般会低于普通债券的票面利率，高于同期银行存款利率。（　）

5. 认股权证在其持有者认购股份之前，对发行公司既不拥有债权也不拥有股权。（　）

6. 持有认股权证的投资者不能取得红利收入，也没有普通股股票相应的投票权。（　）

四、计算题

某企业发行期限为 5 年的可转换债券，每张债券面值为 1 000 元，发行价为 1 050元，共发行 10 万张，年利率为 10%，到期还本付息，2 年后可转换为普通股。第 3 年年末该债券一次全部转换为普通股 200 万股，其转换价格为多少？

第三节　练习题参考答案

知识点 1：企业筹资概述

一、单选题

1. 【正确答案】D

【答案解析】企业投资是指企业为获取未来长期收益而向一定对象投放资金的经济行为。因此，本题的正确答案为选项 D。

2. 【正确答案】B

【答案解析】利用留存收益是内部筹资。因此，本题的正确答案为选项 B。

3. 【正确答案】C

【答案解析】按照资本属性的不同，企业筹资可以分为股权性筹资、债务性筹资和混合性筹资；按照是否通过金融机构，企业筹资可以分为直接筹资和间接筹资；

按照所筹资金使用期限的长短，企业筹资可以分为短期资金筹集与长期资金筹集；按照资金的取得方式不同，企业筹资可以分为内源筹资和外源筹资。因此，本题的正确答案为选项 C。

4.【正确答案】D

【答案解析】按照资金的取得方式不同，企业筹资可以分为内源筹资和外源筹资。因此，本题的正确答案为选项 D。

5.【正确答案】C

【答案解析】应收账款占用资金属于变动资金需要量。因此，本题的正确答案为选项 C。

二、多选题

1.【正确答案】ABCD

【答案解析】企业筹资是一项重要而复杂的工作，为了有效地筹集企业所需资金，企业必须遵循以下基本原则：合理确定资金需求量，科学安排筹资时间；合理组合筹资渠道和方式，降低资金成本；优化资本结构，降低筹资风险；拟订好筹资方案，认真签订和执行筹资合同。因此，本题的正确答案为选项 ABCD。

2.【正确答案】ABCD

【答案解析】吸收直接投资是指企业按照“共同投资、共同经营、共担风险、共享收益”的原则，直接吸收国家、法人、个人和外商投入资金的一种筹资方式。它是形成企业资本金的一种筹资方式。因此，本题的正确答案为选项 ABCD。

3.【正确答案】BC

【答案解析】间接筹资是指企业借助银行等金融机构融通资本的筹资活动。利用留存收益以及发行股票为直接筹资。因此，本题的正确答案为选项 BC。

4.【正确答案】ACD

【答案解析】连环替代法是在经济活动分析中确定引起某个经济指标变动的各个因素的影响程度的一种计算方法，不属于资金需要量预测方法。因此，本题的正确答案为选项 ACD。

5.【正确答案】ABD

【答案解析】按照资金与产销量之间的依存关系，资金可以分为不变资金、变动资金和半变动资金。因此，本题的正确答案为选项 ABD。

三、判断题

1.【正确答案】√

【答案解析】变动资金是指随产销量的变动而同比例变动的那部分资金。它一般包括直接构成产品实体的原材料、外购零部件等占用的资金。另外，在最低储备以外的现金、存货、应收账款等也具有变动资金的性质。

2.【正确答案】×

【答案解析】成长期的企业需要大量资金，内部筹资额度和速度有限，成长期的企业往往需要外部资金。

3.【正确答案】×

【答案解析】按照所筹资金使用期限的长短，筹资可以分为短期资金筹集和长期资金筹集。按照资金的来源渠道不同，筹资可以分为权益筹资和负债筹资。

4.【正确答案】√

【答案解析】内源筹资是指企业利用自身的储蓄转化为投资的过程，如将留存收益投资。采用此种方式筹资一般无需花费筹资费用。

四、计算题

1.【答案解析】经营性资产占销售收入的百分比=500÷1 000=50%。

经营性负债占销售收入的百分比=200÷1 000=20%。

外部筹集的资金=增加收入×经营资产销售百分比-增加收入×经营负债销售百分比-增加的留存收益=500×50%-500×20%-1 000×(1+50%)×10%×(1-40%)=60（万元）。

2.【答案解析】

（1）计算该公司2022年由于销售增长而需要的资金需求增长额。

流动资产占销售收入的百分比=10 000÷20 000=50%。

流动负债占销售收入的百分比=3 000/20 000=15%。

增加的销售收入=20 000×30%=6 000（万元）。

资金需求增长额=6 000×50%-6 000×15%=2 100（万元）。

（2）预测该公司2022年需要对外筹集资金量。

增加的留存收益=20 000×(1+30%)×12%×(1-60%)=1 248（万元）。

对外筹集资金量=148+2 100-1 248=1 000（万元）。

知识点2：吸收直接投资

一、单选题

1.【正确答案】A

【答案解析】企业在采用吸收直接投资方式筹集资金时，投资者可以以货币资产、实物资产、土地使用权和工业产权出资。其中，以工业产权出资是指投资者以专有技术、商标权、专利权、非专利技术等无形资产所进行的投资。此外，国家相关法律法规对无形资产出资方式另有限制，股东或发起人不得以劳务、信用、自然人姓名、商誉、特许经营权或设定担保的财产等作价出资。因此，本题的正确答案为选项A。

2.【正确答案】C

【答案解析】吸收直接投资不仅可以取得一部分货币资金，而且能够直接获得所需的先进设备和技术，尽快形成生产经营能力，因此选项 A 正确；吸收直接投资的投资者比较单一，股权没有社会化、分散化，投资者甚至直接担任管理层职务，公司与投资者易于沟通，因此选项 B 正确；吸收投入资本由于没有证券为媒介，不利于产权交易，难以进行产权转让，因此选项 C 不正确；吸收直接投资的手续相对比较简便，筹资费用较低，因此选项 D 正确。

3.【正确答案】C

【答案解析】吸收直接投资的控制权集中，不利于公司治理。采用吸收直接投资方式筹资，投资者一般都要求获得与投资数额相适应的经营管理权。如果某个投资者的投资额比例较大，则该投资者对企业的经营管理就会有相当大的控制权，容易损害其他投资者的利益。因此，本题的正确答案为选项 C。

二、多选题

1.【正确答案】ABCD

【答案解析】吸收直接投资是指企业按照“共同投资、共同经营、共担风险、共享收益”的原则直接吸收国家、法人、个人和外商投入资金的一种筹资方式。吸收直接投资的出资方式主要包括以货币资产出资、以实物资产出资、以土地使用权出资和以工业产权出资等。因此，本题的正确答案为选项 ABCD。

2.【正确答案】ABC

【答案解析】以工业产权出资时，工业产权通常是指专有技术、商标权、专利权、非专利技术等无形资产。因此，本题的正确答案为选项 ABC。

3.【正确答案】ABCD

【答案解析】吸收直接投资的优点在于能够尽快形成生产能力和容易进行信息沟通。吸收直接投资的缺点在于资本成本较高；公司控制权集中，不利于公司治理；不易进行产权交易。因此，本题的正确答案为选项 ABCD。

三、判断题

1.【正确答案】×

【答案解析】以货币资产出资是吸收直接投资中最重要的出资方式。

2.【正确答案】×

【答案解析】股东或发起人不得以劳务、信用、自然人姓名、商誉、特许经营权或设定担保的财产等作价出资。

3.【正确答案】×

【答案解析】吸收直接投资的控制权集中，不利于企业治理。采用吸收直接投资方式筹资，投资者一般都要求获得与投资数额相适应的经营管理权。如果某个投资者的投资额比例较大，则该投资者对企业的经营管理就会有相当大的控制权，容易损害其他投资者的利益。

知识点3：发行股票

一、单选题

1.【正确答案】B

【答案解析】发行普通股筹资的特点包括两权分离，有利于公司自主经营管理；没有固定的股息负担，资本成本较低；能增强公司的社会声誉，促进股权流通和转让；不易及时形成生产能力；筹资费用较高，手续复杂；公司控制权分散，容易被经理人控制。因此，本题的正确答案为选项B。

2.【正确答案】B

【答案解析】发行普通股股票筹集的资金，不用在企业正常营运期内偿还，没有还本付息的压力，而债务资本有固定的到期日，有固定的债息负担。相比而言，发行普通股股票的财务风险较小。因此，本题的正确答案为选项B。

3.【正确答案】B

【答案解析】股票具有永久性、流通性、风险性和参与性的特点。因此，本题的正确答案为选项B。

二、多选题

1.【正确答案】ABC

【答案解析】企业清算时，债权性资金拥有优先清偿权。因此，本题的正确答案为选项ABC。

2.【正确答案】ABCD

【答案解析】股票上市的目的是多方面的，主要包括便于筹措新资金、促进股权流通和转让、促进股权分散化、便于确定公司价值。因此，本题的正确答案为选项ABCD。

3.【正确答案】ABC

【答案解析】一般来说，战略投资者应满足的基本要求如下：与公司的经营业务联系紧密；出于长期投资目的而较长时期地持有股票；具有相当的资金实力，且持股数量较多。因此，本题的正确答案为选项ABC。

三、判断题

1.【正确答案】×

【答案解析】我国只允许溢价或平价发行股票，不允许折价发行。

2. 【正确答案】√

【答案解析】股票销售方式有自销和承销，承销又可以细分为包销和代销。

3. 【正确答案】√

【答案解析】记名股票是在股票票面上记载股东姓名或将名称记入公司股东名册的股票。

知识点 4：留存收益筹资、股权筹资的优缺点

一、单选题

1. 【正确答案】C

【答案解析】利用留存收益筹资，不用对外发行新股或吸收新投资者，由此增加的权益资本不会改变公司的股权结构，不会稀释原有股东的控制权，因此选项 C 不正确。

2. 【正确答案】D

【答案解析】盈余公积金主要用于企业未来的经营发展，经投资者审议后也可以用于转增股本（实收资本）和弥补以前年度经营亏损，但不得用于以后年度的对外利润分配。

3. 【正确答案】A

【答案解析】财务风险是指到期无法还本付息的可能性，由于权益资金没有固定的期限，而债务资金有固定的期限，因此权益资金的财务风险小于债务资金，即选项 CD 不是正确答案；由于优先股的股息一般有固定的期限，到期必须支付，而普通股股利并没有固定的期限，选项 B 不是正确答案，选项 A 是正确答案。

二、多选题

1. 【正确答案】AC

【答案解析】与普通股筹资相比较，留存收益筹资不需要发生筹资费用，资本成本较低，因此选项 A 是正确答案。利用留存收益筹资，企业不用对外发行新股或吸收新投资者，由此增加的权益资本不会改变企业的股权结构，不会稀释原有股东的控制权，因此选项 C 是正确答案。

2. 【正确答案】AB

【答案解析】留存收益筹资的途径有提取盈余公积金和未分配利润。因此，本题的正确答案为选项 AB。

3. 【正确答案】BD

【答案解析】股权性资金除了吸收投入资本和发行普通股外，还有留存收益。吸收投入资本虽然不需要偿还，但作为股权性资金，对投资者来说风险较高，投资者会要求更高报酬，对企业来说意味着成本较高。因此，本题的正确答案为选项 BD。

三、判断题

1. 【正确答案】√

【答案解析】企业长期筹资的方式主要包括吸收投入资本、发行股票、长期借款、发行债券、融资租赁和留存收益。

2. 【正确答案】×

【答案解析】《中华人民共和国公司法》规定，企业每年的税后利润必须提取10%的法定盈余公积金。

3. 【正确答案】×

【答案解析】高增长企业，留存利润往往不能满足迅速发展的需要，因此会更多地倾向于债务筹资。高增长企业承受风险的能力往往也较强，因此更愿意采用债务筹资。

知识点 5：银行借款

一、单选题

1. 【正确答案】C

【答案解析】担保贷款包括保证贷款、抵押贷款和质押贷款，因此选项 C 不正确。

2. 【正确答案】C

【答案解析】作为贷款担保的质押品可以是汇票、支票、债券、存款单、提单等信用凭证，可以是依法可以转让的股份、股票等有价证券，可以是依法可以转让的商标专用权、专利权、著作权中的财产权等。不动产属于实物资产，不能作为质押品，但是可以作为抵押品。因此，本题的正确答案为选项 C。

3. 【正确答案】C

【答案解析】信用贷款没有任何财产作为担保物，银行只凭其信用进行贷款，因此风险是比较高的。在这种贷款中，银行会收取较高的利息，往往还附加一定的限制条件。因此，本题的正确答案为选项 C。

二、多选题

1. 【正确答案】ABCD

【答案解析】银行按照有关政策和贷款条件，对借款企业进行信用审查，核准公司申请的借款金额和用款计划。银行审查的主要内容包括公司的财务状况、信用情况、盈利的稳定性、发展前景、借款投资项目的可行性、抵押品和担保情况。因此，本题的正确答案为选项 ABCD。

2. 【正确答案】ACD

【答案解析】银行借款的筹资特点包括筹资速度快、资本成本较低、筹资弹性较大、限制条款多、筹资数额有限。因此，本题的正确答案为选项 ACD。

3. 【正确答案】ABC

【答案解析】长期借款的金额高、期限长、风险大，除借款合同中的基本条款外，债权人通常还在借款合同中附加各种保护性条款，以确保企业按要求使用借款和按时足额偿还借款。风险小不是长期借款的特点。因此，本题的正确答案为选项 ABC。

三、判断题

1. 【正确答案】×

【答案解析】信用贷款是指以借款人的信誉或保证人的信用为依据而获得的贷款。企业取得这种贷款，无需以财产作抵押。对这种贷款，由于风险较高，银行通常要收取较高的利息，往往还附加一定的限制条件。

2. 【正确答案】√

【答案解析】银行借款的筹资特点包括筹资速度快、资本成本较低、筹资弹性较大、限制条款多、筹资数额有限。

3. 【正确答案】×

【答案解析】基本建设贷款是指企业因从事新建、改建、扩建等基本建设项目需要资金而向银行申请借入的款项。专项贷款是指企业因为专门用途而向银行申请借入的款项。

知识点6：发行债券

一、单选题

1. 【正确答案】C

【答案解析】按照有无特定的财产担保，债券可以分为信用债券和担保债券。选项 A 是按照债券是否记名进行的分类，选项 B 是按照债券能否转换为公司股权进行的分类，选项 D 是抵押债券的进一步分类。因此，本题的正确答案为选项 C。

2. 【正确答案】B

【答案解析】按照是否能够转换成公司股权，债券可以分为可转换债券和不可转换债券。选项 A 是按照债券是否记名进行的分类，选项 C 是按照有无特定的财产担保进行的分类，选项 D 是抵押债券的进一步分类。因此，本题的正确答案为选项 B。

3. 【正确答案】B

【答案解析】拟发行公司债券的公司，需要由公司董事会制订公司债券发行的方案，并由公司股东大会批准，作出决议。因此，选项 B 的表述错误。

二、多选题

1.【正确答案】ABC

【答案解析】在我国，根据《中华人民共和国公司法》的规定，股份有限公司和有限责任公司，具有发行债券的资格。因此，本题的正确答案为选项ABC。

2.【正确答案】ABCD

【答案解析】影响债券发行价格的因素有债券面值、票面利率、市场利率和债券期限。因此，本题的正确答案为选项ABCD。

3.【正确答案】AB

【答案解析】债券的偿还时间按实际发生与规定的到期日之间的关系，分为到期偿还、提前偿还两类。到期偿还又包括分批偿还和一次偿还两种。因此，本题的正确答案为选项AB。

三、判断题

1.【正确答案】√

【答案解析】无记名公司债券的转让，由债券持有人将该债券交付给受让人后即发生转让的效力。

2.【正确答案】√

【答案解析】公开发行公司债券筹集的资金，必须用于核准的用途，不得用于弥补亏损和非生产性支出。

3.【正确答案】×

【答案解析】市场利率高于票面利率，债券折价发行。

四、计算题

【答案解析】发行者A公司从现在至债券到期日所支付给甲公司的款项包括5年中每年一次的利息和到期的面值，它们的现值就是债券价值。

债券价值=1 000×8%×$(P/A,10\%,5)$+1 000×$(P/F,10\%,5)$=80×3.790 8+1 000×0.620 9=924.16（元）。

当每张债券的价格低于924.16元时，甲公司购买A公司的债券才能获利。

知识点7：融资租赁

一、单选题

1.【正确答案】A

【答案解析】融资租赁的筹资特点包括无需大量资金就能迅速获得资产；财务风险小，财务优势明显；筹资的限制条件较少；能延长资金融通的期限；资本成本负担较高。因此，本题的正确答案为选项 ABCD。

2.【正确答案】A

【答案解析】融资租赁是通过租赁公司进行的，因此属于间接筹资的方式，因此选项 A 是不正确的；融资租赁与经营租赁不同，租赁期满的时候，设备通常是被承租企业留购的，因此选项 B 是正确的；杠杆租赁涉及承租人、出租人和资金出借人三方，因此选项 C 是正确的；融资租赁的基本形式包括直接租赁、售后回租和杠杆租赁，因此选项 D 是正确的。

3.【正确答案】D

【答案解析】租赁的基本特征的有所有权与使用权相分离、融资与融物相结合、租金的分期回流。因此，本题的正确答案为选项 D。

二、多选题

1.【正确答案】ABD

【答案解析】融资租赁的租金通常比银行借款或发行债券所负担的利息高得多，租金总额通常要比设备价值高出 30%，因此融资租赁的资本成本较高。因此，选项 C 不正确。

2.【正确答案】ABC

【答案解析】融资租赁的基本形式包括直接租赁、售后回租、杠杆租赁。因此，本题的正确答案为选项 ABC。

3.【正确答案】ABCD

【答案解析】影响融资租赁每期租金的因素有设备原价及预计残值、利息、租赁手续费、租赁支付方式。因此，本题的正确答案为选项 ABCD。

三、判断题

1.【正确答案】×

【答案解析】杠杆租赁也是融资租赁的一种基本形式，是涉及承租人、出租人和资金出借人三方的融资租赁业务。一般来说，当所涉及的资产价值昂贵时，出租方只投入部分资金，通常为资产价值的 20%～40%，其余资金则通过将该资产抵押担保的方式，向第三方（通常为银行）申请贷款解决。租赁公司然后将购进的设备出租给承租方，用收取的租金偿还贷款。

2.【正确答案】√

【答案解析】在杠杆租赁中，出租人既是债权人也是债务人，如果出租人到期不能按期偿还借款，资产所有权则转移给资金的出借者。

3.【正确答案】√

【答案解析】杠杆租赁是指涉及承租人、出租人和资金出借人三方的融资租赁业务。

四、计算题

【答案解析】每年租金 = [500 - 50×(P/F, 10%, 6)] ÷ (P/A, 10%, 6) = 108.32（万元）。

知识点8：混合型资金筹集

一、单选题

1. 【正确答案】B

【答案解析】由于优先股的股息率事先已做规定，因此优先股的股息一般不会根据公司经营情况而变化，选项 B 不正确。

2. 【正确答案】C

【答案解析】优先股的每股收益是固定的，只要净利润增加并且高于优先股股息，普通股的每股收益就会上升。另外，优先股股东无特殊情况没有表决权，因此不影响普通股股东对企业的控制权。综上所述，优先股有利于保障普通股的控制权，选项 C 不正确。

3. 【正确答案】A

【答案解析】可转换债券的票面利率一般会低于普通债券的票面利率，有时甚至还低于同期银行存款利率。可转换债券的投资收益中，除了债券的利息收益外，还附加了股票买入期权的收益部分。因此，本题的正确答案为选项 A。

4. 【正确答案】A

【答案解析】认股权证属于混合筹资方式，兼具股权和债务特征。因此，本题的正确答案为选项 A。

二、多选题

1. 【正确答案】BC

【答案解析】在利润分配及剩余财产清偿分配的权利方面，优先股持有人优先于普通股股东；在参与公司决策管理等方面，优先股的权利受到限制。因此，本题的正确答案为选项 BC。

2. 【正确答案】ABD

【答案解析】优先股筹资的特点包括有利于丰富资本市场的投资结构，有利于股份公司股权资本结构的调整，有利于保障普通股收益和控制权，有利于降低公司财务风险，可能给股份公司带来一定的财务压力。因此，本题的正确答案为选项 ABD。

3. 【正确答案】AC

【答案解析】可转换债券的票面利率一般会低于普通债券的票面利率，有时甚至还低于同期银行存款利率，选项 B 不正确。转换比率是指每一张可转换债券在既定的转换价格下能转换为普通股股票的数量，转换比率=债券面值÷转换价格，选项 D 不正确。

4.【正确答案】ABC

【答案解析】上市公司发行可转换债券，除了应当符合增发股票的一般条件外，还应当符合以下条件：

（1）最近 3 个会计年度加权平均净资产收益率平均不低于 6%。扣除非经常性损益后的净利润与扣除前的净利润相比，以较低者作为加权平均净资产收益率的计算依据。

（2）本次发行后累计公司债券余额不超过最近一期期末净资产总额的 40%。

（3）最近 3 个会计年度实现的年均可分配利润不少于公司债券 1 年的利息。因此，本题的正确答案为选项 ABC。

5.【正确答案】ACD

【答案解析】可转换债券的类型繁多，它允许发行者规定可赎回条款、强制性转换条款等，而认股权证的灵活性较差，因此选项 B 不正确。

三、判断题

1.【正确答案】×

【答案解析】一旦公司处于清算，剩余财产先分给债权人，再分给优先股股东，最后分给普通股股东。

2.【正确答案】√

【答案解析】优先股既像公司债券，又像公司股票，因此优先股筹资属于混合筹资，其筹资特点兼有债务筹资和股权筹资性质。

3.【正确答案】√

【答案解析】可转换债券赋予了债券持有者未来的选择权，在事先约定的期限内，投资者可以选择将债券转换为普通股股票，也可以放弃转换权利，持有至债券到期还本付息。由于可转换债券持有人具有在未来按一定的价格购买股票的权利，因此可转换债券实质上是一种未来的买入期权。

4.【正确答案】×

【答案解析】可转换债券的票面利率一般会低于普通债券的票面利率，有时甚至还低于同期银行存款利率。

5.【正确答案】√

【答案解析】认股权证本身含有期权条款，其持有者在认购股份之前，对发行公司既不拥有债权也不拥有股权而是只拥有股票认购权。

6.【正确答案】√

【答案解析】认股权证本质上是一种股票期权，属于衍生金融工具，具有实现融资和股票期权激励的双重功能。但认股权证本身是一种认购普通股的期权，它既没有普通股的红利收入，也没有普通股相应的投票权。

四、计算题

【答案解析】转换比率是指每一张可转换债券在既定的转换价格下能转换为普通股股票的数量。

转换比率=债券面值÷转换价格=200÷10=20（股/张）。

转换价格=债券面值÷转换比率=1 000÷20=50（元/股）。

第四章
筹资决策

第一节　学习指导

一、本章结构

本章结构如图 4-1 所示。

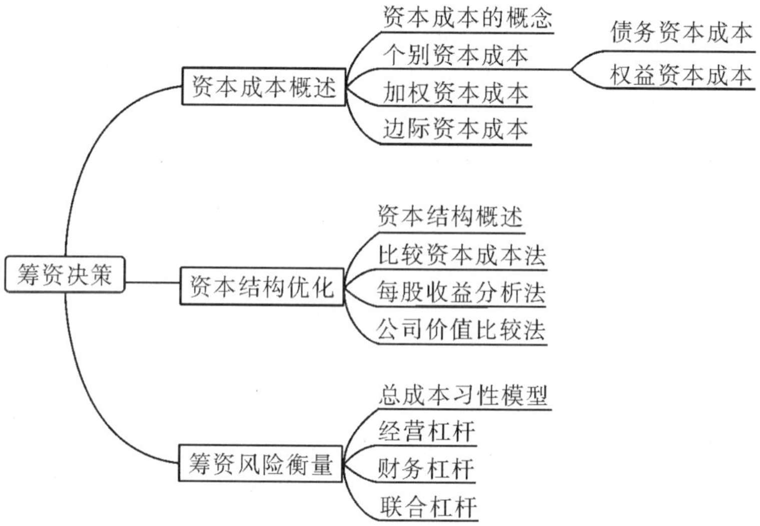

图 4-1　**本章结构**

二、学习目标和要求

1. 了解资本成本概述
2. 掌握个别资本成本
3. 掌握加权平均资本成本
4. 了解边际资本成本
5. 理解和掌握资本结构优化的方法
6. 理解和掌握筹资风险衡量的工具

三、本章重点难点

1. 资本成本

资本成本是企业筹集和使用资本而承付的代价，如筹资公司向银行支付的借款利息和向股东支付的股利等。这里的资本是指企业筹集的长期资本，包括股权资本和长期债务资本。资本成本从绝对量的构成来看，包括筹资费用和用资费用两部分的内容。筹资费用是指企业在筹集资金的过程中所支付的各项开支，包括股票和债券的发行费用，向银行支付的借款手续费等。筹资费用一般在筹措资金时一次性支付，在以后资金的使用过程中不再发生，它与筹资的次数有关。因此，在计算资本成本时，通常是将其作为所筹资本额的减项处理，即可从筹资总额中直接扣除。用资费用是指企业在使用资金过程中付出的代价，如向股东支付的股利、向债权人支付的利息等。用资费用一般与使用资金数量的多少和使用时间的长短有关，且具有经常性、定期支付的特点。

资本成本既可以用绝对数表示，也可以用相对数表示。用绝对数表示的资本成本是指企业为筹集和使用一定量的资本而付出的筹资费用和用资费用的总额；用相对数表示的资本成本是指企业为筹集和使用一定量的资本而付出的年用资费用与实际筹得资本额的比率，也就是资本成本率。

$$资本成本率=\frac{年用资费用}{筹资净额}=\frac{年用资费用}{筹资总额-筹资费用}$$

$$K=\frac{D}{P-F}=\frac{D}{P\times(1-f)}$$

2. 债务资本成本

债务资本成本主要包括长期借款资本成本和债券资本成本。根据国际惯例和我国税法的规定，债务的利息一般允许在企业所得税前支付，企业实际负担的债务利息为税后债务成本，因此在计算债务成本时应从利息支出中扣除所得税。

（1）长期借款的资本成本主要包括筹资费用和借款利息。其筹资费用为银行或其他金融机构在发放贷款时收取的手续费，一般数额很小。

$$K_L=\frac{I_L\times(1-T)}{L-F}=\frac{L\times i\times(1-T)}{L\times(1-f)}=\frac{i\times(1-T)}{1-f}$$

当银行借款手续费忽略不计时：

$$K_L=i\times(1-T)$$

（2）企业发行债券的成本主要是指筹资费用和债券利息费用。债券的筹资费用，即发行费用，包括申请费、注册费、印刷费、上市费以及推销费等。债券的筹资费用一般较高，因此在计算成本时不能忽略不计。债券的发行价格有平价、溢价和折价三种。

①在不考虑货币时间价值的情况下，债券资本成本的计算公式如下：

$$K_b=\frac{M\times i\times(1-T)}{B_0\times(1-f)}$$

②在考虑货币时间价值时，公司债券的税前资本成本率也就是债券持有人的投资必要报酬率，再乘以（1−*T*）折算为税后的资本成本率。

$$P_0=\sum_{t=1}^{n}\frac{I}{(1+R_b)^t}+\frac{P_n}{(1+R_b)^n}$$

$$K_b=R_b\times(1-T)$$

3. 股权资本成本

按照公司股权资本的构成，股权资本成本率主要分为优先股资本成本率、普通股资本成本率和留用利润成本率等。根据所得税法的规定，公司只能以税后净利润向股东派发股利，因此股权资本成本没有抵税利益。

（1）优先股成本包括筹资费用和优先股股利。优先股同时具有债券和普通股的一些特征，具体表现为需定期向持股人支付固定股利，但其股利是从税后利润中支付，不具有抵减所得税的作用。

$$K_P=\frac{D_P}{P_0\times(1-f)}$$

（2）普通股的资本成本就是普通股投资的必要报酬率。普通股成本的确定方法与优先股类似，但是普通股的股利是不固定的，其股利率会随着企业经营状况的变动而变化，正常情况下是呈逐年增长的趋势。对普通股资本成本的预测，主要有三种方法：股利贴现模型法、资本资产定价模型法、风险溢价法。

①股利贴现模型法。

$$P_0=\sum_{t=1}^{\infty}\frac{D_t}{(1+K_S)^t}$$

如果股票发行人采取固定股利的股利分配政策，即 D_t 是一个固定金额时，普通股成本的计算方法跟优先股成本的计算方法相同，则资本成本率的计算公式为：

$$K_S=\frac{D}{P_0\times(1-f)}$$

如果股利以一个固定的增长率 g 递增时，在上式的基础上经过推算，可以得到发行普通股资本成本的计算公式为：

$$K_S=\frac{D_1}{P_0\times(1-f)}+g$$

②资本资产定价模型法。

$$K_S=R_f+\beta\times(R_M-R_f)$$

③风险溢价法。

$$K_S=K_b+R$$

（3）留存收益实质上是股东对企业的追加投资，企业使用留存收益用于公司发展，是以失去外部投资的报酬为代价的，是一种机会成本，因此留存收益也有资本成本。其资本成本计算方法跟普通股类似，不同的是留存收益没有发生筹资费用。

$$K_C=\frac{D_1}{P_0}+g$$

4. 加权平均资本成本

加权平均资本成本是衡量企业筹资的总体代价，以各项个别资本成本占企业全部资金的比重为权数，对个别资本成本进行加权平均确定的，又称综合资本成本。加权平均资本成本由个别资本成本和加权平均权数两个因素决定。

$$K_W=\sum K_j\omega_j$$

5. 资本结构

资本结构是指企业各种资本的构成及其比例关系。资本结构有广义和狭义之分。广义的资本结构是指企业全部资本的构成及其比例关系，不仅包括长期资本，还包括短期资本；狭义的资本结构仅指企业各种长期资本的构成及其比例关系，而把短期资本列入营运资金管理中。

6. 每股收益分析法

每股收益分析法是利用每股收益无差别点来进行资本结构决策的方法。每股收益无差别点是指两种或两种以上筹资方案下普通股每股收益相等时的息税前利润点（或销售额点），也称息税前利润平衡点，或者称筹资无差别点。通过求解当 $EPS_1=EPS_2$ 时的息税前利润或销售额点，之后进行资本结构决策。

$$\frac{(\overline{EBIT}-I_1)\times(1-T)}{N_1}=\frac{(\overline{EBIT}-I_2)\times(1-T)}{N_2}$$

7. 总成本习性模型

成本性态又称成本习性，是指成本的变动与业务量（产量或销售量）之间的依存关系。按照成本性态不同，成本通常可以区分为固定成本、变动成本和混合成本三类。为满足决策计量的要求，混合成本不能简单归入固定成本和变动成本，往往需要按一定的技术方法分解归入固定成本和变动成本两部分。总成本习性模型可表示如下：

$$y=a+bx$$

8. 边际贡献

边际贡献是指销售收入减去变动成本的差额。这是一个十分有用的价值指标，除了用总额表示外，还有单位边际贡献和边际贡献率两种形式。用公式表示如下：

边际贡献总额 = 销售收入 − 变动成本 = 单位边际贡献×销售量 = 销售额×边际贡献率

$$M=px-bx=(p-b)x=S(1-b')$$

9. 息税前利润

顾名思义，息税前利润是指企业支付利息和缴纳所得税之前的利润。在成本习性模型的基础上，息税前利润可以用下列公式表示：

息税前利润=销售收入-变动成本-固定营业成本=(单价-单位变动成本)×销售量-固定营业成本=边际贡献总额-固定营业成本

$$EBIT=px-bx-F=(px-bx)-F=M-F$$

10. 普通股每股收益

普通股每股收益是指在一定时期内企业为普通股股东所创造的收益。在不考虑优先股的情况下，其计算公式为：

$$EPS=\frac{(EBIT-I)(1-T)}{N}$$

若在企业存在优先股的情况下，普通股每股收益需用企业实现的净利润总额减去优先股股利后再除以普通股股数。其计算公式为：

$$EPS=\frac{(EBIT-I)(1-T)-D_P}{N}$$

11. 经营杠杆

经营杠杆又称营业杠杆，是指企业在经营中由于存在固定营业成本而造成息税前利润变动率大于营业额（产销量）变动率的现象。经营杠杆系数是指息税前利润的变动率相当于营业收入（或销售量）变动率的倍数。

$$DOL=\frac{(p-b)x}{(p-b)x-F}=\frac{M}{M-F}\text{或}\frac{EBIT+F}{EBIT}$$

12. 财务杠杆

财务杠杆又称融资杠杆或筹资杠杆，是指企业在制定资本结构决策时对债务筹资的利用。企业的资本由长期债务、优先股和普通股等构成。由于债务筹资需要支付利息，利息支付是固定的，而优先股股利的发放基本上也是固定的，所以无论企业经营状况如何，都必须支付这些费用。固定的债务利息和优先股股利的支付增加了普通股股东享有企业净收益的风险性。财务杠杆系数是指普通股每股收益变动率相当于息税前利润变动率的倍数。

$$DFL=\frac{EBIT}{EBIT-I}\text{或}\frac{EBIT}{EBIT-I-\frac{D_P}{1-T}}$$

13. 联合杠杆

联合杠杆也称总杠杆或复合杠杆，是指经营杠杆和财务杠杆的综合。联合杠杆作用的程度，可用联合杠杆系数表示。它是经营杠杆系数和财务杠杆系数的乘积，是每股收益变动率相当于销售收入（销售量）变动率的倍数。

$$DCL=DOL\times DFL$$

$$DCL=\frac{M}{EBIT-I}\text{或}\frac{M}{EBIT-I-\frac{D_P}{1-T}}$$

第二节　练习题

知识点 1：资本成本概述

一、单选题

1. （　　）是指企业在筹集资金过程中所支付的各项开支，包括股票和债券的发行费用，向银行支付的借款手续费等。

A. 筹资费用　　B. 用资费用
C. 资本成本　　D. 机会成本

2. （　　）是指企业在使用资金过程中付出的代价，如向股东支付的股利、向债权人支付的利息等。

A. 筹资费用　　B. 用资费用
C. 资本成本　　D. 机会成本

3. 下列选项中，属于筹资费用的是（　　）。

A. 利息支出　　B. 股票发行费
C. 融资租赁的资金利息　　D. 股利支出

4. 下列选项中，属于股权筹资的是（　　）。

A. 商业信用　　B. 吸收直接投资
C. 发行债券　　D. 融资租赁

二、多选题

1. 通过发行股票筹集的资金，可以来自（　　）。

A. 政府资金　　B. 非银行金融机构资金
C. 其他法人资金　　D. 个人资金

2. 下列选项中，属于资本成本中的用资费用的有（　　）。

A. 向银行支付的借款手续费　　B. 因发行股票而支付的发行费
C. 向银行等债权人支付的利息　　D. 向股东支付的股利

3. 资本成本从绝对量的构成来看，包括（　　）。

A. 筹资费用　　B. 机会成本
C. 用资费用　　D. 管理费用

三、判断题

1. 扣除筹资费用后的筹资额称为筹资净额，筹资净额才是企业真正筹得的可用资金。（　　）

2. 同一筹资来源往往可以采用不同的筹资方式取得，而同一筹资方式又往往适用于不同的筹资来源。（　　）

3. 不同资本来源的资本成本是不同的。（　　）

知识点2：个别资本成本（一）债务资本成本

一、单选题

1. 个别资本成本是指企业单种筹资方式的资本成本。下列选项中，属于个别资本成本的有（　　）。

A. 长期借款资本成本　　B. 加权平均资本成本

C. 机会成本　　D. 管理成本

2. 企业向银行取得借款500万元，年利率为6%，期限为3年。企业每年付息一次，到期还本，所得税税率为25%，手续费忽略不计。不考虑资金时间价值，则该项借款的资本成本为（　　）。

A. 3.5%　　B. 5%

C. 4.5%　　D. 3%

3. 债券的发行价格同债券的资本成本存在一定的关系，在其他条件不变的情况下，当债券发行价格大于面值时，债券（　　）。

A. 溢价发行，资本成本低　　B. 溢价发行，资本成本高

C. 折价发行，资本成本高　　D. 折价发行，资本成本低

二、多选题

1. 个别资本成本是指企业单种筹资方式的资本成本，包括（　　）。

A. 债务资本成本　　B. 权益资本成本

C. 机会成本　　D. 管理成本

2. 长期借款的资本成本主要包括（　　）。

A. 手续费　　B. 借款利息

C. 发行费　　D. 印刷费

3. 企业发行债券的成本主要是指（　　）。

A. 发行费　　B. 印刷费

C. 债券利息　　D. 注册费

三、判断题

1. 债券的利息按票面价值和票面利率的乘积计算，债券的筹资额按票面价值和发行数量确定。 （ ）

2. 如果借款合同中存在其他限制性条款，此时借款的实际利率和资本成本都将会提高。 （ ）

3. 债券的利息在所得税前列支，具有抵税作用。 （ ）

四、计算题

1. 某企业以 1 050 元的价格溢价发行面值为 1 000 元、期限 3 年、票面利率为 8%的公司债券一批。每年付息一次，到期一次还本，发行费用率为 2%，企业所得税税率为 25%，则按照一般模式计算的该批债券的资本成本率为多少？

2. 某企业按照面值发行债券进行筹资，发行总额为 100 万元，期限为 5 年，票面利率为 10%，发行费率 5%，约定每年付息一次，到期归还本金，企业所得税税率为 25%。在不考虑时间价值的情况下，该债券的资本成本率为多少？

3. 某企业发行了期限为 5 年的长期债券 10 000 万元，年利率为 8%，每年年末付息一次，到期一次还本，债券发行费率为 1. 5%，适用的企业所得税税率为 25%。该债券的资本成本率为多少？

知识点3：个别资本成本（二）权益资本成本

一、单选题

1. 下列关于优先股的说法中，错误的是（　　）。
   A. 优先股股利具有抵减所得税的作用
   B. 优先股同时具有债券和普通股的一些特征
   C. 优先股的风险要大于债券、小于普通股
   D. 优先股资本成本要高于债券的成本、低于普通股的成本
2. 下列关于普通股的说法中，错误的是（　　）。
   A. 普通股持有人参与剩余财产的分配权在债券和优先股持有人之后
   B. 普通股的投资风险最小，其资本成本也最低
   C. 拥有股份转让权
   D. 拥有剩余财产要求权
3. 下列选项中，不属于股权筹资资本成本高于债务筹资资本成本理由的是（　　）。
   A. 投资者投资于股权的风险较高
   B. 投资于股权会分散控制权
   C. 股利、红利从税后利润中支付，而使用债务资金的资本成本允许税前扣除
   D. 普通股的发行、上市等方面的费用十分庞大

二、多选题

1. 按照公司股权资本的构成，股权资本成本主要分为（　　）。
   A. 优先股资本成本　　B. 普通股资本成本率
   C. 必要报酬率　　D. 留用利润成本
2. 普通股资本成本的预测的主要方法有（　　）。
   A. 股利贴现模型法
   B. 资本资产定价模型法
   C. 风险溢价法
   D. 销售百分比法

三、判断题

1. 企业清算时，股权性资金具有优先清偿权。（　　）
2. 权益资金的股利（股息、分红）具有抵税作用。（　　）
3. 留存收益的筹资成本要比普通股的筹资成本低。（　　）

四、计算题

1. 某上市公司发行面值为100元的优先股，规定的年股息率为8%。该优先股折价发行，发行价格为90元；发行时筹资费用为发行价的2%。该优先股的资本成本率为多少？

2. 某公司普通股目前的股价为10元/股，筹资费率为4%，上年支付的每股股利为2元，股利固定增长率为3%，则该企业利用留存收益的资本成本为多少？

3. 某企业为了进行一项投资，计划筹集资金为500万元，适用的企业所得税税率为40%。其他有关资料如下：

（1）该企业向银行借款100万元，借款年利率为6%，手续费率为3%。

（2）该企业按溢价发行债券，债券面值为50万元，溢价发行价格为60万元，票面利率为8%，期限为10年，每年支付一次利息，筹资费率为4%。

（3）该企业按面值发行优先股240万元，预计年股利率为10%，筹资费率为5%。

（4）该企业发行普通股75万元，每股发行价格为15元，筹资费率为6%，本年刚发放的股利为每股1.5元，以后每年按5%递增。

（5）该企业其余所需资金通过留存收益取得。

计算该企业各种筹资方式下的个别资金成本。

知识点 4：加权平均资本成本、边际资本成本

一、单选题

1. 下列关于资本成本的说法中，不正确的是（　　）。
   A. 资本成本是比较筹资方式和选择筹资方案的依据
   B. 资本成本是衡量资本结构是否合理的依据
   C. 资本成本是评价投资项目可行性的主要标准
   D. 资本成本是评价企业整体业绩的重要依据

2. （　　）是指企业追加筹资时的资本成本，即企业每新增 1 元资本所需负担的成本。
   A. 综合资本成本　　B. 边际资本成本
   C. 加权平均资本成本　　D. 机会成本

3. （　　）是按照各种资本的现行市场价格确定的权数。
   A. 账面价值权数　　B. 市场价值权数
   C. 目标资本结构价值权数　　D. 重置价值

二、多选题

1. 下列选项中，会直接影响企业平均资本成本的有（　　）。
   A. 个别资本成本　　B. 各种资本在资本总额中占的比重
   C. 筹资速度　　D. 企业经营杠杆

2. 一般来说，价值权数的计算依据主要有（　　）。
   A. 账面价值权数　　B. 市场价值权数
   C. 目标资本结构价值权数　　D. 重置价值

3. 下列关于计算平均资本成本的权数的说法中，正确的有（　　）。
   A. 市场价值权数反映的是企业过去的实际情况
   B. 市场价值权数反映的是企业目前的实际情况
   C. 目标资本结构价值权数更适用于企业筹措新的资金
   D. 以市场价值为权数有利于进行资本结构决策

三、判断题

1. 在个别资本成本一定的情况下，加权平均资本成本的高低由资本结构（权数）决定。（　　）

2. 资本成本率是企业用以确定项目要求达到的投资报酬率的最低标准。（　　）

3. 边际资本成本率应该按加权平均预测，而且其资本成本比例必须以市场价值确定。（　　）

四、计算题

1. A 企业负债资金的市场价值为 4 000 万元，股东权益的市场价值为 6 000 万元。债务的税后资本成本为 10%，股票的 β 系数为 1.25，企业所得税税率为 25%，市场的风险溢酬为 12%，无风险利率为 11%。该企业的加权平均资本成本为多少？

2. 某公司 2021 年 12 月 31 日的账面长期资金为 8 500 万元，其中长期借款为 2 500万元，长期债券为 2 000 万元，普通股为 3 500 万元，留存收益为 500 万元，其个别资本成本分别为税后 5%、税后 8.5%、税后 14.15%、税后 12%。该公司的加权平均资本成本是多少？

3. 某公司拟筹资 5 000 万元，其中按面值发行债券为 2 000 万元，票面利率为 10%，筹资费率为 2%；发行优先股为 800 万元，股息率为 12%，筹资费率为 3%；发行普通股为 2 200 万元，筹资费率为 5%，预计第一年股利率为 12%，以后每年按 4%递增，企业所得税税率为 33%。

要求：（1）计算债券资金成本。

（2）计算优先股资金成本。

（3）计算普通股资金成本。

（4）计算综合资金成本。

4. 某公司设定的目标资本结构如下：银行借款为 20%、公司债券为 15%、股东权益为 65%。该公司现拟追加筹资 300 万元，按此资本结构来筹资。个别资本成本率预计如下：银行借款为7%，公司债券为12%，股东权益为15%。追加筹资300万元的边际资本成本为多少？

5. 甲公司目前的资本总额为2 000万元，其中股东权益为800万元、长期借款为700万元、公司债券为500万元。甲公司计划通过筹资来调节资本结构，目标资本结构为股东权益为50%、长期借款为30%、公司债券为20%。甲公司现拟追加筹资为1 000万元，个别资本成本率预计如下：银行借款为7%，公司债券为12%，股东权益为15%。追加的1 000万元筹资的边际资本成本为多少？

知识点5：资本结构优化

一、单选题

1. 下列选项中，不属于影响资本结构的因素是（　　）。
   A. 企业财务状况　　B. 行业特征
   C. 管理当局的态度　　D. 投资机会
2. 下列选项中，不正确的是（　　）。
   A. 如果企业产销业务量稳定，则该企业可以较多地负担固定的财务费用
   B. 拥有大量固定资产的企业主要通过发行股票筹集资金
   C. 稳健的管理当局偏好于选择低负债比例的资本结构
   D. 当国家执行紧缩的货币政策时，市场利率较低，企业债务资本成本降低
3. 下列关于资本结构的选项中，不正确的是（　　）。
   A. 在最佳资本结构下，平均资本成本率是最低的
   B. 在最佳资本结构下，企业价值最大
   C. 资本结构不影响企业的风险
   D. 资本结构优化的目标是降低平均资本成本率或提高普通股每股收益
4. 下列关于最佳资本结构的选项中，不正确的是（　　）。
   A. 最佳资本结构在理论上是存在的
   B. 资本结构优化的目标是提高企业价值

C. 企业平均资本成本最低时资本结构最佳

D. 企业的最佳资本结构应当长期固定不变

5. 常见的资本结构决策方法不包括（　　）。

A. 比较资金成本法　　B. 每股收益分析法

C. 财务杠杆分析法　　D. 公司价值比较法

6. 在通常情况下，运用每股利润无差别点确定最佳资本结构时需要计算的指标是（　　）。

A. 息税前利润　　B. 营业利润

C. 净利润　　D. 利润总额

7. 利用每股利润无差别点进行企业资本结构分析时，当预计息税前利润高于无差别点时，采用（　　）筹资更有利。

A. 留存收益　　B. 股权性资金

C. 债权性资金　　D. 混合性资金

8. 东方公司目前资本结构如下：总资本为 1 000 万元，其中债务资本为 400 万元（年利息为 40 万元）；普通股资本为 600 万元（共 600 万股、面值为 1 元、市价为 5 元），适用的企业所得税税率为 25%。实现息税前利润 100 万元时的每股收益是（　　）元/股。

A. 0.025　　B. 0.075

C. 0.06　　D. 0.065

9. 在进行资本结构优化的决策分析中，可以采用的方法不包括（　　）。

A. 每股收益分析法　　B. 平均资本成本比较法

C. 公司价值分析法　　D. 因素分析法

10. 某公司息税前利润为 700 万元，债务资金为 300 万元，债务利率为 8%，企业所得税税率为 25%，权益资金为 2 000 万元，普通股资本成本为 15%。在公司价值分析法下，公司此时股票的市场价值为（　　）万元。

A. 3 000　　B. 3 340

C. 3 380　　D. 2 740

11. 下列各种财务决策方法中，可以用于确定最优资本结构且考虑了市场反应和风险因素的是（　　）。

A. 现值指数法　　B. 每股收益分析法

C. 公司价值比较法　　D. 比较资本成本法

二、多选题

1. 影响资本结构的因素包括（　　）。

A. 企业的资产结构　　B. 企业经营状况的稳定性和成长率

C. 企业信用等级　　D. 经济环境的税务政策和货币政策

2. 在最佳资本结构下，企业的（　　）。

A. 综合资本成本最低　　B. 企业价值最大

C. 每股价格最高　　D. 财务风险最小

3. 下列关于资本结构的选项中，正确的有（　　）。

A. 评价企业资本结构最佳状态的标准是能够提高股权收益或降低资本成本

B. 评价企业资本结构的最终目的是提升企业价值

C. 最佳资本结构是使企业综合资本成本最低、企业价值最大的资本结构

D. 资本结构优化的目标是降低财务风险

4. 下列各项因素中，影响企业资本结构决策的有（　　）。

A. 企业的经营状况　　B. 企业的信用等级

C. 国家的货币供应量　　D. 管理者的风险偏好

5. 某公司因扩大经营规模需要筹集长期资本，其有发行长期债券、发行优先股、发行普通股三种筹资方式可供选择。经过测算，发行长期债券与发行普通股的每股利润无差别点为 120 万元，发行优先股与发行普通股的每股利润无差别点为 180 万元。如果采用每股利润无差别点法进行筹资方式决策，下列选项中，不正确的是（　　）。

A. 当预期的息税前利润为 100 万元时，甲公司应当选择发行长期债券

B. 当预期的息税前利润为 150 万元时，甲公司应当选择发行普通股

C. 当预期的息税前利润为 180 万元时，甲公司应当选择发行普通股或发行优先股

D. 当预期的息税前利润为 200 万元时，甲公司应当选择发行长期债券

6. 下列关于每股利润无差别点法的表述中，正确的是（　　）。

A. 每股利润无差别点法考虑了风险因素

B. 在每股利润无差别点法下，哪个方案的每股利润高，就选择哪个方案

C. 当预计息税前利润高于每股利润无差别点息税前利润时，选择债务融资方案

D. 当预计息税前利润低于每股利润无差别点息税前利润时，选择股权融资方案

7. 企业价值比较法在确定最佳资本结构时需要对比分析（　　）。

A. 企业价值　　B. 每股利润

C. 税前债务成本　　D. 综合资金成本

8. 下列关于企业价值比较法的说法中，正确的是（　　）。

A. 公司价值分析法是在考虑市场风险的基础上，以公司市场价值为标准，进行资本结构优化

B. 公司价值比较法充分考虑了公司的财务风险和资本成本等因素的影响，进行资本结构的决策以公司价值最大化为标准，通常用于资本规模较大的上市公司

C. 公司价值比较法用于衡量时需要考虑短期债务市场价值

D. 公司价值比较法的决策原则是选择企业价值最大的融资方案

三、判断题

1. 最佳资本结构是指使综合资金成本最低、企业价值最大的资本结构。（　　）

2. 最佳资本结构是使企业筹资能力最强、财务风险最小的资本结构。（　　）

3. 评价企业资本结构最佳状态的唯一标准是能够降低资本成本。（　　）

4. 在每股利润分析法下，企业的资本结构决策可以分为初始筹资的资本结构决策和追加筹资的资本结构决策。（　　）

5. 在资金成本比较法下，企业可以通过两种思路来选择最佳的追加筹资方案：一种是直接计算各备选方案的边际资金成本，另一种是计算各个汇总资本结构下的综合资金成本。（　　）

6. 在汇总备选方案和原有资本时，普通股的资金成本应按照备选方案和原有情况分别计算。（　　）

7. 资金成本比较法中计算的资金成本是一种加权平均资本成本。（　　）

8. 每股利润分析法既能反映不同资本结构下普通股股东利益，也能反映不同资本结构对企业价值的影响。（　　）

9. 利用每股利润无差别点进行企业资本结构分析时，当预计息税前利润高于无差别点时，采用债权性资金筹资更有利。（　　）

10. 如果长期债务成本较低，那么当公司从无长期债务开始逐渐增加长期债务时，企业价值开始上升，同时综合资金成本也开始上升。（　　）

四、计算题

某公司原有资本总额为400万元，其中发行在外的普通股为200万元（每股面值为1元，共200万股）；债券为200万元，该债券利息率为10%。该公司打算为一个新的投资项目融资200万元。假定新项目投产后该公司每年息税前利润增加到100万元，适用企业所得税税率为30%。该公司现有以下两种筹资方案可供选择：

A方案：全部发行债券。该公司发行200万元债券，债券利息率为10%。

B方案：全部发行普通股。该公司增发200万股普通股，每股面值为1元，发行价格为1元。

要求：（1）当新项目投产后该公司每年息税前利润为100万元时，试计算两个筹资方案的每股收益（结果保留四位小数）。

（2）试计算每股收益无差别点处的息税前利润。

（3）比较上述 A、B 方案，试分析该公司应选择哪种方案，为什么？

知识点 6：总成本习性模型、边际贡献和息税前利润

一、单选题

1. 按照成本性态划分后的成本不包括（　　）。

A. 固定成本　　B. 变动成本

C. 混合成本　　D. 标准成本

2. 用销售收入减去变动成本得出的差额是（　　）。

A. 边际贡献　　B. 息税前利润

C. 每股收益　　D. 利润总额

二、多选题

1. 成本性态是指成本的变动与业务量（产量或销售量）之间的依存关系。按照成本性态的不同，成本通常可以分为（　　）。

A. 固定成本　　B. 变动成本

C. 混合成本　　D. 标准成本

2. 边际贡献是一个十分有用的价值指标，除了用总额表示外，还有单位边际贡献和边际贡献率两种形式，可以用（　　）表示。

A. 边际贡献 = 销售收入 − 变动成本

B. 边际贡献 = 单位边际贡献 × 销售量

C. 边际贡献 = 销售额 × 边际贡献率

D. 边际贡献 = 销售收入 − 营业成本

3. 息税前利润是指企业支付利息和缴纳所得税之前的利润。在成本习性模型的基础上，息税前利润可以用（　　）表示。

A. 息税前利润 = 销售收入 − 变动成本 − 固定营业成本

B. 息税前利润 =（单价 − 单位变动成本）× 销售量 − 固定营业成本

C. 息税前利润 = 销售收入 − 总成本

D. 息税前利润 = 边际贡献 − 固定营业成本

三、判断题

1. 混合成本不能简单地归入固定成本和变动成本，往往需要按一定的技术方法分解归入固定成本和变动成本两部分。（　　）

2. 边际贡献是销售收入与变动成本的差额。（　　）

3. 息税前利润可以表示为边际贡献总额与固定营业成本的差额。（　　）

四、计算题

1. 某公司 2021 年销售产品 20 万件，单价为 50 元，单位变动成本为 35 元，固定成本为 100 万元，则该公司的边际贡献和息税前利润是多少？

2. 某企业在一定期间的固定营业成本为 7 000 元，该期间生产一种产品，计划产销 2 000 件。已知该产品的单位售价为 15 元，单位变动成本为 9 元，试求该产品的边际贡献和息税前利润。

知识点 7：经营杠杆

一、单选题

1. 某企业本年营业收入为 1 200 万元，变动成本率为 60%，下一年的经营杠杆系数为 1.5，本年的经营杠杆系数为 2，则该企业的固定性经营成本为（　　）万元。

A. 160　　B. 320

C. 240　　D. 无法计算

2. 下列选项中，不影响经营杠杆系数的是（　　）。

A. 基期产销量　　B. 基期销售单价

C. 基期固定成本　　D. 基期利息费用

3. 下列选项中，会导致经营杠杆效应最大的情况是（　　）。

A. 实际销售额等于目标销售额

B. 实际销售额大于目标销售额

C. 实际销售额等于盈亏临界点销售额

D. 实际销售额大于盈亏临界点销售额

二、多选题

1. 在其他因素一定且息税前利润大于零的情况下，下列选项中，可以导致本期经营杠杆系数降低的有（　　）。

A. 提高基期边际贡献　　B. 提高本期边际贡献

C. 提高本期变动成本　　D. 降低基期变动成本

2. 下列选项中，影响经营杠杆系数计算结果的有（　　）。

A. 销售单价　　B. 销售数量

C. 资本成本　　D. 所得税税率

3. 下列关于经营杠杆系数的选项中，不正确的有（　　）。

A. 降低经营杠杆系数的措施有增加销售额、降低单位变动成本和固定性经营成本等

B. 经营杠杆是资产报酬不确定的根源

C. 预测期经营杠杆系数等于基期息税前利润与基期固定性经营成本之和除以基期息税前利润

D. 固定性经营成本不变、息税前利润大于零时，销售额越大，经营杠杆系数就越大，经营风险就越小

4. 甲公司生产产品的单位变动成本为20元，单位销售价格为50元，上一年的销售量为10万件，固定成本为30万元，利息费用为40万元，优先股股利为75万元，适用的企业所得税税率为25%。根据这些资料计算出的下列指标中正确的有（　　）。

A. 边际贡献为300万元　　B. 息税前利润为270万元

C. 经营杠杆系数为1.11　　D. 财务杠杆系数为1.17

三、判断题

1. 在其他因素不变的情况下，销售额越小，经营杠杆系数越小。（　　）

2. 当息税前利润大于零，单位边际贡献和固定性经营成本不变时，除非固定性经营成本为零或业务量无穷大，否则息税前利润的变动率一定大于产销变动率。（　　）

3. 根据"经营杠杆系数=基期边际贡献÷基期息税前利润"可知，提高基期边际贡献可以提高本期经营杠杆系数。（　　）

4. 如果经营性固定成本为零，经营杠杆系数为1，企业没有经营风险。（ ）

5. 经营杠杆能够扩大市场和生产等因素变化对利润变动的影响。（ ）

6. 影响经营杠杆系数的因素必然影响财务杠杆系数，但是影响财务杠杆系数的因素不一定影响经营杠杆系数。（ ）

四、计算题

1. 某公司生产甲产品，年销售量为1 000件，销售单价为100元，单位变动成本为50元，固定成本总额为30 000元。试求该公司边际贡献、息税前利润和经营杠杠系数。

2. 某公司上一年的销售量为10万台，单价为18元/台，销售成本率为60%，变动成本率为70%，固定性经营成本为20万元。该公司预计本年的销售量会提高20%（达到12万台），单价、销售成本率、变动成本率和固定性经营成本保持不变，则本年的经营杠杆系数为多少?

知识点8：财务杠杆

一、单选题

1. 在息税前利润大于零的情况下，可以导致财务杠杆系数提高的是（ ）。
   A. 增加本期的负债资金　　B. 提高基期息税前利润
   C. 增加基期的负债资金　　D. 降低本期的变动成本

2. 如果企业的资金来源全部为自有资金，且没有优先股存在，则企业财务杠杆系数（ ）。
   A. 等于零　　B. 等于1
   C. 大于1　　D. 小于1

3. 某企业某年的财务杠杆系数为2.5，息税前利润（EBIT）的计划增长率为10%。假定其他因素不变，则该年普通股每股收益（EPS）的增长率为（　　）。

A. 4%　　B. 5%

C. 20%　　D. 25%

4. 下列关于财务风险的说法中，不正确的是（　　）。

A. 财务杠杆放大了资产报酬变化对普通股收益的影响，财务杠杆系数越高，财务风险越大

B. 财务风险是由于经营不善引起的

C. 只要存在固定性资本成本，就存在财务杠杆效应

D. 在其他因素一定的情况下，固定财务费用越高，财务杠杆系数越大

二、多选题

1. 在其他因素一定且息税前利润大于零的情况下，可以使本期财务杠杆系数降低的有（　　）。

A. 提高基期息税前利润　　B. 增加基期的负债资金

C. 减少基期的负债资金　　D. 降低基期的变动成本

2. 下列各选项中，影响财务杠杆系数的有（　　）。

A. 单价　　B. 所得税税率

C. 优先股股利　　D. 利息费用

3. 下列关于财务杠杆系数的计算公式中，正确的有（　　）。

A. 财务杠杆系数=净利润变动率/税前利润变动率

B. 财务杠杆系数=每股收益变动率/息税前利润变动率

C. 财务杠杆系数=报告期息税前利润/报告期税前利润

D. 财务杠杆系数=(基期边际贡献-基期固定成本)/(基期息税前利润-基期利息费用-基期税前优先股股利)

4. 影响财务杠杆系数的因素包括（　　）。

A. 产品销售数量　　B. 企业资本结构

C. 借款的利息率水平　　D. 固定经营成本的高低

三、判断题

1. 在不存在优先股的情况下，税前利润大于零时，只要有利息，财务杠杆系数就会大于1。（　　）

2. 某企业的税前利润大于零，没有利息费用，则该企业的财务杠杆系数为1。（　　）

3. 在没有优先股的情况下，财务杠杆系数反映边际贡献与息税前利润的比率。（　　）

4. 在企业净利润大于零的前提下，只要有固定性资本成本存在，财务杠杆系数总是大于 1。 (　　)

四、计算题

1. 某公司资金总额为 600 万元，负债比率为 30%，负债利息率为 5%，本年该公司实现息税前利润为 50 万元。该企业适用的企业所得税税率为 25%。计算该公司的财务杠杆系数。

2. 某物流公司资本总额为 2 000 万元，债务资本占总资本的 40%，债务资本的年利率为 10%。计算该公司息后税前利润分别为 1 000 万元和 800 万元时的财务杠杆系数。

3. 某企业 2021 年的税前利润为 500 万元，利息为 50 万元，2022 年的税前利润为 600 万元，利息为 80 万元。该企业适用的企业所得税税率为 25%。该企业不存在优先股，则该企业 2022 年的财务杠杆系数为多少？

4. 甲公司（无优先股）只生产一种产品，产品单价为 6 元，单位变动成本为 4 元，产品年销量为 10 万件，年固定成本为 5 万元，年利息支出为 3 万元。甲公司的财务杠杆系数为多少？

知识点9：联合杠杆

一、单选题

1. 某公司的经营杠杆系数为1.8，财务杠杆系数为1.5，则该公司销售额每增长100%，就会造成每股收益增加（　　）。

A. 120%　　B. 150%

C. 30%　　D. 270%

2. 下列关于总杠杆系数的表述中，不正确的是（　　）。

A. 在总杠杆系数一定的情况下，经营杠杆系数与财务杠杆系数此消彼长

B. 在其他因素不变的情况下，总杠杆系数越大，公司风险越大

C. 总杠杆系数越大，企业经营风险越大

D. 总杠杆系数越大，销售量的变动所引起的每股收益的变动越大

3. 甲企业2022年净利润为750万元，适用的企业所得税税率为25%。已知甲企业的负债为10 000万元，利率为10%，2022年的销售收入为5 000万元，变动成本率为40%，固定成本总额与利息费用数额相同。下列说法中，错误的是（　　）。

A. 如果销售量增加10%，息税前利润将增加15%

B. 如果息税前利润增加20%，每股收益将增加40%

C. 如果销售量增加10%，每股收益将增加30%

D. 如果每股收益增加10%，销售量需要增加30%

4. 固定性经营成本和固定性资本成本的共同存在而导致的杠杆效应属于（　　）。

A. 经营杠杆效应　　B. 财务杠杆效应

C. 总杠杆效应　　D. 资本杠杆效应

5. 某企业某年的财务杠杆系数为2，经营杠杆系数为3，产销量的计划增长率为10%。假定其他因素不变，则该年普通股每股收益（EPS）的增长率为（　　）。

A. 4%　　B. 25%

C. 20%　　D. 60%

二、多选题

1. 在总杠杆系数大于零的情况下，可以通过降低企业的总杠杆系数，进而降低企业风险的措施包括（　　）。

A. 提高单价　　B. 提高利息率

C. 降低资产负债率　　D. 降低销量

2. 只要企业同时存在（　　），就会存在总杠杆作用。

A. 变动生产经营成本　　B. 固定性经营成本

C. 固定性资本成本　　D. 变动制造费用

3. 在边际贡献大于固定成本的情况下，下列措施中有利于降低企业总风险的有（　　）。

A. 增加产品销量　　B. 提高产品单价

C. 提高资产负债率　　D. 节约固定成本支出

4. 如果企业存在固定性经营成本和固定性资本成本，在其他因素不变的情况下，下列措施中能降低总杠杆系数的有（　　）。

A. 增加边际贡献总额　　B. 提高单价

C. 增加债务利息　　D. 增加单位变动成本

5. 下列选项中，与总杠杆系数呈同向变动的有（　　）。

A. 利息费用　　B. 营业收入

C. 优先股股利　　D. 固定经营成本

6. 关于总杠杆系数的计算，下列计算公式中正确的有（　　）。

A. 总杠杆系数=每股收益变动率/营业收入变动率

B. 总杠杆系数=经营杠杆系数+财务杠杆系数

C. 总杠杆系数=基期边际贡献/(基期税前利润-基期税前优先股股利)

D. 总杠杆系数=归属于普通股股东的净利润变动率/销量变动率

7. 总杠杆效应的意义有（　　）。

A. 能够说明产销业务量变动对普通股收益的影响

B. 能够说明资产报酬对普通股收益的影响

C. 揭示了财务管理的风险管理策略

D. 揭示了财务风险的程度

三、判断题

1. 在企业承担总风险能力一定且利率相同的情况下，经营杠杆水平较高的企业应当保持较低的负债水平，而经营杠杆水平较低的企业则可以保持较高的负债水平。（　　）

2. 企业初创阶段，资金需求量大，在资本结构安排上应提高负债比例。（　　）

3. 因为总杠杆系数等于经营杠杆系数与财务杠杆系数的乘积，所以经营杠杆系数降低，则总杠杆系数也随之降低。（　　）

4. 只要企业同时存在固定性经营成本和固定性资本成本，就会存在总杠杆的作用。（　　）

5. 如果某盈利企业没有利息和固定经营成本，则总杠杆系数为1。（　　）

四、计算题

1. 某公司的经营杠杆系数为 2，财务杠杆系数为 1.2。该公司的联合杠杆系数是多少？

2. 某公司无优先股，全部资本为 600 万元，负债比率为 40%，负债利率为 10%，变动成本率为 60%，适用的企业所得税税率为 25%。当销售额为 600 万元时，息税前利润为 120 万元，则该公司的总杠杆系数为多少？

3. 某公司 2021 年的资产总额为 5 000 万元，资产负债率为 40%，负债平均利息率为 6%，当年实现的销售收入为 3 000 万元，全部的固定成本和利息费用为 420 万元，变动成本率为 40%。若预计 2022 年的销售收入提高 60%，其他条件不变。

要求：（1）计算经营杠杆系数。

（2）计算财务杠杆系数。

（3）计算复合杠杆系数。

（4）预计 2022 年的每股收益增长率。

4. 某企业只生产和销售甲产品，其总成本习性模型为 $Y=6\ 000+4X$（单位：万元）。假设该企业 2021 年度甲产品销售量为 8 000 件，每件售价为 5 万元，按市场预测 2022 年甲产品的销售数量将增长 20%。

要求：（1）计算该企业 2021 年的边际贡献总额。

（2）计算该企业 2021 年的息税前利润。

（3）计算该企业 2022 年息税前利润增长率。

（4）假定该企业2021年发生的负债利息为1 000万元，且无优先股股息，计算2022年的复合杠杆系数。

5. 某企业只生产和销售A产品，其固定成本为3 000元。假定该企业2021年度A产品销售量为5 000件，每件售价为20元，单位变动成本为12元。该企业预测2022年A产品的销售量将增长15%。

要求：（1）计算经营杠杆系数。

（2）假定该企业2021年发生负债利息为4 000元，计算财务杠杆系数。

（3）计算复合杠杆系数。

（4）计算2022年的息税前利润增长率和每股利润增长率。

6. B企业上一年产品销售量为10万台，单位售价为100元，变动成本率为60%，固定经营成本总额为150万元，利息费用为50万元。B企业本年预计产品的单位售价、单位变动成本、固定经营成本总额和利息费用不变，适用的企业所得税税率为25%（与上一年一致），预计销售量将增加40%，股利支付率为90%。

要求：（1）计算B企业本年的息税前利润、净利润以及经营杠杆系数、财务杠杆系数、总杠杆系数。

（2）计算B企业本年的息税前利润变动率。

第三节　练习题参考答案

知识点1：资本成本概述

一、单选题

1.【正确答案】A

【答案解析】筹资费用是指企业在筹集资金过程中所支付的各项开支，包括股票和债券的发行费用，向银行支付的借款手续费等。筹资费用一般在筹措资金时一次性支付，在以后资金的使用过程中不再发生，与筹资的次数有关。因此，本题的正确答案为选项 A。

2. 【正确答案】B

【答案解析】用资费用是指企业在使用资金过程中付出的代价，如向股东支付的股利、向债权人支付的利息等。用资费用一般与使用资金数量的多少和使用时间的长短有关，且具有经常性、定期支付的特点。因此，本题的正确答案为选项 B。

3. 【正确答案】B

【答案解析】筹资费用是在资金筹集过程中发生的。利息支出、融资租赁的资金利息、股利支出是在资金使用过程中发生的，属于资金占用费。因此，本题的正确答案为选项 B。

4. 【正确答案】B

【答案解析】股权筹资方式有吸收直接投资、发行普通股股票和留存收益。选项 A、C、D 属于债务筹资方式。因此，本题的正确答案为选项 B。

二、多选题

1. 【正确答案】ABCD

【答案解析】根据筹集资金来源和筹集资金方式的配合，发行股票筹集的资金可以来自政府、非银行金融机构、其他法人、个人、国外和港澳台的资金。因此，本题的正确答案为选项 ABCD。

2. 【正确答案】CD

【答案解析】用资费用，即占用费，是指企业在资本使用过程中因占用资本而付出的代价，如向银行等债权人支付的利息、向股东支付的股利等。因此，本题的正确答案为选项 CD。选项 AB 属于筹资费用。

3. 【正确答案】AC

【答案解析】从绝对量的构成来看，资本成本包括筹资费用和用资费用两部分内容。因此，本题的正确答案为选项 AC。

三、判断题

1. 【正确答案】√

【答案解析】扣除筹资费用后的筹资额称为筹资净额，筹资净额才是企业真正筹得的可用资金。

2. 【正确答案】√

【答案解析】筹资来源和筹资方式都有多种选择，可以交叉配合。

3. 【正确答案】√

【答案解析】不同资本来源的资本成本是不同的。由于风险不同，每一种资本来源要求的收益率也不同。

知识点2：个别资本成本（一）债务资本成本

一、单选题

1.【正确答案】A

【答案解析】个别资本成本是指企业单种筹资方式的资本成本，包括债务资本成本和权益资本成本。选项A属于个别资本成本。因此，本题的正确答案为选项A。

2.【正确答案】C

【答案解析】借款资本成本 = 6%×(1−25%) = 4.5%。因此，本题的正确答案为选项C。

3.【正确答案】A

【答案解析】债券的发行价格同债券的资本成本存在一定的关系，即在其他条件不变的情况下，债券发行价格高于面值，即溢价发行，则资本成本低；债券发行价格低于面值，即折价发行，则资本成本高。因此，本题的正确答案为选项A。

二、多选题

1.【正确答案】AB

【答案解析】个别资本成本是指企业单种筹资方式的资本成本，包括债务资本成本和权益资本成本。因此，本题的正确答案为选项AB。

2.【正确答案】AB

【答案解析】长期借款的资本成本主要包括筹资费用和借款利息。其筹资费用为银行或其他金融机构在发放贷款时收取的手续费，一般数额很小，有时可以忽略不计。因此，本题的正确答案为选项AB。

3.【正确答案】ABCD

【答案解析】企业发行债券的成本主要是指筹资费用和债券利息费用。债券的筹资费用，即发行费用，包括申请费、注册费、印刷费、上市费以及推销费等。债券的筹资费用一般较高，在计算成本时不能忽略不计。因此，本题的正确答案为选项ABCD。

三、判断题

1.【正确答案】×

【答案解析】债券的利息按票面价值和票面利率的乘积计算，但债券的筹资额应按实际发行价格确定。

2.【正确答案】√

【答案解析】如果借款合同中存在其他限制性条款，如补偿性余额，在计算企业可动用的借款筹资额时，应扣除补偿性余额，此时借款的实际利率和资本成本都将会提高。

3.【正确答案】√

【答案解析】根据国际惯例和我国税法的规定，债务的利息一般允许在企业所得税前支付，企业实际负担的债务的利息为税后债务成本。因此，企业在计算债务成本时应从利息支出中扣除所得税，债券的利息具有抵税作用。

四、计算题

1.【答案解析】该批债券的资本成本率＝1 000×8%×(1－25%)÷[1 050×(1－2%)]＝5.83%。

2.【答案解析】债券的资本成本率＝10%×(1－25%)÷(1－5%)＝7.89%。

3.【答案解析】资本成本率＝10 000×8%×(1－25%)÷[10 000×(1－1.5%)]＝6.09%。

知识点3：个别资本成本（二）权益资本成本

一、单选题

1.【正确答案】A

【答案解析】优先股同时具有债券和普通股的一些特征，具体表现为需定期向持股人支付固定股利，但其股利是从税后利润中支付，不具有抵减所得税的作用。当企业资不抵债时，优先股持有人参与剩余财产分配的顺序仅次于债券持有人，而先于普通股持有人。优先股的风险要大于债券、小于普通股，其资本成本要高于债券的成本、低于普通股的成本。因此，选项A的说法不正确。

2.【正确答案】B

【答案解析】当企业资不抵债时，普通股持有人参与剩余财产的分配权在债券和优先股持有人之后，其投资风险最大，股利支付率也比债券利率和优先股股利率高，普通股资本成本也最高。因此，选项B的说法不正确。

3.【正确答案】B

【答案解析】一般而言，股权筹资的资本成本要高于债务筹资。这主要是由于投资者投资于股权特别是投资于股票的风险较高，投资者或股东相应要求得到较高的收益率。从企业成本开支的角度来看，股利、红利从税后利润中支付，而使用债务资金的资本成本允许税前扣除。此外，普通股的发行、上市等方面的费用也十分庞大。因此，选项B的说法本身是正确的，但与本题无关。

二、多选题

1.【正确答案】ABD

【答案解析】按照公司股权资本的构成，股权资本成本率主要分为优先股资本成本率、普通股资本成本率和留用利润成本率等。因此，本题的正确答案为选项 ABD。

2.【正确答案】ABC

【答案解析】对于普通股资本成本的预测，主要有三种方法：股利贴现模型法、资本资产定价模型法和风险溢价法。因此，本题的正确答案为选项 ABC。

三、判断题

1.【正确答案】×

【答案解析】清算时债权性资金具有优先清偿权。

2.【正确答案】×

【答案解析】权益资金的股利（股息、分红）不具有抵税作用。

3.【正确答案】√

【答案解析】留存收益没有筹资费用，因此留存收益的筹资成本也要比普通股的资本成本低。

四、计算题

1.【答案解析】资本成本率=(100×8%)÷[90×(1-2%)]=9.07%。

2.【答案解析】留存收益资本成本的计算公式与普通股资本成本相同，不同点在于留存收益资本成本的计算不考虑筹资费用，因此留存收益资本成本=2×(1+3%)÷10×100%+3%=23.6%。

3.【正确答案】各种筹资方式的个别资金成本计算如下：

银行借款成本=[100×6%(1-40%)]÷[100×(1-3%)]×100%=3.71%。

债券资金成本=[50×8%×(1-40%)]÷[60×(1-4%)]×100%=4.17%。

优先股资金成本=(240×10%)÷[240×(1-5%)]×100%=10.53%。

普通股资金成本=[1.5×(1+5%)]÷[15×(1-6%)]×100% +5%=16.17%。

留存收益成本=[1.5×(1+5%)]÷15×100%+5%=15.5%。

知识点4：加权平均资本成本、边际资本成本

一、单选题

1.【正确答案】B

【答案解析】平均资本成本是衡量资本结构是否合理的依据，因此选项 B 的说法不正确。

2.【正确答案】B

【答案解析】边际资本成本是指企业追加筹资时的资本成本，即企业每新增 1 元资本所需负担的成本。因此，本题的正确答案为选项 B。

3. 【正确答案】B

【答案解析】账面价值权数是以各项筹资来源的账面价值确定的权数。市场价值权数是按照各种资本的现行市场价格确定的权数。目标资本结构价值权数是以预测各种资本的未来目标市场价值确定的权数。因此，本题的正确答案为选项 B。

二、多选题

1. 【正确答案】AB

【答案解析】平均资本成本是由个别资本成本和各种资本所占的比例这两个因素所决定的。平均资本成本的计算公式为：平均资本成本 = $\sum$（某种资本占总资本的比重×该种资本的成本）。因此，本题的正确答案为选项 AB。

2. 【正确答案】ABC

【答案解析】平均资本成本的计算，存在着权数价值的选择问题，即各项个别资本按什么权数来确定资本比重。通常，可供选择的价值形式有账面价值权数、市场价值权数、目标资本结构价值权数等。因此，本题的正确答案为选项 ABC。

3. 【正确答案】BCD

【答案解析】计算平均资本成本的权数包括账面价值权数、市场价值权数和目标资本结构价值权数。其中，账面价值权数反映的是企业过去的实际情况。市场价值权数反映的是企业目前的实际情况。目标资本结构价值权数指的是以各项个别资本预计的未来价值为基础来确定资本权数，确定各类资产占总资本的比重，因此计算的平均资本成本适用于企业筹措新资金。以市场价值为权数，代表了公司目前实际的资本成本水平，有利于财务决策。因此，本题的正确答案为选项 BCD。

三、判断题

1. 【正确答案】√

【答案解析】在个别资本成本一定的情况下，加权平均资本成本的高低由资本结构（权数）决定。通常，可供选择的价值形式有账面价值权数、市场价值权数、目标资本结构价值权数等。

2. 【正确答案】√

【答案解析】资本成本是衡量资本结构优化程度的标准，也是对投资获得经济效益的最低要求，通常用资本成本率表示。

3. 【正确答案】√

【答案解析】边际资本成本率应该按加权平均预测，而且其资本成本比例必须以市场价值确定。

四、计算题

1. 【答案解析】股东权益资本成本 = 11%+1. 25×12% = 26%。

平均资本成本=4 000÷(6 000+4 000)×10%+6 000÷(6 000+4 000)×26%=19.6%。

2.【答案解析】

加权平均资本成本$=\frac{2\ 500}{8\ 500}\times5\%+\frac{2\ 000}{8\ 500}\times8.5\%+\frac{3\ 500}{8\ 500}\times14.15\%+\frac{500}{8\ 500}\times12\%=10.15\%$。

3.【答案解析】

(1)债券资金成本=10%×(1-33%)÷(1-2%)=6.84%。

(2)优先股资金成本=12%÷(1-3%)=12.37%。

(3)普通股资金成本=12%÷(1-5%)+4%=16.63%。

(4)综合资金成本=2 000÷5 000×6.84%+800÷5 000×12.37%+2 200÷5 000×16.63%=12.03%

4.【答案解析】边际资本成本=20%×7%+15%×12%+65%×15%=12.95%。

5.【答案解析】筹集的1 000万元资金中股东权益、长期借款、公司债券的目标价值分别计算如下：

股东权益=(2 000+1 000)×50%-800=700(万元)。

长期借款=(2 000+1 000)×30%-700=200(万元)。

公司债券=(2 000+1 000)×20%-500=100(万元)。

目标价值权数分别为70%、20%和10%，边际资本成本=70%×15%+20%×7%+10%×12%=13.1%。

目标价值是目标资本结构要求下的产物，是根据目标资本结构推算出来的，目标价值权数不一定是目标资本结构。

知识点5：资本结构优化

一、单选题

1.【正确答案】D

【答案解析】影响资本结构的因素包括企业经营状况的稳定性和成长率、企业的财务状况和信用等级、企业资产结构、企业投资人和管理当局的态度、行业特征和企业发展周期、经济环境的税务政策和货币政策。因此，本题的正确答案为选项D。

2.【正确答案】D

【答案解析】货币金融政策影响资本供给，从而影响利率水平的变动。当国家执行紧缩的货币政策时，市场利率较高，企业债务资本成本增大，因此选项D不正确。

3.【正确答案】C

【答案解析】资本结构会影响企业的风险，因此选项C不正确。

4.【正确答案】D

【答案解析】从理论上讲，最佳资本结构是存在的；资本结构优化的最终目的是提高企业价值；企业平均资本成本最低时，资本结构最佳。因此，选项 ABC 都是正确的。从理论上讲，最佳资本结构是存在的，但是由于企业内部条件和外部环境的变化，动态的保持最佳资本结构十分困难。因此，选项 D 是错误的。

5.【正确答案】C

【答案解析】杠杆分析并不是资本结构的决策方法，资本结构的决策方法主要是比较资金成本法、每股收益分析法和公司价值比较法。因此，本题的正确答案为选项 C。

6.【正确答案】A

【答案解析】每股利润无差别点是指使不同资本结构下的每股利润相等的息税前利润点。因此，本题的正确答案为选项 A。

7.【正确答案】C

【答案解析】预计息税前利润高于无差别点时，无差别点右侧的图形是债权性资金对应的每股利润最高，应该选择债权性资金。因此，本题的正确答案为选项 C。

8.【正确答案】B

【答案解析】每股收益 $=(100-40)\times(1-25\%)\div600=0.075$（元/股）。

9.【正确答案】D

【答案解析】资本结构优化的方法有每股收益分析法、平均资本成本比较法和公司价值分析法。因此，本题的正确答案为选项 D。

10.【正确答案】C

【答案解析】股票的市场价值 $=(700-300\times8\%)\times(1-25\%)\div15\%=3\ 380$（万元）。因此，本题的正确答案为选项 C。

11.【正确答案】C

【答案解析】每股收益分析法、比较资本成本法都是从账面价值的角度进行资本结构的优化分析，没有考虑市场反应，即没有考虑风险因素。公司价值分析法是在考虑市场风险的基础上，以公司市场价值为标准，进行资本结构优化。因此，本题的正确答案为选项 C。

二、多选题

1.【正确答案】ABCD

【答案解析】本题考核影响资本结构的因素。影响资本结构的因素主要有企业经营状况的稳定性和成长率、企业的财务状况和信用等级、企业的资产结构、企业投资人和管理当局的态度、行业特征和企业发展周期、经济环境的税务政策和货币政策。因此，本题的正确答案为选项 ABCD。

2.【正确答案】AB

【答案解析】本题考核资本结构的含义。所谓最佳资本结构，是指在一定条件下使企业平均资本成本率最低、企业价值最大的资本结构。因此，本题的正确答案为选项 AB。

3. 【正确答案】ABC

【答案解析】资本结构优化的目标是降低平均资本成本率或提高普通股每股收益，最终提升企业价值。因此，本题的正确答案为选项 ABC。

4. 【正确答案】ABCD

【答案解析】影响资本结构的因素主要有企业经营状况的稳定性和成长率、企业的财务状况和信用等级、企业的资产结构、企业投资人和管理当局的态度、行业特征和企业发展周期、经济环境的税务政策和货币政策等诸多因素。因此，本题的正确答案为选项 ABCD。

5. 【正确答案】ABC

【答案解析】当预期的息税前利润为 100 万元时应当选择发行普通股；当预期的息税前利润为 150 万元时应当选择发行长期债券；当预期的息税前利润为 180 万元时虽然发行普通股和优先股带来的每股利润相当，但实际上发行债券带来的每股利润更高，应该选择发行长期债券；当预期息税前利润为 200 万元时应当选择发行长期债券。因此，本题的正确答案为选项 ABC。

6. 【正确答案】BCD

【答案解析】每股利润无差点法的缺点在于没有考虑风险因素。因此，本题的正确答案为选项 BCD。

7. 【正确答案】AD

【答案解析】企业价值比较法是通过对不同资本结构下的企业价值和综合资金成本进行比较分析，从而选择最佳资本结构的方法。因此，本题的正确答案为选项 AD。

8. 【正确答案】ABD

【答案解析】公司价值比较法用于衡量时一般不需要考虑短期债务市场价值。因此，本题的正确答案为选项 ABD。

三、判断题

1. 【正确答案】√

2. 【正确答案】×

【答案解析】最佳资本结构是指在一定条件下使企业平均资本成本率最低、企业价值最大的资本结构。

3. 【正确答案】×

【答案解析】评价资本结构最佳状态的标准应该是能够提高股权收益或降低资本成本，最终目的是提升企业价值。

4. 【正确答案】×

【答案解析】这种划分是资金成本比较法。

5.【正确答案】√

6.【正确答案】×

【答案解析】根据股票的同股同利原则，原有的股票应按照备选方案中新发行股票的资金成本计算。

7.【正确答案】√

【答案解析】资金成本比较法是对不同方案的综合资金成本进行比较的一种方法，综合资金成本的计算采用的是加权平均的方法。

8.【正确答案】×

【答案解析】每股利润分析法以普通股的每股利润为决策标准，反映了不同资本结构下的普通股股东利益，但是未考虑各种资本结构下的财务风险，因此不能全面反映不同资本结构对企业价值的影响。

9.【正确答案】√

【答案解析】预计息税前利润高于无差别点时，无差别点右侧的图形是债权性资金对应的每股利润最高，因此应该选择债权性资金。

10.【正确答案】×

【答案解析】当公司利用长期债务部分替换普通股时，企业价值开始上升，同时综合资金成本开始下降。

四、计算题

1.【答案解析】

（1）A 方案：$EPS=[100-(200+200)\times10\%]\times(1-30\%)\div200=0.21$（元/股）。

B 方案：$EPS=(100-100\times10\%)\times(1-30\%)\div(200+200)=0.1575$（元/股）。

（2）当 $(EBIT-I)(1-T)N=(EBIT-I)(1-T)N$ 时：

$[EBIT-(200+200)\times10\%]\times(1-30\%)\div200=(EBIT-100\times10\%)\times(1-30\%)\div(200+200)$。

解得：$EBIT=70$（万元）。

（3）从上述分析可知，当息税前利润大于 70 万元时，运用负债资金筹资可获得较高的每股收益，因此选择 A 方案。

知识点 6：总成本习性模型、边际贡献和息税前利润

一、单选题

1.【正确答案】D

【答案解析】标准成本是成本会计中的概念，是一种在一些假定条件前提下估计的目标成本，用来与实际成本对照找出差异并分析原因。因此，本题的正确答案为选项 D。

2.【正确答案】A

【答案解析】边际贡献是指销售收入减去变动成本的差额。因此，本题的正确答案为选项 A。

二、多选题

1.【正确答案】ABC

【答案解析】成本性态又称成本习性，是指成本的变动与业务量（产量或销售量）之间的依存关系。按照成本性态不同，成本通常可以分为固定成本、变动成本和混合成本三类。因此，本题的正确答案为选项 ABC。

2.【正确答案】ABC

【答案解析】边际贡献是指销售收入减去变动成本的差额。这是一个十分有用的价值指标，除了用总额表示外，还有单位边际贡献和边际贡献率两种形式。用公式表示为：边际贡献总额=销售收入-变动成本=单位边际贡献×销售量=销售额×边际贡献率。因此，本题的正确答案为选项 ABC。

3.【正确答案】ABD

【答案解析】息税前利润是指企业支付利息和缴纳所得税之前的利润。在成本习性模型的基础上，息税前利润可以表示为：息税前利润=销售收入-变动成本-固定营业成本=(单价-单位变动成本)×销售量-固定营业成本=边际贡献总额-固定营业成本。因此，本题的正确答案为选项 ABD。

三、判断题

1.【正确答案】√

【答案解析】混合成本不能简单地归入固定成本和变动成本，往往需要按一定的技术方法分解归入固定成本和变动成本两部分。

2.【正确答案】√

【答案解析】边际贡献是指销售收入减去变动成本的差额。这是一个十分有用的价值指标，除了用总额表示外，还有单位边际贡献和边际贡献率两种形式。

3.【正确答案】√

【答案解析】息税前利润是指企业支付利息和缴纳所得税之前的利润。

四、计算题

1.【答案解析】

边际贡献=(50-35)×20=300（万元）。

息税前利润=300-100=200（万元）。

2.【答案解析】

边际贡献=(15-9)×2 000=12 000（元）。

息税前利润＝12 000−7 000＝5 000（元）。

知识点7：经营杠杆

一、单选题

1. 【正确答案】A

【答案解析】下一年经营杠杆系数＝本年边际贡献÷(本年边际贡献−固定性经营成本)＝1 200×(1−60%)÷[1 200×(1−60%)−固定性经营成本]＝1.5，解得固定性经营成本为160万元。因此，本题的正确答案为选项A。

2. 【正确答案】D

【答案解析】经营杠杆系数＝基期边际贡献×基期息税前利润＝(销售单价−单位变动成本)×基期产销量×[(销售单价−单位变动成本)×基期产销量−基期固定性经营成本]。可见，经营杠杆系数不受基期利息费用的影响。因此，本题的正确答案为选项D。

3. 【正确答案】C

【答案解析】经营杠杆系数的计算公式为$DOL=(EBIT+F)\div EBIT$。当实际销售额等于盈亏临界点销售额时，企业的息税前利润为零，公式中分母为零，经营杠杆系数趋近于无穷大，这种情况下经营杠杆效应最大。因此，本题的正确答案为选项C。

二、多选题

1. 【正确答案】AD

【答案解析】本题考核杠杆效应。本期经营杠杆系数＝基期边际贡献÷（基期边际贡献−基期固定成本）＝1÷（1−基期固定成本÷基期边际贡献）。由此可知，提高基期边际贡献可以降低本期经营杠杆系数。因此，选项A是正确答案。又因为基期边际贡献＝基期销售收入−基期变动成本，所以选项D是正确答案。

2. 【正确答案】AB

【答案解析】经营杠杆系数＝基期边际贡献÷基期息税前利润＝(基期息税前利润＋基期固定成本)÷基期息税前利润＝1＋基期固定成本÷基期息税前利润。其中，息税前利润＝(单价−单位变动成本)×销量−固定成本。因此，本题的正确答案为选项AB。

3. 【正确答案】BD

【答案解析】增加销售额、降低单位变动成本和固定性经营成本对企业来说是有利的，因此都可以降低经营风险，即降低经营杠杆系数。选项A正确。经营杠杆本身并不是资产报酬不确定的根源，经营杠杆放大了市场和生产等因素变化对利润波动的影响，因此选项B不正确。预测期经营杠杆系数＝基期边际贡献÷(基期边际贡献-基期固定性经营成本)=(基期息税前利润+基期固定性经营成本)÷基期息税前利润，因此选项C正确。经营杠杆系数=1+固定性经营成本÷息税前利润。当固定性经营成本不变、息税前利润大于零时，销售额越大，经营杠杆系数越小，经营风险越小，因此选项D不正确。

4.【正确答案】ABC

【答案解析】边际贡献=10×(50-20)=300（万元）。

息税前利润=边际贡献-固定成本=300-30=270（万元）。

经营杠杆系数=边际贡献÷息税前利润=300÷270=1.11。

财务杠杆系数=270÷［270-40-75（1-25%）］=2.08。

三、判断题

1.【正确答案】×

【答案解析】因为经营杠杆系数=(*EBIT*+*F*)÷*EBIT*=1+*F*÷*EBIT*，所以销售额越小，息税前利润越小，经营杠杆系数越大。

2.【正确答案】√

【答案解析】经营杠杆系数=基期单位边际贡献×基期产销量÷（基期单位边际贡献×基期产销量-固定性经营成本），息税前利润大于零，也就是分母大于零，在固定性经营成本不为零或业务量不是无穷大的情况下，可以看出经营杠杆系数的分子肯定大于分母，也就是说经营杠杆系数肯定大于1。又因为经营杠杆系数=息税前利润变动率÷产销变动率，所以息税前利润变动率一定大于产销变动率。

3.【正确答案】×

【答案解析】经营杠杆系数=基期边际贡献÷基期息税前利润=基期边际贡献÷（基期边际贡献-固定经营成本）=1÷（1-固定经营成本基期边际贡献）。由此可知，提高基期边际贡献会降低本期经营杠杆系数。

4.【正确答案】×

【答案解析】引起经营风险的主要原因是市场需求和生产成本等因素的不确定性。经营杠杆本身并不是资产报酬不确定的根源，它只是放大了经营风险。如果经营杠杆系数为1，则说明不存在经营杠杆效应，没有放大经营风险。企业只要经营就存在经营风险。

5.【正确答案】√

【答案解析】经营风险来源于市场和生产中的各种因素，而经营杠杆能够扩大市场和生产等因素变化对利润变动的影响。

6.【正确答案】√

【答案解析】影响经营杠杆系数的因素必然影响息税前利润，因此必然影响财务杠杆系数，但是利息会影响财务杠杆系数而不会影响经营杠杆系数。

四、计算题

1.【答案解析】

边际贡献=(100-50)×1 000=50 000（元）。

息税前利润=50 000-30 000=20 000（元）。

经营杠杆系数=50 000÷20 000=2.5。

2.【答案解析】

经营杠杆系数=基期边际贡献÷(基期边际贡献-固定性经营成本)=基期销售收入×(1-变动成本率)÷[基期销售收入×(1-变动成本率)-固定性经营成本]=10×18×(1-70%)÷[10×18×(1-70%)-20]=1.59。

知识点 8：财务杠杆

一、单选题

1.【正确答案】C

【答案解析】在不存在优先股股息的情况下，财务杠杆系数(DFL)=基期息税前利润÷(基期息税前利润-基期利息)=1÷(1-基期利息÷基期息税前利润)。从这个公式可以看出，提高基期息税前利润可以降低财务杠杆系数，增加基期利息可以提高财务杠杆系数，由于增加基期的负债资金可以增加基期利息，因此选项 C 正确。注意：采用简化公式计算杠杆系数，使用的都是基期的数据，与本期的数据无关。

2.【正确答案】B

【答案解析】只要在企业的筹资方式中有固定支出的债务或优先股，就存在财务杠杆的作用。如果企业的资金来源全部为自有资金，且没有优先股存在，则企业财务杠杆系数就等于 1。因此，本题的正确答案为选项 B。

3.【正确答案】D

【答案解析】DFL=EPS 变动率÷EBIT 变动率，2.5=EPS 变动率÷10%，EPS 变动率=25%。因此，本题的正确答案为选项 D。

4.【正确答案】B

【答案解析】引起财务风险的主要原因是资产报酬的不利变化和资本成本的固定负担。因此，选项 B 不正确。

二、多选题

1.【正确答案】ACD

【答案解析】财务杠杆系数(DFL)=基期息税前利润÷(基期息税前利润-基期利息)=1÷(1-基期利息÷基期息税前利润)。从这个公式可以看出，减少基期利息和提高基期息税前利润都可以降低财务杠杆系数，而减少基期的负债资金可以减少基期的利息，降低基期的变动成本可以提高基期息税前利润。因此，选项 ACD 正确。

2. 【正确答案】ABCD

【答案解析】影响财务杠杆系数的因素有单价、单位变动成本、销售量（额）、固定成本、利息、优先股股利、所得税税率。因此，本题的正确答案为选项 ABCD。

3. 【正确答案】BD

【答案解析】财务杠杆系数=每股收益变动率÷息税前利润变动率，该公式可以简化为财务杠杆系数=基期息税前利润÷（基期息税前利润-基期利息费用-基期税前优先股股利），基期息税前利润=基期边际贡献-基期固定成本。因此，本题的正确答案为选项 BD。

4. 【正确答案】ABCD

【答案解析】影响企业财务杠杆的因素包括企业资本结构中债务资本比重、普通股收益水平、所得税税率水平。其中，普通股收益水平受息税前利润、固定资本成本的影响，息税前利润又受产品销售数量、销售价格、成本水平的影响。企业借款的利息率水平影响固定资本成本的数额，企业固定经营成本的高低影响息税前利润的多少。因此，本题的正确答案为选项 ABCD。

三、判断题

1. 【正确答案】√

【答案解析】在不存在优先股的情况下，财务杠杆系数=基期息税前利润÷(基期息税前利润-基期利息)=(基期税前利润+利息费用)÷基期税前利润。由此可知，在税前利润大于零时，只要存在利息费用，财务杠杆系数就会大于 1。

2. 【正确答案】×

【答案解析】财务杠杆系数=基期息税前利润÷（基期息税前利润-基期利息-基期税前优先股股利）。该企业利息为零，但可能存在优先股股利，因此不能据此判断财务杠杆系数为 1。

3. 【正确答案】×

【答案解析】在没有优先股的情况下，财务杠杆系数反映基期息税前利润与基期税前利润的比率。因此，题干的说法不正确。

4. 【正确答案】√

【答案解析】在企业净利润大于零的前提下，只要有固定性资本成本存在，财务杠杆系数总是大于 1。

四、计算题

1. 【答案解析】

财务杠杆系数=50÷[50-(600×30%×5%)]=1.22。

2. 【答案解析】企业息后税前利润要与息税前利润区分开来，即还利息前后的利润之间相差一个利息额。

利息=债务资本×债务资本年利率=2 000×40%×10%=80（万元）。

息后税前利润=利润总额+利息。

$DFL=EBIT\div(EBIT-I)=(1\ 000+80)\div1\ 000=1.08$。

$DFL=EBIT\div(EBIT-I)=(800+80)\div800=1.10$。

3.【答案解析】

财务杠杆系数=(500+50)÷500=1.1。

4.【答案解析】

甲公司的财务杠杆系数=[10×(6−4)−5]÷[10×(6−4)−5−3]=1.25。

知识点9：联合杠杆

一、单选题

1.【正确答案】D

【答案解析】因为 $DTL=DOL\times DFL=1.8\times1.5=2.7$，$\Delta QQ=1$，则 $\Delta EPS=2.7$。因此，本题的正确答案为选项D。

2.【正确答案】C

【答案解析】总杠杆系数=经营杠杆系数×财务杠杆系数。总杠杆系数越大，经营杠杆系数不一定越大。因此，本题的正确答案为选项C。

3.【正确答案】D

【答案解析】税前利润=750÷(1−25%)=1 000（万元），利息费用=10 000×10%=1 000（万元），财务杠杆系数=(1 000+1 000)÷1 000=2。经营杠杆系数=5 000×(1−40%)÷[5 000×(1−40%)−1 000]=1.5。

因为经营杠杆系数为1.5，所以销售量增加10%，息税前利润将增加10%×1.5=15%，选项A正确。因为财务杠杆系数为2，所以息税前利润增加20%，每股收益将增加20%×2=40%，选项B正确。因为总杠杆系数为1.5×2=3，所以如果销售量增加10%，每股收益将增加10%×3=30%，选项C正确。因为总杠杆系数为3，所以每股收益增加10%，销售量增加10%÷3=3.33%，选项D不正确。

4.【正确答案】C

【答案解析】固定性经营成本导致的是经营杠杆效应，固定性资本成本导致的是财务杠杆效应，两者都存在导致的是总杠杆效应。因此，本题的正确答案为选项C。

5.【正确答案】D

【答案解析】本题考查的是总杠杆系数的定义公式，$DTL=DOL\times DFL=2\times3=6$，6=每股收益的变动率10%，每股收益的增长率=60%。因此，本题的正确答案为选项D。

二、多选题

1.【正确答案】AC

【答案解析】在不存在优先股股息的情况下，*DTL*＝基期边际贡献÷基期利润总额＝基期边际贡献÷（基期边际贡献－固定成本－利息）＝1÷（1－固定成本基期边际贡献－利息基期边际贡献）。提高单价会增加企业的边际贡献，会降低总杠杆系数，进而降低公司风险；降低资产负债率会减少企业的负债，减少企业的利息，会降低总杠杆系数，进而降低公司风险，因此选项 AC 正确。提高利息率会增加企业的利息，降低销量会减少企业的边际贡献，均会提高总杠杆系数，因此选项 BD 不符合题意。

2.【正确答案】BC

【答案解析】总杠杆是指由于固定经营成本和固定资本成本的共同存在而导致的普通股每股收益变动率大于产销业务量变动率的现象。只要企业同时存在固定性经营成本和固定性资本成本，就会存在总杠杆的作用。因此，本题的正确答案为选项 BC。

3.【正确答案】ABD

【答案解析】在不存在优先股股息的情况下，根据 *DTL*＝*M*÷（*EBIT*－*I*）可以得知，能够降低企业总风险的是选项 ABD，而提高资产负债率会增加利息支出，因此会提高总杠杆，增加风险。

4.【正确答案】AB

【答案解析】影响总杠杆系数的因素有单价、单位变动成本、销售量（额）、固定性经营成本、固定性资本成本。总杠杆系数与单价、销售量（额）反向变动，与其他影响因素同向变动。单纯提高边际贡献总额，会使总杠杆系数的分子、分母同时增加，杠杆系数会降低。提高单价，会提高边际贡献总额，从而使得总杠杆系数降低。因此，本题的正确答案为选项 AB。

5.【正确答案】ACD

【答案解析】总杠杆系数＝(营业收入－变动成本)÷(营业收入－变动成本－固定经营成本－利息费用－税前优先股股利)。可见，变动成本、固定成本、利息费用和优先股股利越大，总杠杆系数越大；营业收入越大，总杠杆系数越小。因此，本题的正确答案为选项 ACD。

6.【正确答案】ACD

【答案解析】总杠杆系数＝经营杠杆系数×财务杠杆系数。因此，本题的正确答案为选项 ACD。

7.【正确答案】AC

【答案解析】总杠杆效应的意义在于：第一，能够说明产销业务量变动对普通股收益的影响，据以预测未来的每股收益水平；第二，揭示了财务管理的风险管理策略。

三、判断题

1.【正确答案】√

【答案解析】在总杠杆系数（总风险）一定的情况下，经营杠杆系数与财务杠杆系数此消彼长。因此，经营杠杆水平较高的企业，应保持较低的负债水平，以降低财务杠杆水平，而经营杠杆水平较低的企业则可以保持较高的负债水平，以充分利用财务杠杆效应。

2.【正确答案】×

【答案解析】企业初创阶段，经营风险高，企业筹资主要依靠权益资本，因此在资本结构安排上应控制负债比例。

3.【正确答案】×

【答案解析】总杠杆系数等于经营杠杆系数与财务杠杆系数的乘积，在财务杠杆系数不变的情况下，经营杠杆系数降低，则总杠杆系数也随之降低。

4.【正确答案】×

【答案解析】总杠杆是指由于固定经营成本和固定资本成本的共同存在而导致的普通股每股收益变动率大于产销业务量变动率的现象。只要企业同时存在固定性经营成本和固定性资本成本，就会存在总杠杆的作用。

5.【正确答案】×

【答案解析】企业没有固定经营成本和利息，但可能存在优先股。总杠杆系数=基期边际贡献÷（基期边际贡献-基期税后优先股股利）。如果有优先股股利，则总杠杆系数是大于1的。

四、计算题

1.【答案解析】

$DTL=DOL\times DFL=2\times1.2=2.4$。

2.【答案解析】

总杠杆系数=边际贡献÷(息税前利润-利息)=600×40%÷(120-600×40%×10%)=2.5。

3.【答案解析】

（1）利息=5 000×40%×6%=120（万元）。

固定成本=420-120=300（万元）。

变动成本=3 000×40%=1 200（万元）。

边际贡献=销售收入-变动成本=3 000-1 200=1 800（万元）。

息税前利润=边际贡献-固定成本=1 800-300=1 500（万元）。

经营杠杆系数=边际贡献÷息税前利润=1 800÷1 500=1.2

（2）财务杠杆系数=息税前利润÷利润总额=1 500÷（1 500-120）=1.09。

(3) 复合杠杆系数=1.2×1.09=1.31。

(4) 复合杠杆系数=每股收益增长率÷业务量增长率=每股收益增长率÷60%=1.31。

2022年的每股收益增长率=1.31×60%=78.6%。

4.【答案解析】

(1) 固定成本=6 000（万元）。单位变动成本=4（万元/件）。

2021年的边际贡献总额=销售收入-变动成本=8 000×5-8 000×4=8 000（万元）。

(2) 2021年的息税前利润=边际贡献-固定成本=8 000-6 000=2 000（万元）。

(3) 解法一：

2022年的经营杠杆系数=边际贡献÷息税前利润=8 000÷2 000=4。

经营杠杆系数=息税前利润变动率÷产销量变动率

=息税前利润变动率÷20%=4。

息税前利润变动率=4×20%=80%。

解法二：直接计算息税前利润。

2022年的销售量=8 000×(1+20%)=9 600（件）。

销售收入=9 600×5=48 000（万元）。

息税前利润=销售收入-固定成本-变动成本=48 000-6 000-4×9 600=3 600（万元）。

息税前利润增长率=(3 600-2 000)÷2 000=80%。

(4) 2021年的利润总额=8 000-6 000-1 000=1 000（万元）。

2022年的复合杠杆系数=边际贡献÷利润总额=8 000÷1 000=8。

5.【答案解析】

(1) 边际贡献=20×5 000-12×5 000=40 000（元）。

息税前利润=40 000-3 000=37 000（元）。

经营杠杆系数（DOL）=40 000÷37 000=1.08。

(2) 财务杠杆系数（DFL）=37 000÷（37 000-4 000）=1.12。

(3) 复合杠杆系数（DTL）=*DOL*×*DFL*=1.08×1.12=1.21。

(4) 2022年的息税前利润增长率=1.08×15%=16.2%。

2022年的每股利润增长率=1.21×15%=18.15%。

6.【答案解析】

(1) 息税前利润=边际贡献-固定成本=10×100×(1-60%)-150=250（万元）。

净利润=息税前利润-利息=250-50=200（万元）。

经营杠杆系数=边际贡献÷(边际贡献-固定成本)=10×100×(1-60%)÷[10×100×(1-60%)-150]=400÷250=1.6。

财务杠杆系数=息税前利润÷(息税前利润-利息)=250÷(250-50)=1.25。

总杠杆系数=边际贡献÷(边际贡献-固定成本-利息)=10×100×(1-60%)÷[10×100×(1-60%)-150-50]=400÷200=2。

（2）本年的息税前利润变动率=产销率变动率×经营杠杆系数=40%×1.6=64%。

第五章 投资管理

第一节 学习指导

一、本章结构

本章结构如图 5-1 所示。

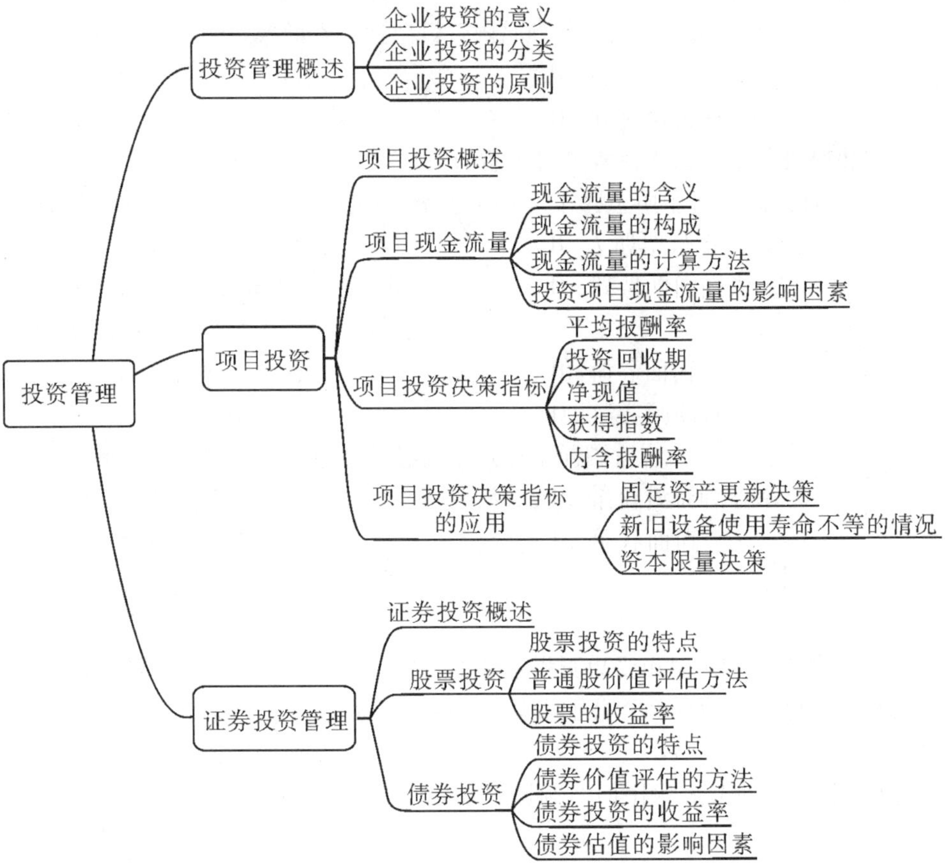

图 5-1 本章结构

二、学习目标和要求

1. 了解项目投资的概念、特点以及程序
2. 掌握项目相关现金流量的认定与测算
3. 掌握项目投资评价指标的计算与评价
4. 了解股票、债券投资的定义及特点
5. 掌握股票、债券的估值方法及到期收益率的计算

三、本章重点难点

1. 企业投资的分类

（1）直接投资与间接投资。按投资活动与企业本身的生产经营活动的关系不同，企业投资可以分为直接投资和间接投资。直接投资是指将资金直接投放于形成生产经营能力的实体性资产，直接谋取经营利润的企业投资。间接投资是指将资金投放于股票、债券等权益性资产上的企业投资。

（2）项目投资与证券投资。按投资对象的存在形态和性质，企业投资可以分为项目投资和证券投资。项目投资是指购买具有实质内涵的经营资产，包括有形资产和无形资产。证券投资是指购买具有权益性的证券资产。

（3）长期投资与短期投资。按投资回收时间的长短，企业投资可以分为短期投资和长期投资。

短期投资又称流动资产投资，是指能够并且也准备在一年以内收回的投资，主要是指对现金、应收账款、存货、短期有价证券等的投资，长期证券如能随时变现，也可以作为短期投资。长期投资是指一年以上才能收回的投资，主要是指对厂房、机器设备等固定资产的投资，也包括对无形资产和长期有价证券的投资。

（4）对内投资与对外投资。根据投资的方向不同，企业投资可以分为对内投资和对外投资。对内投资是指把资金投向公司内部，购置各种生产经营用资产的投资。对外投资是指公司以现金、实物、无形资产等方式或以购买股票、债券等有价证券方式向其他单位的投资。

（5）独立投资与互斥投资。按投资项目之间的相互关联关系，企业投资可以分为独立投资和互斥投资。独立投资是相容性投资，各个投资项目之间互不关联、互不影响，可以同时并存。互斥投资是非相容性投资，各个投资项目之间相互关联、相互替代，不能同时并存。

2. 现金流量的含义

现金流量是评价项目投资方案是否可行时必须事先计算的一个基础性数据。所谓现金流量，是指投资项目在其计算期内各项现金流入量和现金流出量的统称。这里的“现金”是广义上的现金，不仅包括各种货币资金，还包括项目需要投入的企业现有的非货币性资源的变现价值。

3. 现金流量的构成

（1）现金流量按照现金流动方向可以划分为以下三部分：

①现金流出量。在投资决策中，一个方案的现金流出量是指投资项目在整个寿命期内实际发生的全部现金支出额，主要包括投放在固定资产上的资金、项目建成投产后为正常经营活动而投放在流动资产上的资金以及为使机器设备正常运转而投入的维护修理费等。

②现金流入量。与现金流出量相对应，现金流入量是指项目在寿命期内实际发生的全部现金收入数额。现金流入量主要包括经营收入、固定资产报废时的残值收入、项目结束时收回的原投入在该项目流动资产上的流动资金。

需要说明的是，固定资产折旧在计算税后净损益时是包括在成本当中的，但是由于它不需要支付现金，因此需要将它当成一项现金流入看待。与折旧相同，递延资产的摊销、无形资产的摊销也应作为企业的一项现金流入。

③现金净流量。现金净流量又称净现金流量（用 NCF 表示），是指在一定期间现金流入量与现金流出量的差额。其公式为：

年现金净流量=年现金流入量-年现金流出量

（2）现金流量按照其发生的具体时间可以划分为以下三部分：

①初始现金流量。初始现金流量是指开始投资时发生的现金流量，一般包括以下几项内容：固定资产投资、营运资金垫支、其他费用、原有固定资产变价收入。

②营业现金流量。营业现金流量又称营业现金净流量，是指投资项目投入使用后，在其寿命周期内由于生产经营所产生的现金流入扣除现金流出的数量。这种现金流量一般按年度进行计算。这里的现金流入一般是指由营业收入所带来的现金流入，现金流出一般是指由需要付现的营业成本和所得税所引起的现金流出。

③终结现金流量。终结现金流量是指投资项目完结时所发生的现金流量，主要包括固定资产的残值收入或变价收入、固定资产的清理费用以及原来垫支的营运资金的收回。

4. 现金流量的计算方法

初始现金流量和终结现金流量的计算比较简单，只需逐项列出然后相加即可。需要注意的是，如果初始投资时存在费用化的支出，或者涉及旧固定资产的出售损益，则需要考虑它们的所得税影响。

营业现金流量的计算相对较为复杂，其计算方法主要有以下三种：

（1）根据定义直接计算：

营业现金流量=营业收入-付现成本-所得税

（2）根据税后净利倒推计算：

营业现金流量=税后净利+折旧

（3）根据所得税的影响计算：

营业现金流量=营业收入×(1-税率)-付现成本×(1-税率)+折旧×税率

5. 非折现现金流量指标

（1）平均报酬率。平均报酬率是指投资项目寿命周期内平均的年投资报酬率，也称平均投资报酬率。其计算公式为：

$$V=\sum_{t=1}^{n}\frac{D_t}{(1+K)^t}+\frac{P_n}{(1+K)^n}$$

$$平均报酬率=\frac{年平均现金流量}{初始投资额}\times100\%$$

（2）投资回收期。投资回收期是指回收初始投资所需要的时间，一般以年为单位。投资回收期的计算根据各年现金流量的情况，分为以下两种情况：

①年现金净流量相等。如果投资方案每年净现金流量相等，则投资回收期可按下式计算：

$$投资回收期=\frac{初始投资额}{每年净现金流量}$$

②年现金净流量不相等。如果投资方案每年净现金流量不相等，则投资回收期要根据每年年末尚未收回的投资额加以确定。假设初始投资在第 n 年和第 $n+1$ 年之间收回，则投资回收期可按下式计算：

$$投资回收期=n+\frac{第\ n\ 年年末尚未收回的投资额}{第\ n+1\ 年的净现金流量}$$

6. 折现现金流量指标

（1）净现值（NPV）。净现值是指从投资开始到项目寿命终结，所有现金流量（现金流入量为正，现金流出量为负）的现值之和。其计算公式为：

净现值=未来现金流量现值-原始投资额现值

（2）获利指数（PI）。获利指数又称现值指数，是投资项目投入使用后的现金流量现值之和与初始投资额之比。其计算公式为：

获利指数=未来现金净流量÷原始投资额现值

（3）内含报酬率（IRR）。内含报酬率又称内部报酬率，是使投资方案的净现值为零的折现率。内含报酬实际上反映了投资项目的真实报酬率。由于净现值有两个计算公式，因此内含报酬率也有以下两个计算公式：

①未来期内各年现金净流量相等，初始投资在建设期一次投入，可以用年金现值的方法计算。

②未来期内各年现金净流量不相等，内含报酬率的计算通常采用“逐年测试法”。

7. 项目投资决策指标的应用

（1）固定资产更新决策。从决策性质上看，固定资产更新决策属于互斥投资方案的决策类型，所采用的决策方法是净现值法和年均净现值法。

（2）寿命期不同的固定资产更新决策。净现值年均化的另一种更为合理的方法是利用年金现值系数实现的。其计算公式为：

$$ANPV=\frac{NPV}{(P/A,\ i,\ n)}$$

（3）资本限量决策。资本限量决策的步骤如下：

①先计算出所有方案的 NPV 值或 PI 值。

②选择 NPV≥0 或 PI≥1 的方案为备选方案。

③在资本限量内对各种备选方案进行组合，计算出各种组合的净现值或获利指数。

④接受净现值或获利指数最大的投资组合。

8. 普通股价值评估的方法

（1）股票估值的基本模型如下：

$$V=\sum_{t=1}^{n}\frac{D_t}{(1+K_s)^t}+\frac{P_n}{(1+K_s)^n}$$
$$=D_t\times(P/A,\ R_s,\ n)+P_n\times(P/F,\ R_s,\ n)$$

（2）零增长股票估价模型。假设未来股利不变，其支付过程是一个永续年金，那么该股票价值的计算公式如下：

$$V=\frac{D}{K_s}$$

（3）固定股利增长模型。有些企业的股利是不断增长的，假设其增长率是固定的，用 g 来表示，则固定股票价值的计算公式如下：

$$V=\sum_{t=1}^{n}\frac{D_0(1+g)^t}{(1+K_s)^t}$$

当 g 为常数且 $R_s>g$ 时，上式可简化为：

$$V=\frac{D_0(1+g)}{(K_s-g)}$$

9. 股票的收益率

固定股利增长模型如下：

$$V=\frac{D_0(1+g)}{(K_s-g)}$$

把公式移项整理，可以得到：

$$K_s=\frac{D_0(1+g)}{V}+g$$

10. 债券投资的特点

（1）投资期限有限定。

（2）权利义务少。

（3）投资风险较小，收益也较低。

（4）流动性较高。

11. 债券价值评估的方法

（1）每年付息、到期还本的估价模型。典型的债券固定利率、每年计算并支付利息、到期归还本金。按照这种模式，债券价值计算的基本模型如下：

$$V=\frac{I_1}{(1+K)}+\frac{I_2}{(1+K)^2}+\cdots+\frac{I_n}{(1+K)^n}+\frac{M}{(1+K)^n}$$

（2）一次还本付息且不计复利债券的估价模型。这种债券平时不用支付利息，以单利形式到期一次性支付本金和利息。我国很多债券属于一次还本付息且不计复利的债券。其价值计算的公式如下：

$$V=\frac{M+M\times i\times n}{(1+K)^n}=(M+M\times i\times n)\times(P/F,K,n)$$

（3）折现债券的估价模型。当债券低于债券面值发行就是折价发行，没有票面利率，到期按面值偿还。这种债券的收益是偿还金额与发行价格之间的差价，没有利息收入，又称纯贴现债券。其价值计算的公式如下：

$$V=\frac{M}{(1+K)^n}=M\times(P/F,K,n)$$

12. 债券估值的影响因素

（1）给定票面利率、收益率和期限，债券面值与债券价值同方向变化。

（2）给定债券面值、收益率和到期时间，票面利率与债券价值同方向变化。

（3）给定债券面值、票面利率和到期时间，收益率与债券价值反方向变化。

（4）给定债券价值、票面利率和收益率，到期时间越长，债券价值变动的幅度就越大，但价值变动的相对幅度随到期时间的延长而缩小。

第二节 练习题

知识点1：投资管理的概述

一、单选题

1. 按投资活动与企业本身的生产经营活动的关系不同，企业投资可以分为（　　）。

A. 直接投资和间接投资　　B. 项目投资和证券投资

C. 短期投资和长期投资　　D. 对内投资和对外投资

2. 按照企业投资的分类，下列选项中，属于项目投资的是（　　）。

A. 购买固定资产　　B. 购买短期公司债券

C. 购买股票　　D. 购买长期公司债券

3. 下列关于项目投资与证券投资的选项中，正确的是（　　）。

A. 它们是按投资活动与企业本身的生产经营活动关系进行分类的

B. 项目投资属于间接投资

C. 分类角度强调的是投资的方式性

D. 分类角度强调的是投资的对象性

4. 下列投资活动中，属于间接投资的是（　　）。

A. 建设新的生产线　　B. 开办新的子公司

C. 吸收合并其他企业　　D. 购买公司债券

二、多选题

1. ABC 公司最近购买了 10 000 股 B 公司的股票，这个行为属于（　　）。

A. 对外投资　　B. 对内投资

C. 直接投资　　D. 间接投资

2. 下列选项中，属于间接投资的有（　　）。

A. 股票投资　　B. 债券投资

C. 固定资产投资　　D. 流动资产投资

3. 企业需要通过投资配置资产，才能形成生产能力，取得未来经济利益。下列有关投资的意义的选项中，正确的有（　　）。

A. 投资是企业生存与发展的基本前提

B. 投资是获取利润的基本前提

C. 投资是企业选择最优资本结构的重要手段

D. 投资是企业风险控制的重要手段

4. 下列选项中，属于投资管理的原则的有（　　）。

A. 可行性分析原则　　B. 结构平衡原则

C. 动态监控原则　　D. 预算管理原则

5. 下列选项中，属于项目投资特点的有（　　）。

A. 投资金额大　　B. 影响时间长

C. 变现能力差　　D. 投资风险大

三、判断题

1. 项目投资属于直接投资，证券投资属于间接投资。（　　）

2. 直接投资与间接投资、项目投资与证券投资，两种投资分类方式的内涵和范围相同，但分类的角度不同。（　　）

3. 投资应遵循的原则之一是结构平衡原则，按照这一原则，企业应对投资项目实施过程中的进程加以控制。（　　）

知识点 2：项目现金流量

一、单选题

1. 现金流量是指投资项目在其计算期内各项现金流入量和现金流出量的统称。这里属于现金流入的有（　　）。

A. 固定资产的投入　　B. 开办费用

C. 营业收入　　D. 付现成本和缴纳的税金

2. 下列选项中，属于初始现金流的是（　　）。

A. 固定资产的投入　　B. 营业收入

C. 付现成本　　D. 残值收入

3. 下列选项中，属于终结现金流的是（　　）。

A. 固定资产的投入　　B. 营业收入

C. 付现成本　　D. 残值收入

4. 下列选项中，根据所得税的影响得出的营业现金净流量的计算公式是（　　）。

A. 营业现金流量=营业收入-付现成本-所得税

B. 营业现金流量=税后净利+折旧

C. 营业现金流量=营业收入-(营业成本-折旧)-所得税

D. 营业现金流量=营业收入×(1-税率)-付现成本×(1-税率)+折旧×税率

二、多选题

1. 下列选项中，属于项目终结期的现金流量的有（　　）。

A. 付现成本　　B. 固定资产残值收入

C. 垫支营运资金的收回　　D. 原材料购置费

2. 下列选项中，属于营业期现金流量的有（　　）。

A. 营业收入　　B. 付现成本

C. 所得税费用　　D. 固定资产投资

3. 下列可用于计算营业现金净流量的算式中，正确的有（　　）。

A. 税后净利+折旧

B. 营业收入-付现成本-所得税

C. (营业收入-付现成本)×(1-所得税税率)

D. 营业收入×(1-所得税税率)+非付现成本×所得税税率

三、判断题

1. 项目现金流的时点指标假设要求建设投资在建设期内有关年度的年初发生。（　）

2. 沉没成本是相关成本。（　）

3. 现金流量是指投资项目在其计算期内各项现金流入量和现金流出量的统称，包括各种货币资金，但不包括项目需要投入的企业现有的非货币性资源的变现价值。（　）

四、计算题

1. 某投资方案投产后年营业收入为 1 000 万元，年营业成本为 600 万元（其中折旧为 100 万元），企业所得税税率为 25%，则该方案投产后年营业现金净流量为多少万元?

2. 某公司拟施行乙方案以扩充生产能力，投入 120 000 元购置设备，垫支 30 000元营运资金。设备使用寿命为 5 年，采用直线法计提折旧，5 年后净残值为 20 000 元。乙方案的初始现金流量为多少元?

3. 某公司计划购买一台设备以扩充生产能力，需投入 120 000 元购置设备，设备使用寿命为 5 年，采用直线法折旧，5 年后设备无残值。5 年中，每年营业收入为 60 000 元，付现成本为 20 000 元。假设企业所得税税率为 25%，则该计划营业期的现金流为多少元?

知识点3：项目投资决策指标（一）非折现现金流量指标

一、单选题

1. 在只有一个备选方案的采纳与否决策中，平均报酬率与必要平均报酬率的关系为（　　）时，方案可采纳。

A. 低于　　B. 高于

C. 等于　　D. 不确定

2. 与投资回收期相比较，平均报酬率的优点有（　　）。

A. 概念易于理解

B. 计算比较简便

C. 没有考虑资金的时间价值

D. 考虑了投资项目整个寿命期内的现金流量

3. 在多个投资方案的互斥选择投资决策中，应在投资回收期低于企业要求的投资回收期的方案中选择（　　）。

A. 最低者　　B. 最高者

C. 相等者　　D. 不确定

二、多选题

1. 非折现现金流量是指不考虑货币时间价值的评价指标，主要包括（　　）。

A. 平均报酬率　　B. 内含报酬率

C. 投资回收期　　D. 净现值

2. 下列选项中，属于投资回收期优点的有（　　）。

A. 概念容易理解

B. 计算比较简便

C. 考虑了资金的时间价值

D. 考虑了初始投资收回后的现金流量状况

三、判断题

1. 平均报酬率的优点是概念便于理解，计算也比较简便，考虑了资金的时间价值。（　　）

2. 投资回收期没有考虑资金的时间价值，也没有考虑初始投资收回后的现金流量状况。（　　）

3. 平均报酬率法将前期的现金流量等同于后期的现金流量。（　　）

4. 在多个投资方案的互斥选择决策中，应在平均报酬率高于必要报酬率的方案中选择最高者。（　　）

四、计算题

1. 甲公司决定从 A、B 两个设备中选购一个，已知 A 设备购价为 15 000 元，预计投入使用后每年可产生现金净流量为 4 000 元；B 设备购价为 25 000 元，预计投入使用后每年可产生现金净流量为 5 500 元。甲公司应选择哪个设备比较好？

2. 某公司计划投资建设一条新生产线，投资总额为 60 万元，预计新生产线投产后每年可为公司新增净利润为 4 万元，生产线的年折旧额为 6 万元，则该投资的回收期为多少年？

3. 某公司打算购买一台设备以扩充生产能力，该设备需要投入 120 000 元，设备使用寿命为 5 年，采用直线法折旧，5 年后设备无残值。5 年中，每年营业收入为 60 000 元，付现成本为 20 000 元。企业所得税税率为 25%，计算该方案的平均报酬率为多少？

知识点 4：项目投资决策指标（二）折现现金流量指标

一、单选题

1. 当净现值大于零时，下列结论成立的是（　　）。
   A. 现值指数等于零　　B. 现值指数等于 1
   C. 现值指数小于零　　D. 现值指数大于 1
2. 下列选项中，不属于折现现金流量指标的有（　　）。
   A. 净现值　　B. 内含报酬率
   C. 现值指数　　D. 平均报酬率

3. 内含报酬率又称内部报酬率，是使投资方案的净现值（　　）的折现率。

A. 等于零　　B. 大于零

C. 小于零　　D. 等于 1

4. 某方案原始投资为 70 万元，不需安装，寿命期为 8 年，营业期内各年的现金净流量为 15 万元，资本成本率为 10%。该方案的现值指数为（　　）。

A. 0.98　　B. 1.43

C. 1.14　　D. 0.56

5. 某投资项目各年现金净流量按 13%折现时，净现值大于零；按 15%折现时，净现值小于零。该项目的内含报酬率一定是（　　）。

A. 大于 14%　　B. 小于 14%

C. 小于 13%　　D. 小于 15%

6. 已知某投资项目的原始投资额现值为 100 万元，净现值为 25 万元，则该项目的现值指数为（　　）。

A. 0.25　　B. 0.75

C. 1.05　　D. 1.25

二、多选题

1. 下列选项中，属于折现现金流量指标的有（　　）。

A. 净现值　　B. 内含报酬率

C. 现值指数　　D. 平均报酬率

2. 下列选项中，属于净现值的特点的有（　　）。

A. 考虑了资金的时间价值

B. 能够真实反映投资方案的净收益

C. 便于比较不同规模投资方案的获利程度

D. 能揭示各投资方案的实际报酬率。

3. 下列指标在计算时，需要事先估计资本成本的有（　　）。

A. 内含收益率　　B. 净现值

C. 现值指数　　D. 投资回收期

4. 在其他因素不变的情况下，下列财务评价指标中，指标数值越大表明项目可行性越强的有（　　）。

A. 净现值　　B. 现值指数

C. 内含报酬率　　D. 投资回收期

三、判断题

1. 由于获利指数是用相对数来表示的，因此获利指数法优于净现值法。（　　）

2. 对单个投资项目进行财务可行性分析评价时，利用净现值法和现值指数法所得出的结论是一致的。（ ）

3. 在一般情况下，使某投资方案的净现值小于零的贴现率，一定高于该投资方案的内含报酬率。（ ）

4. 对相互独立的备选方案进行决策时，如果净现值率大于零，方案可行。（ ）

四、计算题

1. 现有一项产品开发的投资项目，预计于建设期初一次性投资 450 万元建造固定资产，其使用寿命为 8 年，期满可收回残值为 50 万元，采用直线法计提折旧，每年可获得净利为 50 万元。该项目的资本成本为 10%。

要求：（1）计算该项目的各年现金净流量。

（2）计算该项目的净现值。

（3）计算该项目的现值指数。

（4）分析判断该项目是否值得投资，并说明理由。

2. M 公司计划购买一台设备以扩充生产能力。经测算，该项目需在建设期期初一次性投入 500 万元购置设备，设备使用年限为 5 年，没有建设期，采用直线法计提折旧，期满后设备残值为 50 万元。项目投产之初需垫支 100 万元流动资金，在经营期间，预计每年可获得营业收入为 400 万元，付现成本为 200 万元，企业所得税税率为 25%。

要求：（1）分析该项目的各年现金净流量。

（2）企业的资本成本要求为 10%，计算该项目的净现值并判断它是否值得投资。

3. H 公司计划投产一条生产线。经测算，该项目需投入 800 万元购置设备，设备使用年限为 5 年，采用直线法计提折旧，设备残值为原值的 5%。在 5 年经营期间，每年营业收入为 600 万元，付现成本为 300 万元，企业所得税税率为 25%。

要求：（1）分析该项目的各年现金净流量。

（2）计算该项目的净现值，并判断它是否值得投资。

4. F公司2021年有一项产品开发的投资项目，预计于建设期初一次性投资550万元建造固定资产，使用寿命为5年，期满可收回残值为50万元，采用直线法计提折旧。假设项目投产后，F公司每年可获得营业收入为900万元，并发生付现成本为600万元。该项目的资本成本率为10%，企业所得税税率为25%。

要求：（1）分析该项目的各年现金净流量。

（2）计算该项目的净现值。

（3）计算该项目的现值指数。

（4）分析判断该项目是否值得投资，并说明理由。

知识点5：项目投资决策指标的应用

一、单选题

1. 张三手中有100万元，想将手中的钱投资项目，目前有两个互不相关的项目甲和乙。项目甲需要投资60万元，项目乙需要投资40万元，则项目甲和项目乙之间的关系是（　　）。

A. 独立投资　　B. 互斥投资

C. 非相容性投资　　D. 间接投资

2. 当两个固定资产投资方案为互斥选择时，应优先选择（　　）。

A. 净现值大的方案　　B. 平均报酬率大的方案

C. 投资回收期短的方案　　D. 原始投资额小的方案

3. 某公司预计M设备报废时的净残值为3 500元，税法规定的净残值为5 000元，该公司适用的企业所得税税率为25%，则该设备报废引起的预计现金净流量为（　　）。

A. 3 125元　　B. 3 875元

C. 4 625元　　D. 5 375元

二、多选题

1. 某企业的甲、乙两个投资方案的资料如下：甲方案寿命期为8年，净现值为600万元，内含报酬率为12%；乙方案寿命期为8年，净现值为400万元，内含报酬率为16%。据此，可以认定（　　）。

A. 若甲、乙两方案是独立方案，则甲方案较好

B. 若甲、乙两方案是独立方案，则乙方案较好

C. 若甲、乙两方案是互斥方案，则甲方案较好

D. 若甲、乙两方案是互斥方案，则乙方案较好

2. 下列关于净现值法的说法中，正确的有（　　）。

A. 净现值法没有考虑投资风险

B. 净现值法的适用性强

C. 净现值法不适宜于独立投资方案的比较决策

D. 如采用净现值法对寿命期不同的投资方案进行决策，需要将各方案均转化为相等寿命期进行比较

3. 现有甲、乙、丙三个项目，原始投资额现值和寿命期均不相同，甲项目的净现值最大，乙项目的内含收益率最高，丙项目的年金净流量最大。下列说法中，正确的有（　　）。

A. 如果三个项目相互独立，则应该先安排乙项目

B. 如果三个项目相互排斥，则应该选择丙项目

C. 如果三个项目相互独立，则应该先安排甲项目

D. 如果三个项目相互排斥，则应该选择乙项目

4. 下列选项中，有关资本限量下的投资组合中应注意的问题有（　　）

A. 投资组合不能超过资本限量　　B. 投资组合可以超过资本限量

C. 在投资组合中不能有互斥方案　　D. 在投资组合中可以存在互斥方案

三、判断题

1. 企业购入的新设备性能提高，提高了企业的生产能力，这种设备重置属于替换重置。（　　）

2. 在实务中，对期限不等的互斥方案，需要换算成相同的寿命期限再进行比较。（　　）

3. 只有扩建重置方案对营业现金流入无影响时，才可以采用年金成本法进行决策。（　　）

四、计算题

某投资项目的项目期限为5年，投资期为1年，投产后每年的现金净流量均为

1 500 万元，原始投资额现值为 2 500 万元，资本成本为 10%。则该项目年金净流量为多少万元？

知识点 6：证券投资管理

一、单选题

1. 下列选项中，不属于证券资产特点的是（　　）。
   A. 价值虚拟性　　B. 可分割性
   C. 强流动性　　D. 低风险性
2. 下列关于证券投资的目的的说法中，不正确的是（　　）。
   A. 分散资金投向，降低投资风险
   B. 利用闲置资金，增加企业收益
   C. 稳定客户关系，保障生产经营
   D. 提高资产的稳定性，增强偿债能力
3. 证券资产的持有目的是多元的，下列选项中，不属于持有目的的是（　　）。
   A. 为未来变现而持有
   B. 为销售而持有
   C. 为获得抵税效应而持有
   D. 为取得对其他企业的控制权而持有
4. 下列各项关于债券投资的说法中，不正确的是（　　）。
   A. 债券要素包括债券面值、债券票面利率、债券到期日
   B. 只有债券价值大于其购买价格时，才值得投资
   C. 债券价值指的是未来收到的利息和本金的现值和
   D. 一般来说，经常采用票面利率作为折现率

二、多选题

1. 下列选项中，属于证券资产的非系统性风险的是（　　）。
   A. 价格风险　　B. 违约风险
   C. 再投资风险　　D. 变现风险
2. 证券投资的目的有（　　）。
   A. 分散资金投向，降低投资风险
   B. 利用闲置资金，增加企业收益

C. 稳定客户关系，保障生产经营

D. 提高资产的流动性，增强偿债能力

3. 下列选项中，属于证券资产的特点的有（　　）。

A. 价值虚拟性　　B. 可分割性

C. 持有目的多元性　　D. 不可分割性

4. 下列关于股票零增长模式的说法中，正确的有（　　）。

A. 公司未来各期发放的股利都相等

B. 与优先股是相类似的

C. 与债券是相类似的

D. 把股利看成年金，就可以利用永续年金现值的计算公式计算股票价值

5. 如果在持有股票两年之后将股票出售，则投资于股票所得到的未来现金流量包括（　　）。

A. 未来两年发放的股利　　B. 本金

C. 第 1 年年末股票的售价　　D. 第 2 年年末股票的售价

6. 对固定增长的股票而言，股票投资内部收益率的构成部分包括（　　）。

A. 预期股利收益率　　B. 售价

C. 利息率　　D. 股利增长率

7. 甲公司本年年初发行 A 股票，预计每年分配股利 3 元，假设股利可以持续发放并且保持不变，投资者要求的收益率为 10%。下列选项中，正确的有（　　）。

A. 股票的价值为 30 元　　B. A 股票是零增长股票

C. 未来各年股利构成永续年金　　D. 股票的价值为 33 元

8. 债券的基本要素有（　　）。

A. 债券价格　　B. 债券面值

C. 债券票面利率　　D. 债券到期日

9. 能够同时影响债券价值和债券内部收益率的因素有（　　）。

A. 债券价格　　B. 最低投资收益率

C. 票面利率　　D. 债券面值

三、判断题

1. 证券资产是一种虚拟资产，决定了金融投资仅受市场风险的影响。（　　）

2. 证券资产不能脱离实体资产而存在，因此证券资产的价值取决于实体资本的现实经营活动所带来的现金流。（　　）

3. 企业投资于某公司证券可能是因该公司破产而引发无法收回其本金的风险，这种风险属于非系统性风险。（　　）

4. 股票的价值是指其实际股利所得和资本利得所形成的现金流入量的现值。（　　）

5. 优先股是一种特殊的股票，跟零增长股票相似，计算股票价值时，都是用固定股利除以贴现率。（　）

6. 根据股票内在价值的计算公式可知，股票的内在价值包括两部分：一部分是在以前持有期间取得的股利收入的现值，另一部分是在将来卖出股票后取得的转让收入与购买价格差额的现值。（　）

7. 溢价债券的内部收益率高于票面利率，折价债券的内部收益率低于票面利率。（　）

8. 债券市场价格是影响债券内在价值计算的因素之一。（　）

9. 当投资者要求的收益率高于债券（指分期付息债券，下同）票面利率时，债券的市场价值会低于债券面值；当投资者要求的收益率低于债券票面利率时，债券的市场价值会高于债券面值。（　）

四、计算题

1. 已知某股票预期下一年的股利为每股 2 元，以后股利按照不变的比率 5%增长，若要求达到 15%的收益率，则该股票的理论价格为多少元?

2. 一个投资人持有 ABC 公司的股票，他的投资必要收益率为 15%。预计 ABC 公司未来 3 年的股利分别为 0.5 元、0.7 元、1 元。在此以后 ABC 公司的股票转为正常增长，增长率为 8%。ABC 公司的股票的价值为多少元?

3. 某种股票为固定成长股票，股利年增长率为 6%，本年刚分配的股利为 8 元，无风险收益率为 10%，市场上所有股票的平均收益率为 16%。该股票 β 系数为 1.3，则该股票的价值为多少元?

4. M公司发行面值为1 000元的债券，票面利率为12%，期限5年，每年年末计算并支付一次利息，到期一次还本。当前市场利率为10%，此债券的价格为多少时才值得投资？

第三节 练习题参考答案

知识点1：投资管理概述

一、单选题

1.【正确答案】A

【答案解析】按投资活动与企业本身的生产经营活动的关系，企业投资可以分为直接投资和间接投资。因此，本题的正确答案为选项A。

2.【正确答案】A

【答案解析】企业可以通过项目投资，购买具有实质内涵的经营资产，包括有形资产和无形资产，形成具体的生产经营能力，开展实质性的生产经营活动，谋取经营利润。因此，本题的正确答案为选项A。

3.【正确答案】D

【答案解析】按投资对象的存在形态和性质，企业投资可以分为项目投资和证券投资，选项A不正确。项目投资属于直接投资，选项B不正确。直接投资与间接投资、项目投资与证券投资，两种投资分类方式的内涵和范围是一致的，只是分类的角度不同。直接投资与间接投资强调的是投资的方式性，项目投资与证券投资强调的是投资的对象性，选项C不正确，选项D正确。

4.【正确答案】D

【答案解析】间接投资是将资金投放于股票、债券、基金等资产上的企业投资。因此，本题的正确答案为选项D。

二、多选题

1.【正确答案】AD

【答案解析】对内投资是指在本企业范围内部的资金投放。对外投资是指向本企业范围以外的其他单位的资金投放。因此，选项A正确。直接投资是将资金直接投放于形成生产经营能力的实体性资产，直接谋取经营利润的企业投资。间接投资是将资金投放于股票、债券等权益性资产上的企业投资。因此，选项 D 正确。

2.【正确答案】AB

【答案解析】直接投资一般形成的是实体性资产，而间接投资一般形成的是金融性资产，股票、债券投资是间接性投资。因此，本题的正确答案为选项 AB。

3.【正确答案】ABD

【答案解析】企业投资的意义包括：第一，投资是企业生存与发展的基本前提；第二，投资是获取利润的基本前提；第三，投资是企业风险控制的重要手段。因此，本题的正确答案为选项 ABD。

4.【正确答案】ABC

【答案解析】为了适应投资项目的特点和要求，实现投资管理的目标，作出合理的投资决策，企业需要制定投资管理的基本原则，据以保证投资活动的顺利进行。投资管理的原则有可行性分析原则、结构平衡原则、动态监控原则、预算管理原则。因此，本题的正确答案为选项 ABC。

5.【正确答案】ABCD

【答案解析】项目投资的特点有投资金额大、影响时间长、变现能力差和投资风险大。因此，本题的正确答案为选项 ABCD。

三、判断题

1.【正确答案】√

【答案解析】项目投资是购买具有实质内涵的经营资产，包括有形资产和无形资产，形成具体的生产经营能力，开展实质性的生产经营活动，谋取经营利润。直接投资是将资金直接投放于形成生产经营能力的实体性资产，直接谋取经营利润的企业投资。因此，项目投资属于直接投资。证券投资的目的在于通过持有权益性证券，获取投资收益，或者控制其他企业的财务或经营政策，并不直接从事具体生产经营过程。间接投资方不直接介入具体生产经营过程，通过股票、债券上所约定的收益分配权利，获取股利或利息收入，分享直接投资的经营利润。因此，证券投资属于间接投资。

2.【正确答案】√

【答案解析】直接投资与间接投资、项目投资与证券投资，两种投资分类方式的内涵和范围是一致的，只是分类的角度不同。直接投资与间接投资强调的是投资的方式性，项目投资与证券投资强调的是投资的对象性。

3.【正确答案】×

【答案解析】结构平衡原则是针对合理配置资源，而动态监控原则才是指企业应对投资项目实施过程中的进程加以控制。

知识点2：项目现金流量

一、单选题

1.【正确答案】C

【答案解析】现金流入量是指项目在寿命期内实际发生的全部现金收入数额。现金流入量主要包括经营收入、固定资产报废时的残值收入、项目结束时收回的原投入在该项目流动资产上的流动资金。选项A的固定资产的投入、选项B的开办费用以及选项D的付现成本和缴纳的税金都属于项目投资中的现金流出量，在本题中，只有选项C的营业收入属于现金流入。因此，本题的正确答案为选项C。

2.【正确答案】A

【答案解析】初始现金流量是指开始投资时发生的现金流量，一般包括固定资产投资、营运资金垫支、其他费用、原有固定资产变价收入。因此，本题的正确答案为选项A。

3.【正确答案】D

【答案解析】终结现金流量是指投资项目完结时所发生的现金流量，主要包括固定资产的残值收入或变价收入、固定资产的清理费用以及原来垫支的营运资金的收回。因此，本题的正确答案为选项D。

4.【正确答案】D

【答案解析】根据所得税的影响得出的营业现金净流量公式如下：

营业现金流量=营业收入×(1-税率)-付现成本×(1-税率)+折旧×税率

因此，本题的正确答案为选项D。

二、多选题

1.【正确答案】BC

【答案解析】终结阶段的现金流量主要是现金流入量，包括固定资产残值收入和垫支营运资金的收回。因此，本题的正确答案为选项BC。

2.【正确答案】ABC

【答案解析】项目营业期涉及的现金流量主要营业收入、付现成本和所得税费用。因此，本题的正确答案为选项ABC。

3.【正确答案】AB

【答案解析】计算项目现金流的公式主要如下：

营业现金净流量=营业收入-付现成本-所得税

营业现金净流量=税后净利+折旧

营业现金净流量=营业收入×(1-所得税税率)-付现成本×(1-所得税税率)+折旧×所得税税率

因此，本题的正确答案为选项AB。

三、判断题

1. 【正确答案】√

【答案解析】时点指标假设，即现金流量的具体内容所涉及的价值指标，不论是时点指标还是时期指标，均假设按照年初或年末的时点处理。其中，建设投资在建设期内有关年度的年初发生；垫支的流动资金在建设期的最后一年年末，也就是经营期的第一年年初发生；经营期内各年的营业收入、付现成本、折旧、利润、税金等项目的确认均在年末发生；项目最终报废或清理均发生在经营期最后一年年末（中途出售项目除外）。

2. 【正确答案】×

【答案解析】沉没成本、过去成本、账面成本等往往是非相关成本。

3. 【正确答案】×

【答案解析】这里的“现金”是广义上的现金，不仅包括各种货币资金，还包括项目需要投入的企业现有的非货币性资源的变现价值。

四、计算题

1. 【答案解析】营业现金净流量=税后营业收入-税后付现成本+非付现成本抵税=1 000×(1-25%)-(600-100)×(1-25%)+100×25%=400（万元）。

或者：营业现金净流量=税后营业利润+非付现成本=(1 000-600)×(1-25%)+100=400（万元）。

2. 【答案解析】乙方案的初始现金流量=固定资产投资+营运资金垫支=-120 000-30 000=-150 000（元）。

3. 【答案解析】该设备的年折旧额=120 000÷5=24 000（元）。根据“营业现金流=营业收入×(1-所得税税率)-付现成本×(1-所得税税率)+折旧×税率”有：60 000×（1-25%）-20 000×（1-25%）+24 000×25%=36 000（元）。由此得知：营业现金流为36 000元。

知识点3：项目投资决策指标（一）非折现现金流量指标

一、单选题

1. 【正确答案】B

【答案解析】在采用平均报酬率这一指标进行决策时，应事先确定一个企业要求达到的平均报酬率，即必要平均报酬率。在只有一个备选方案的采纳与否决策中，高于必要平均报酬率的方案就采纳，低于必要平均报酬率的方案则拒绝。在多个投资方案的互斥选择决策中，应在平均报酬率高于必要报酬率的方案中选择最高者。因此，本题的正确答案为选项B。

2. 【正确答案】D

【答案解析】平均报酬率的概念易于理解，计算也比较简便，但是没有考虑资金的时间价值，将前期的现金流量等同于后期的现金流量。不过，平均报酬率考虑了投资项目整个寿命期内的现金流量，而不只是考虑初始投资前的现金流量，这一点较投资回收期更加合理。因此，本题的正确答案为选项D。

3. 【正确答案】D

【答案解析】在采用投资回收期这一指标进行决策时，应事先确定一个企业要求达到的投资回收期。在只有一个备选方案的采纳与否决策中，低于企业要求的投资回收期的方案就采纳，高于企业要求的投资回收期的方案则拒绝。在多个投资方案的互斥选择投资决策中，应在投资回收期低于企业要求的投资回收期的方案中选择最短者。因此，本题的正确答案为选项D。

二、多选题

1. 【正确答案】AC

【答案解析】非折现现金流量指标也称静态指标，是指不考虑货币时间价值的评价指标，具体包括平均报酬率和投资回收期。因此，本题的正确答案为选项AC。

2. 【正确答案】AB

【答案解析】投资回收期的优点是概念容易理解，计算也比较简便基。但其缺点是没有考虑资金的时间价值，也没有考虑初始投资收回后的现金流量状况。因此，本题的正确答案为选项AB。

三、判断题

1. 【正确答案】×

【答案解析】平均报酬率的概念没有考虑货币时间价值，将前期的现金流量等同于后期的现金流量。

2. 【正确答案】√

【答案解析】投资回收期的缺点是不仅没有考虑资金的时间价值，也没有考虑初始投资收回后的现金流量状况。

3. 【正确答案】√

【答案解析】平均报酬率的主要缺点是没有考虑货币的时间价值，第一年的现金流量与最后一年的现金流量被看成具有相同的价值。

4. 【正确答案】√

【答案解析】在采用平均报酬率这一指标进行决策时，应事先确定一个企业要求达到的平均报酬率，即必要平均报酬率。在只有一个备选方案的采纳与否决策中，高于必要平均报酬率的方案就采纳，低于必要平均报酬率的方案则拒绝。在多个投资方案的互斥选择决策中，应在平均报酬率高于必要报酬率的方案中选择最高者。

四、计算题

1. 【答案解析】A 设备的回收期=15 000÷4 000=3. 75（年）。

B 设备的回收期=25 000÷5 500=4. 55（年）。

由于 A 设备的投资回收期<B 设备的投资回收期，因此应该选择 A 设备。

2. 【答案解析】投资回收期=原始投资额÷每年现金净流量。每年现金净流量=4+6=10（万元）。原始投资额为 60 万元。投资回收期=60÷10=6（年）。

3. 【答案解析】该设备的年折旧额=120 000÷5=24 000（元）。根据“营业现金流=营业收入×(1−所得税税率)−付现成本×(1−所得税税率)+折旧×税率”有：60 000×(1−25%)−20 000×(1−25%)+24 000×25%=36 000（元）。平均报酬率=年平均现金流量÷初始投资额=36 000÷120 000=30%。

知识点 4：项目投资决策指标（二）折现现金流量指标

一、单选题

1. 【正确答案】D

【答案解析】内含报酬率又称内部报酬率，是使投资方案的净现值为零的折现率。内含报酬实际上反映了投资项目的真实报酬率。因此，本题的正确答案为选项 D。

2. 【正确答案】D

【答案解析】与非折现现金流量指标不同，折现现金流量指标是在充分考虑资金时间价值的基础上，对方案的优劣取舍进行判断。折现现金流量指标主要有净现值、获利指数和内含报酬率。在本题中，平均报酬率属于非折现现金流。因此，本题的正确答案为选项 D。

3. 【正确答案】A

【答案解析】内含报酬率又称内部报酬率，是使投资方案的净现值为零的折现率。内含报酬实际上反映了投资项目的真实报酬率。因此，本题的正确答案为选项 A。

4. 【正确答案】C

【答案解析】未来各年现金净流量的现值=15×(P/A,10%,8)=15×5. 334 9=80. 02(万元)。现值指数=80. 02÷70=1. 14。因此,本题的正确答案为选项 C。

5. 【正确答案】D

【答案解析】内含报酬率是净现值为零的折现率，根据题目条件说明内含报酬率在 13%~15%。因此，本题的正确答案为选项 D。

6.【正确答案】D

【答案解析】现值指数=未来现金净流量现值÷原始投资额现值=1+净现值÷原始投资额现值=1+25÷100=1.25。因此，本题的正确答案为选项D。

二、多选题

1.【正确答案】ABC

【答案解析】与非折现现金流量指标不同，折现现金流量指标是在充分考虑资金时间价值的基础上，对方案的优劣取舍进行判断。折现现金流量指标主要有净现值、获利指数和内含报酬率。因此，本题的正确答案为选项ABC。

2.【正确答案】AB

【答案解析】净现值考虑了资金的时间价值，并且能够真实反映投资方案的净收益，但是它作为一种绝对值指标，不便于比较不同规模投资方案的获利程度，不能揭示各投资方案的实际报酬率。因此，本题的正确答案为选项AB。

3.【正确答案】BC

【答案解析】计算净现值和现值指数需要先确定一个合适的资本成本作为折现率。计算内含收益率时不必事先估计资本成本，只是最后才需要合适的资本成本来判断项目是否可行。计算投资回收期也不需要事先估计资本成本。因此，本题的正确答案为选项BC。

4.【正确答案】ABC

【答案解析】用回收期指标评价方案时，投资回收期越短越好，属于反指标。因此，本题的正确答案为选项ABC。

三、判断题

1.【正确答案】×

【答案解析】获利指数法和净现值法在不同方案下有各自的优缺点，不能说明获利指数法优于净现值法。

2.【正确答案】√

【答案解析】现值指数法是净现值法的辅助方法，在各方案原始投资额现值相同时，实质上就是净现值法。对单个投资项目进行财务可行性评价时，净现值大于零、现值指数大于1，则项目可行；反之，则项目不可行。

3.【正确答案】√

【答案解析】净现值与贴现率呈现反方向变动。净现值越大贴现率越小，内含报酬率对应的净现值等于零，因此使投资方案净现值小于零的贴现率一定高于该投资方案的内含报酬率。

4.【正确答案】√

【答案解析】对相互独立的备选方案进行决策时，如果净现值率大于零，方案可行。

四、计算题

1.【答案解析】

（1）折旧=(450-50)÷8=50（万元）。

NCF=净利润+折旧=50+50=100（万元）。

NCF(0)=-450（万元）。

NCF(1~7)=100（万元）。

NCF(8)=100+50=150（万元）。

（2）*NPV*=-450+100×(*P/A*,10%,7)+150×(*P/F*,10%,8)=-450+100×4.868 4+150×0.466 5=-450+486.84+69.975=106.82（万元）。

（3）*PI*=556.82÷450=1.24。

2.【答案解析】

（1）年折旧=(500-50)÷5=90（万元）。

NCF(0)=-500-100=-600（万元）。

NCF(1~4)=(400-200)×(1-25%)+90×25%=172.5（万元）。

NCF(5)=172.5+50+100=322.5（万元）。

（2）*NPV*=322.5×(*P/F*,10%,5)+172.5×(*P/A*,10%,4)-600=322.5×0.620 9+172.5×3.169 9-600=147.05（万元）。

因为*NPV*>0，所以该项目值得投资。

3.【答案解析】

（1）年折旧=800×(1-5%)÷5=152（万元）。

NCF(0)=-800（万元）。

NCF(1~4)=(600-300)×(1-25%)+152×25%=263（万元）。

NCF(5)=263+40=303（万元）

（2）*NPV*=303×(*P/F*,10%,5)+263×(*P/A*,10%,4)-800=303×0.620 9+263×3.169 9-800=221.82（万元）。

因为*NPV*>0，所以该项目值得投资。

4.【答案解析】

（1）折旧=(550-50)÷5=100（万元）。

NCF(0)=-550（万元）。

NCF(1~4)=900×(1-25%)-600×(1-25%)+100×25%=250（万元）。

NCF(5)=250+50=300（万元）。

（2）*NPV*=300×(*P/F*,10%,5)+250×(*P/A*,10%,5)-550=300×0.620 9+250×3.790 8-550=186.27+792.46-550=428.74（万元）。

（3）*PI*=(净现值+原始投资现值)÷原始投资现值=(428.74+550)÷550=1.78。

（4）因为*NPV*>0，*PI*>1，所以方案可行。

知识点 5：项目投资决策指标的应用

一、单选题

1.【正确答案】A

【答案解析】独立投资是相容性投资，各个投资项目之间互不关联、互不影响、可以同时并存。甲项目和乙项目是互不相关的，且由于它们的投资总额并没有超过 100 万元，可以同时进行，所以是独立投资。因此，本题的正确答案为选项 A。

2.【正确答案】A

【答案解析】当两个固定资产投资方案为互斥选择时，应优先选择净现值大的方案。因此，本题的正确答案为选项 A。

3.【正确答案】B

【答案解析】该设备报废引起的预计现金净流量 = 报废时净残值 +（税法规定的净残值 - 报废时净残值）× 所得税税率 = 3 500 +（5 000 - 3 500）× 25% = 3 875（元）。因此，本题的正确答案为选项 B。

二、多选题

1.【正确答案】BC

【答案解析】独立方案排序依据的是内含收益率，乙项目内含收益率较高，选项 B 正确；互斥方案年限相同比较净现值，甲项目净现值较高，选项 C 正确。

2.【正确答案】BCD

【答案解析】净现值法能灵活地考虑投资风险。净现值法在所设定的贴现率中包含投资风险收益率要求，就能有效考虑投资风险。因此，选项 A 不正确。

3.【正确答案】AB

【答案解析】互斥投资方案的选优决策中，年金净流量全面反映了各方案的获利数额，是最佳的决策指标。独立方案排序分析时，以各方案的获利程度作为评价标准，一般采用内含收益率法进行比较决策。因此，本题的正确答案为选项 AB。

4.【正确答案】AC

【答案解析】对任何一个企业来说，资金都有一定限度，不可能接受所有可行性项目。资本限量决策是指企业在资本限定的情况下，如何通过投资项目的组合来获得最大收益的决策。在投资组合中应注意两个问题：一是某项投资组合不能超过资本限量，二是在投资组合中不能有互斥方案。因此，本题的正确答案为选项 AC。

三、判断题

1.【正确答案】×

【答案解析】如果购入的新设备性能提高，提高了企业的生产能力，那么这种设备重置就属于扩建重置。大部分以旧换新进行的设备重置都属于替换重置。

2.【正确答案】×

【答案解析】实务中对期限不等的互斥方案比较，无须换算寿命期限，直接按原始期限的年金净流量指标决策。

3.【正确答案】×

【答案解析】如果扩建重置方案对营业现金流入有影响也可以采用年金成本法，因为可以将其所增加或减少的营业现金流入作为现金流出量的递减或增加处理。

四、计算题

【答案解析】项目的净现值 $=1\,500\times(P/A,10\%,4)\times(P/F,10\%,1)-2\,500=1\,500\times3.169\,9\times0.909\,1-2\,500=1\,822.59$（万元）。

项目年金净流量 = 项目的净现值 ÷ 年金现值系数 $=1\,822.59\div3.790\,8=480.79$（万元）。

知识点6：证券投资管理

一、单选题

1.【正确答案】D

【答案解析】证券资产具有高风险性。证券资产是一种虚拟资产，决定了金融投资受公司风险和市场风险的双重影响，不仅发行证券资产的公司业绩影响着证券资产投资的收益率，资本市场的市场平均收益率变化也会给金融投资带来直接的市场风险。因此，本题的正确答案为选项D。

2.【正确答案】D

【答案解析】选项D的正确说法应该是提高资产的流动性，增强偿债能力。资产流动性强弱是影响企业财务状况安全性的主要因素。除现金等货币资产外，有价证券投资是企业流动性最强的资产，是企业速动资产的主要构成部分。在企业需要支付大量现金，而现有现金储备又不足时，可以通过变卖有价证券迅速取得大量现金，保证企业的及时支付。

3.【正确答案】C

【答案解析】证券资产的持有目的是多元的，既可能是为未来积累现金，即为未来变现而持有；也可能是为谋取资本利得，即为销售而持有；还有可能是为取得对其他企业的控制权而持有。因此，本题的正确答案为选项C。

4.【正确答案】D

【答案解析】债券价值指的是未来收到的利息和本金的现值和，一般来说，经常采用市场利率作为折现率。因此，本题的正确答案为选项D。

二、多选题

1. 【正确答案】BD

【答案解析】非系统性风险只对某一家公司产生影响，并不对所有公司产生影响。因此，本题的正确答案为选项 BD。

2. 【正确答案】ABCD

【答案解析】证券投资的目的有分散资金投向，降低投资风险；利用闲置资金，增加企业收益；稳定客户关系，保障生产经营；提高资产的流动性，增强偿债能力。因此，本题的正确答案为选项 ABCD。

3. 【正确答案】ABC

【答案解析】证券资产的特点有价值虚拟性、可分割性、持有目的多元性、强流动性、高风险性。因此，本题的正确答案为选项 ABC。

4. 【正确答案】ABD

【答案解析】如果公司未来各期发放的股利都相等，并且投资者准备永久持有，那么这种股票与优先股是相类似的。或者说，当固定成长模式中 $g=0$ 时，有：$V_S=D/R_S$。因此，本题的正确答案为选项 ABD。

5. 【正确答案】AD

【答案解析】从理论上说，如果股东不中途转让股票，股票投资没有到期日，投资于股票所得到的未来现金流量是各期的股利。因为本题中说的是在持有股票两年之后将股票出售，所以未来现金流量还要包括第 2 年年末股票的售价。因此，本题的正确答案为选项 AD。

6. 【正确答案】AD

【答案解析】对固定增长的股票而言，股票投资内部收益率由两部分构成：一部分是预期股利收益率 D_1/P_0，另一部分是股利增长率 g。因此，本题的正确答案为选项 AD。

7. 【正确答案】ABC

【答案解析】因为每年分配股利 3 元并假设可以持续且保持不变，所以是零增长股票，未来各年股利构成永续年金。股票的价值 $=3\div10\%=30$（元）。因此，本题的正确答案为选项 ABC。

8. 【正确答案】BCD

【答案解析】债券一般包含以下几个基本要素：债券面值、债券票面利率、债券到期日。因此，本题的正确答案为选项 BCD。

9. 【正确答案】CD

【答案解析】债券价值等于债券未来现金流入量按照最低投资收益率折现的结果。债券的内部收益率是按照当前市场价格购买债券并持有至到期日或转让日所产生的预期收益率，也就是债券投资项目的内含收益率。债券价格影响内部收益率，但不影响价值；最低投资收益率影响债券价值，但不影响内部收益率。票面利率和债券面值影响债券未来的现金流量，既影响债券价值又影响债券的内部收益率。因此，本题的正确答案为选项 CD。

三、判断题

1.【正确答案】×

【答案解析】证券资产是一种虚拟资产，决定了金融投资受公司风险和市场风险的双重影响，不仅发行证券资产的公司业绩影响着证券资产投资的报酬率，资本市场的市场平均报酬率变化也会给金融投资带来直接的市场风险。

2.【正确答案】×

【答案解析】证券资产是一种未来现金流量折现的资本化价值，取决于契约性权利所能带来的未来现金流量，不完全由实体资本的现实经营活动来决定。

3.【正确答案】√

【答案解析】非系统性风险是公司特有的风险，公司特有的风险是以违约风险、变现风险、破产风险等形式表现出来的。破产风险是指在证券发行者破产清算时投资者无法收回应得权益的可能性。

4.【正确答案】×

【答案解析】根据股票内在价值的计算公式可知，股票的内在价值包括两部分：一部分是在未来持有期间内预期将取得的股利收入的现值，另一部分是在将来卖出股票后取得的转让收入的现值。

5.【正确答案】√

【答案解析】优先股是特殊的股票，优先股股东每期在固定的时点上收到相等的股利，优先股没有到期日，未来的现金流量是一种永续年金，跟零增长股票相似，股票价值=股利÷贴现率。

6.【正确答案】×

【答案解析】股票的内在价值包括两部分：一部分是在未来持有期间内预期将取得的股利收入的现值，另一部分是在将来卖出股票后取得的转让收入的现值。

7.【正确答案】×

【答案解析】溢价债券的内部收益率低于票面利率，折价债券的内部收益率高于票面利率。

8.【正确答案】×

【答案解析】影响债券内在价值的因素主要有债券面值、债券票面利率、债券期限和所采用的贴现率等因素。债券的市场价格不影响债券内在价值。

9.【正确答案】√

【答案解析】投资者要求的收益率，即市场利率，是债券市场价值的折现率。折现率越高，债券价值越低，投资人要求的收益率大于票面利率时，债券市场价值低于债券面值，反之则相反。

四、计算题

1.【答案解析】股票的理论价格=预计股利÷(要求的收益率-股利增长率)=2÷(15%-5%)=20（元）。

2.【答案解析】股票的价值=0.5×(P/F,15%,1)+0.7×(P/F,15%,2)+1×(P/F,15%,3)+1×(1+8%)÷(15%-8%)×(P/F,15%,3)=0.5×0.869 6+0.7×0.756 1+1×0.657 5+1×(1+8%)÷(15%-8%)×0.657 5=11.77（元）。

3.【答案解析】根据资本资产定价模型可知，该股票的必要收益率=10%+1.3×(16%-10%)=17.8%。

根据股利固定增长的股票估价模型可知，该股票的内在价值=8×(1+6%)÷(17.8%-6%)=71.86（元）。

4.【答案解析】V=120×(P/A,10%,5)+1 000×(P/F,10%,5)=120×3.790 8+1 000×0.620 9=1 075.80(元)。

那么，债券的内在价值就是1 075.80元，当债券的价格低于1 075.80元时才值得投资。

第六章
营运资金管理

第一节 学习指导

一、本章结构

本章结构如图 6-1 所示。

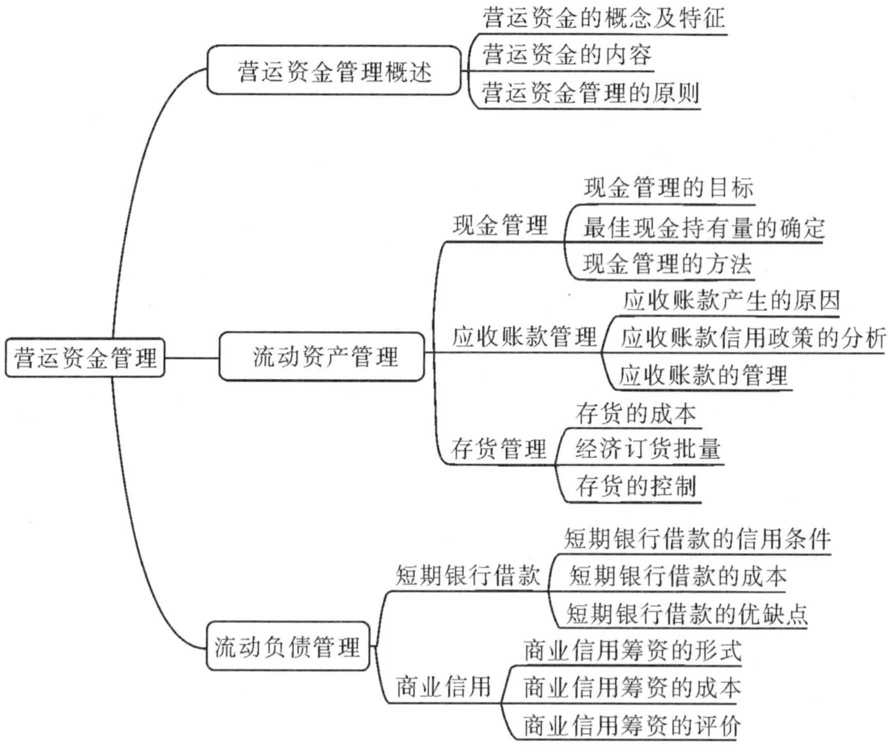

图 6-1 本章结构

二、学习目标和要求

1. 理解营运资金的有关概念
2. 理解营运资金的管理策略，包括营运资金持有政策和营运资金融资政策
3. 掌握各种流动资产的管理
4. 掌握各种流动负债的管理

三、本章重点难点

1. 营运资金

（1）营运资金从本质上包括了流动资产和流动负债的各个项目，体现了对企业短期性财务活动的概括。在数量上，营运资金又称营运资金净额或净营运资金，即企业流动资产减去流动负债的差额。

（2）营运资金的特点包括四个方面，分别是来源具有多样性、数量具有波动性、周转具有短期性、实物形态具有变动性和易变现性。

（3）营运资金的管理必须遵循以下几项原则：一是企业生产经营的正常性，二是企业流动资产占用的合理性，三是钱和物相兼顾。

2. 现金管理

（1）现金是可以立即投入流动的交换媒介。它的首要特点是普遍的可接受性，即可以有效地立即用来购买商品、货物、劳务或偿还债务。因此，现金是企业中流动性最强的资产。

（2）现金的持有动机包括交易性需要、预防性需要、投机性需要。

（3）持有现金通常会发生四种成本，即管理成本、机会成本、短缺成本以及转换成本。

（4）确定最佳现金持有量的方法包括成本分析法和存货模式分析法。

①成本分析法又称成本分析模式，是根据机会成本、管理成本、短缺成本三者的变动关系来确定总成本最低时现金持有量的一种方法。

②存货模式分析法是将存货经济进货批量模型原理运用于确定目标现金持有量的方法，其着眼点也是现金相关总成本最低。

这种模式下的最佳现金持有量，是持有现金的机会成本与证券变现的交易成本相等时的现金持有量。

利用存货模式确定最佳现金持有量的模型为：

最佳现金持有量（Q）$=\sqrt{2TF/K}$

最低现金管理相关总成本（TC）$=\sqrt{2TFK}$

（5）为了提高现金使用效率，可采用如下现金管理方法：

①力争现金流量同步。

②使用现金浮游量。

③加速收款。

④推迟应付账款的支付。

3. 应收账款管理

（1）应收账款是企业因对外赊销产品、材料、供应劳务等而应向购货方或接受劳务单位收取的款项。应收账款包括应收销售款、其他应收款、应收票据等。

（2）发生应收账款的原因主要有以下两种，即商业竞争、销售和收款的时间差距。

（3）应收账款的成本主要包括机会成本、坏账成本和管理成本。

①应收账款的机会成本是指企业的资金被应收账款占用而丧失的用它向其他项目进行投资而可能盈利的损失。

应收账款的机会成本=维持赊销业务所需资金×资本成本率

式中：

维持赊销业务所需资金=应收账款平均余额×变动成本率

应收账款平均余额=年销售额÷360×平均收账天数

=年赊销销售收入÷应收账款周转率

②应收账款的坏账成本是指应收账款不能收回而形成的所谓坏账给企业造成的损失。

③应收账款的管理成本就是因为进行应收账款管理所发生的费用。

（4）应收账款信用政策分析。应收账款信用政策是应收账款的管理政策，是企业为了对应收账款进行规划和控制而确定的基本原则与行为规范，包括信用标准、信用条件和收账政策。

①信用标准（也称5C标准）是指顾客获得本企业商业信用所应具备的条件，如客户达不到信用标准，企业将不给予信用优惠，或者只是给予较低的信用优惠。

企业在设定某一顾客的信用标准时，往往先要评估其赖账的可能性。这可以通过"5C"系统来进行。所谓"5C"系统，是评估顾客信用品质的五个方面，即品质（character）、能力（capacity）、资本（capital）、抵押（collateral）和条件（conditions）。

②信用条件是指企业对客户提出的付款要求，包括信用期限和现金折扣优惠条件。

③收账政策又称收账方针，是指当客户违反信用条件，拖欠甚至拒付账款时所采用的收款策略与措施。

（5）应收账款的管理。企业应收账款的日常管理应做好事前评估、事中控制和事后处理三个部分。

4. 存货管理

存货是指企业在日常生产经营过程中持有以备出售，或者仍然处在生产过程，或者在生产或提供劳务过程中将消耗的材料或物料等，包括各类材料、商品、在产品、半成品、产成品等，可以分为三大类：原材料存货、在产品存货和产成品存货。

（1）存货的成本包括三个部分，即取得成本、储存成本和缺货成本。

（2）经济订货批量。

①经济订货批量基本模型。所谓经济订货批量，是指在不考虑缺货成本的情况下，能够使一定时期存货的总成本达到最低点的进货数量。

经济订货批量基本模型如下：

经济订货批量（Q）$=\sqrt{2TF/C}$

存货相关总成本（TC）$=\sqrt{2TFC}$

②经济订货批量基本模型的扩展。

实行数量折扣：实行数量折扣的经济进货批量模式，存货相关总成本包括存货进价、相关进货费用、相关储存成本。其用数量关系式表示如下：

存货总成本=存货购置成本+变动性进货费用+变动性储存成本

再订货点：在提前订货的情况下，企业再次发出订单前仍有部分库存，此时的企业的存货库存量称为再订货点，一般用 R 表示，其数量等于交货时间（L）和日平均存货用量（d）的乘积。其用公式表示如下：

$$R=L\times d$$

保险储备量：按照经济订货批量和再订货点发出订单后，如果需求增加或送货延迟，则会发生缺货或供应中断，影响企业正常的生产经营。为了防止出现这种情况，企业需要多储备一些存货。这种防止意外而储备的存货，称为保险储备量。利用经济订货批量模型计算保险储备量时，一般不考虑机会成本，而主要考虑储存成本的增量。只要使缺货成本与储存成本之和最低，即可确定为最佳保险储备量。

存货的控制：存货控制是指在日常生产经营过程中，按照存货计划的要求，对存货的使用和周转情况进行的组织、调节和监督。存货的控制主要包括存货的归口分级控制、ABC 分类管理、存货质量控制、适时制（JIT）管理四种方法。

5. 短期银行借款

短期银行借款是指企业根据合同向商业银行借入的期限在一年以内的借款。按照国际惯例，短期银行借款往往附加一些信用条件，主要有信用额度、周转授信协议和补偿性余额等。银行借款成本用借款利率来表示。

（1）在贴现利率情况下，银行会在发放贷款的同时，先扣除贷款的贴现利息，而以贷款面值与贴现利息的差额贷给企业。

（2）附加利率是指即使是分期偿还贷款，银行通常也按贷款总额和名义利率来计算收取利息。

6. 商业信用

商业信用是指在商品交易过程中，由于延期付款和延期交货所形成的企业间债权债务关系，是企业间的直接信用行为。

（1）商业信用筹资的形式。利用商业信用筹资，具体形式主要有以下三种：

①应付账款。应付账款是在赊购商品过程中发生的由销货方提供给购货方的信用，是一种最常见的信用形式。

②应付票据。应付票据是一种期票，是由出票人出票，由承兑人允诺在一定时期内支付一定款项的书面证明。

③预收账款。预收账款是销货方在交货前向购货方预先收取部分或全部货款所发生的负债，这项负债要用以后的商品或劳务偿还，实际等于向购货方预借一笔款项。

（2）商业信用筹资的成本。在多数情况下，商业信用筹资不发生成本，即如果销货方不提供现金折扣，购货方在信用期限内任何时间付款都没有代价，这是免费信用。但如果销货方提供了现金折扣，购货方超过折扣期限付款，则是有代价的筹资，发生筹资成本。

放弃现金折扣的商业信用筹资的成本计算公式为：

$$放弃现金折扣的成本=\frac{折扣率}{1-折扣率}\times\frac{360}{信用期-折扣期}\times100\%$$

（3）商业信用筹资的评价。

商业信用筹资的优点：筹资方便、限制条件较少、筹资成本相对较低。

商业信用筹资的缺点：利用期限有限、过分利用会使企业承担过多的债务、放弃现金折扣、成本十分昂贵、如果拖欠还会发生损害信用的内在成本。

第二节　练习题

知识点 1：营运资金管理概述

一、单选题

1. 一般而言，营运资金是指（　　）。

A. 流动资产减去速动资产的余额　　B. 流动资产减去货币资金的余额

C. 流动资产减去流动负债的余额　　D. 流动资产减去存货后的余额

2. 在资产总额和筹资组合都保持不变的情况下，如果固定资产增加，则短期资产减少，而企业的风险（　　）。

A. 不变　　B. 增加

C. 减少　　D. 不确定

3. 下列关于营运资金的说法中，正确的是（　　）。

A. 营运资金越多的企业，流动比率越大

B. 营运资金越多，长期资本用于流动资产的金额越大

C. 营运资金增加，说明企业短期偿债能力提高

D. 营运资金越多的企业，短期偿债能力越强

4. 营运资金管理的目的是（　　）。

A. 保证足够的流动性

B. 保证足够的盈利性

C. 以上观点都不正确

D. 保证盈利性的前提下保证流动性需求

二、多选题

1. 下列选项中，属于自发性流动负债的有（　　）。

A. 短期银行借款　　B. 应付职工薪酬

C. 应交税费　　D. 商业信用

2. 下列关于营运资金的特点的说法中，正确的有（　　）。

A. 营运资金周转很慢，企业的日常经营很可能出现问题

B. 营运资金的需求问题既可以通过长期筹资也可以通过短期筹资来解决

C. 流动资产或流动负债很容易受到企业外部条件的影响，数量的波动较小，企业能够有效预测和控制

D. 流动负债在企业正常运转经营中周转循环时间较短

3. 营运资金的特点包括（　　）。

A. 多样化　　B. 波动小

C. 周转快　　D. 易变现

三、判断题

1. 营运资金具有多样性、波动性、短期性、变动性和不易变现性等特点。（　　）

2. 拥有大量现金的企业具有较强的偿债能力和承担风险的能力，因此企业应该尽量多持有现金。（　　）

3. 如果一个企业的短期资产比较多、短期负债比较少，说明短期偿债能力较弱。（　　）

知识点2：现金管理

一、单选题

1. 使用成本分析模式确定现金持有规模时，在最佳现金持有量下，现金的（　　）。

A. 机会成本与管理成本相等

B. 机会成本与短缺成本相等

C. 机会成本等于管理成本与短缺成本之和

D. 短缺成本等于机会成本与管理成本之和

2. 乙公司使用存货模型确定最佳现金持有量。根据有关资料分析，2021 年该公司全年现金需求量为 8 100 万元，每次现金转换的成本为 0.2 万元，持有现金的机会成本率为 10%。计算最佳现金持有量为（　　）万元。

A. 180　　B. 100

C. 800　　D. 0

3. 企业现金管理的目标应为（　　）。

A. 尽量减少现金开支

B. 将每项开支都纳入现金计划，使其受到严格控制

C. 在现金的流动性与收益能力之间做出抉择，以取得最多的长期利润

D. 追求现金的最大获利能力

4. 某公司根据现金持有量的存货模式确定的最佳现金持有量为 20 000 元，有价证券的年利率为 10%。在最佳现金持有量下，该公司与现金持有量相关的现金使用总成本为（　　）元。

A. 10 000　　B. 2 000

C. 20 000　　D. 4 000

5. 运用成本模型计算最佳现金持有量时，下列公式中，正确的是（　　）。

A. 最佳现金持有量下的现金相关成本＝min（管理成本+机会成本）

B. 最佳现金持有量下的现金相关成本＝min（机会成本+短缺成本）

C. 最佳现金持有量下的现金相关成本＝min（机会成本+转换成本）

D. 最佳现金持有量下的现金相关成本＝min（经营成本+短缺成本）

6. 下列关于现金的说法中，不正确的是（　　）。

A. 现金是指可以立即用来购买物品、支付各项费用或用来偿还债务的交换媒介或支付手段

B. 现金包括库存现金和银行活期及定期存款

C. 现金是流动资产中流动性最强的资产，既可以直接支用，也可以立即投入流通

D. 拥有现金较多的企业具有较强的偿债能力和承担风险的能力

二、多选题

1. 乙公司使用存货模型确定最佳现金持有量。根据有关资料分析，2021 年该公司全年现金需求量为 8 100 万元，每次现金转换的成本为 0.2 万元，持有现金的机会成本率为 10%。在最佳现金持有量的情形下，以下选项中，正确的有（　　）。

A. 最佳现金持有量下的现金转化次数＝8 100÷180＝45 次

B. 最佳现金持有量的现金交易成本＝45×0.2＝9 万元

C. 最佳现金持有量下的持有现金的机会成本 = 180÷2×10% = 9 万元

D. 最佳现金持有量下的相关总成本 = 9+9 = 18 万元

2. 运用成本模型确定企业最佳现金持有量时，现金持有量与持有成本之间的关系表现为（　　）。

A. 现金持有量越小，总成本越大

B. 现金持有量越大，机会成本越大

C. 现金持有量越小，短缺成本越大

D. 现金持有量越大，管理总成本越大

3. 在确定最佳现金持有量的存货模型中，需要考虑的相关现金成本有（　　）。

A. 机会成本　　B. 短缺成本

C. 管理成本　　D. 交易成本

三、判断题

1. 企业持有现金的动机包括交易动机、投机动机、预防动机。一笔现金余额只能服务于一个动机。（　　）

2. 利用成本模式确定最佳现金持有量，必须考虑机会成本、转换成本和短缺成本。（　　）

3. 当企业实际的现金余额与最佳的现金余额不一致时，可以采用短期筹资策略或投资于有价证券等策略来达到理想状况。（　　）

四、计算题

1. A 公司使用存货模型确定最佳现金持有量。根据有关资料分析，2021 年该公司全年现金需求量为 250 000 元，每次现金转换的成本为 500 元，持有现金的机会成本率为 10%。

要求：(1) 计算最佳现金持有量。

(2) 计算最佳现金持有量下的现金转换次数。

(3) 计算最佳现金持有量下的现金交易成本。

(4) 计算最佳现金持有量下的持有现金的机会成本。

(5) 计算最佳现金持有量下的相关总成本。

2. 某公司现金收支平稳，预计全年（按 360 天计算）现金需要量为360 000元，现金与有价证券的转换成本为每次 300 元，有价证券年均报酬率为 6%。

要求：（1）运用存货模型计算最佳现金持有量。

（2）计算最佳现金持有量下的最低现金管理相关总成本、全年现金交易成本和全年现金持有机会成本。

（3）计算最佳现金持有量下的全年有价证券交易次数和有价证券交易间隔期。

知识点 3：应收账款管理

一、单选题

1. 在采用 5C 评估法进行信用评估时，最重要的因素是（　　）。

A. 品德　　B. 能力

C. 资本　　D. 抵押品

2. 下列关于信用期限的选项中，正确的是（　　）。

A. 缩短信用期限，有利于销售收入的扩大

B. 信用期限越短，企业坏账风险越大

C. 信用期限越长，表明客户享受的信用条件越优越

D. 信用期限越短，应收账款的机会成本越高

3. 信用条件“2/10，N/30”表示（　　）。

A. 信用期限为 10 天，折扣期限为 30 天

B. 如果在开票后 10~30 天付款可享受 2%的折扣

C. 信用期限为 30 天，现金折扣为 20%

D. 如果在 10 天内付款，可享受 2%的现金折扣

4. 下列关于信用标准的选项中，不正确的是（　　）。

A. 信用标准是企业同意向顾客提供商业信用而提出的基本要求

B. 信用标准主要是规定企业只能对信誉很好、坏账损失率很低的顾客给予赊销

C. 如果企业的信用标准较严，则会减少坏账损失，减少应收账款的机会成本

D. 如果信用标准较宽，虽然会增加销售，但会相应增加坏账损失和应收账款的机会成本

5. 企业如果采用较积极的收账政策，可能会（　　）应收账款投资，（　　）坏账损失，（　　）收账成本。

A. 增加，增加，减少

B. 减少，减少，增加

C. 增加，减少，减少

D. 减少，增加，增加

6. 不适当地延长信用期限，会给企业带来的不良后果是（　　）。

A. 降低应收账款的机会成本

B. 引起坏账损失和收账费用的增加

C. 使得平均收账期缩短

D. 造成销售萎缩

二、多选题

1. 现金折扣是在顾客提前付款时给予的优惠，“2/10，N/30” 的含义包括（　　）。

A. 如果在发票开出 10 天内付款，可以享受 2%的折扣

B. 如果在发票开出 10 天内付款，可以享受 20%的折扣

C. 信用期限为 30 天，这笔货款必须在 30 天内付清

D. 信用期限为 10 天，这笔货款必须在 10 天内付清

2. 下列关于收账费用与坏账损失关系的选项中，正确的有（　　）。

A. 收账费用支出越多，坏账损失越少，两者成反比例的线性关系

B. 收账费用支出越多，坏账损失越少，但两者不一定存在线性关系

C. 在一定范围内，坏账损失随着收账费用的增加而明显减少，但当收款费用增加到一定限度后，坏账损失的减少就不再明显了

D. 在制定信用政策时，要权衡增加收款费用和减少坏账损失之间的得失

3. 下列关于应收账款的选项中，不正确的有（　　）。

A. 销售和收款的时间差距，是发生应收账款的主要原因

B. 商业竞争是发生应收账款的主要原因

C. 应收账款发生后，企业应采取各种措施，尽量提前收回款项

D. 制定应收账款的收账政策，要在收账费用和所减少的坏账损失之间进行权衡

4. 下列关于信用政策的选项中，正确的有（　　）。

A. 如果企业执行的信用标准过于严格，可能会限制公司的销售机会

B. 如果企业执行的信用标准过于宽松，可能会增加随后还款的风险并增加坏账费用

C. 公司的信用条件决定了其应收账款的水平

D. 企业现金折扣的确定，要与信用期间结合起来考虑

5. 信用条件是销货企业要求赊购客户支付货款的条件，其构成要素包括（　　）。

A. 信用期限

B. 信用标准

C. 现金折扣

D. 机会成本

6. 现金折扣是企业对顾客在商品价格上的扣减。向顾客提供这种价格上的优惠，可以达到的目的有（　　）。

A. 缩短企业的平均收款期　　B. 扩大销售量

C. 增加收益　　D. 减少成本

三、判断题

1. 应收账款管理的基本目标，就是尽量减少应收账款的数量，降低应收账款投资的成本。（　　）

2. 收账费用支出越多，坏账损失越少，两者是线性关系。（　　）

3. 赊销是扩大销售的有力手段之一，企业应尽可能放宽信用条件，增加赊销量。（　　）

四、计算题

1. 甲公司 2021 年度全年营业收入为 4 500 万元（全部为赊销收入），应收账款平均收现期为 60 天。甲公司产品的销售单价为 500 元/件，单位变动成本为 250 元/件，若将应收账款所占用的资金用于其他风险投资，可获得的收益率为 10%。2022 年，甲公司调整信用政策，全年销售收入（全部为赊销收入）预计增长 40%，应收账款平均余额预计为 840 万元（假定全年按照 360 天计算）。

要求：(1) 计算 2021 年应收账款平均余额。

(2) 计算 2021 年变动成本率。

(3) 计算 2021 年应收账款的机会成本。

(4) 计算 2022 年预计的应收账款的周转率和应收账款的周转天数。

2. 乙公司目前采用 30 天按发票金额付款的信用政策。为了扩大销售，乙公司拟改变现有的信用政策（2/10，1/20，N/30）。乙公司有关数据如表 6-1 所示。

表 6-1　乙公司有关数据

	原信用政策	新信用政策
信用政策	N/30	2/10，1/20，N/30
年销售量/件	72 000	79 200
年销售额（单价 5 元）/元	360 000	396 000
单位变动成本/元	4	4
可能发生的收账费用/元	3 000	2 850
可能发生的坏账损失/元	6 000	5 400
平均存货水平/件	10 000	11 000

如果采用新信用政策，估计会有 20% 的顾客（按销售量计算，下同）在 10 天

内付款、30%的顾客在20天内付款，其余的顾客在30天内付款。假设等风险投资的最低报酬率为10%，一年按360天计算。

要求：(1) 计算信用政策改变后的收益增加数。

(2) 计算原信用政策下应收账款占用资金应计利息数。

(3) 计算新信用政策下应收账款占用资金应计利息数。

(4) 计算改变信用政策后应收账款占用资金应计利息增加数。

(5) 计算改变信用政策后存货占用资金应计利息增加数。

(6) 计算改变信用政策后收账费用增加数。

(7) 计算改变信用政策后坏账损失增加数。

(8) 计算改变信用政策后现金折扣成本增加数。

(9) 计算改变信用政策后税前损益增加数。

(10) 根据以上计算结果，为该企业作出信用政策是否改变的决策。

知识点4：存货管理

一、单选题

1. 某公司的会计人员在分析公司仓库发生的相关费用时，发现公司发生了下列费用，一时弄不明白到底哪些是存货储存成本，下列选项中，不属于存货储存成本的是（　　）。

A. 存货仓储费用　　B. 存货破损和变质损失

C. 存货储备不足而造成的损失　　D. 存货占用资金的应计利息

2. 某公司管理层召开会议，决定对存货管理上的混乱现状加强管理，采用ABC控制法进行存货管理。作为具体执行人会计人员应该重点控制的存货类别是（　　）。

A. 品种较多的存货　　B. 数量较多的存货

C. 库存时间较长的存货　　D. 单位价值较大的存货

3. 某公司全年需用螺纹钢18 000吨，计划开工360天。该材料订货日至到货日的时间为5天，保险储备量为100吨。该材料的再订货点是（　　）吨。

A. 100　　B. 150

C. 250　　D. 350

4. 在交货期内，如果存货需求量增加或供应商交货时间延迟，就可能发生缺货。为此，企业应保持的最佳保险储备量是（　　）。

A. 使保险储备的订货成本与持有成本之和最低的存货量

B. 使缺货损失与保险储备的持有成本之和最低的存货量

C. 使保险储备的持有成本最低的存货量

D. 使缺货损失最低的存货量

二、多选题

1. 缺货成本包括（　　）。

A. 材料供应中断造成的停工损失

B. 产成品库存缺货造成的拖欠发货损失

C. 主观估计的商誉损失

D. 紧急额外购入成本

2. 根据存货经济订货量的基本模型，经济订货量是（　　）。

A. 能使订货总成本与储存总成本相等的订货批量

B. 能使订货变动成本与储存变动成本相等的订货批量

C. 能使订货总成本与储存总成本之和最小的订货批量

D. 能使订货变动成本与储存变动成本之和最小的订货批量

3. 企业存货如果采取适时制（JIT）管理，则下列选项中，正确的有（　　）。

A. 库存成本较低

B. 制造企业必须事先和供应商、客户协调好

C. 需要的是稳定而标准的生产程序以及与供应商的诚信

D. 供应商必须提前将企业生产所需要的原料或零件送来，避免企业缺货

三、判断题

1. 在交货期内，如果发生需求量增大或交货时间延误，就会发生缺货。为防止由此造成的损失，企业应有一定的保险储备。最佳的保险储备应该是使缺货损失达到最低。（　　）

2. 在进行存货规划时，安全储备的存在会影响经济订货批量的计算，同时会影响再订货点的确定。（　　）

3. 存货管理的目标是在保证生产和销售需要的前提下，最大限度地降低存货成本。（　　）

四、计算题

1. 甲公司是一家制造类企业，全年平均开工 250 天。为生产产品，甲公司全年需要购买 A 材料 250 000 件。该材料的进货价格为 150 元/件。甲公司每次订货需支

付运费、订单处理费等变动费用为 500 元，材料年储存成本为 10 元/件。A 材料平均交货时间为 4 天。甲公司 A 材料满足经济订货基本模型各项前提条件。

要求：(1) 利用经济订货基本模型，计算 A 材料的经济订货批量和全年订货次数。

(2) 计算按经济订货批量采购 A 材料的年存货相关总成本。

(3) 计算 A 材料每日平均需用量和再订货点。

2. 假设某公司年需要 A 材料 16 000 件，每次订货成本为 140 元，每件年储存成本为 7 元。该材料采购单价为 30 元/件。该公司一次订购在 2 000 件以上可获得 2% 的折扣，在 5 000 件以上可获得 3%的折扣。计算该公司经济订货批量。

知识点 5：流动负债管理

一、单选题

1. 某公司 2021 年取得为期 1 年的周转信贷额 2 000 万元，承诺费率为 0.4%。2021 年 1 月 1 日，该公司从银行借入 1 000 万元；7 月 1 日，该公司又从银行借入 600 万元。如果年利率为 4%，该公司 2021 年年末向银行支付的利息为（　　）万元。

A. 52　　B. 61.2

C. 68.5　　D. 54.8

2. 某公司向银行借款 100 万元，年利率为 8%，银行要求保留 12%的补偿性余额，则该借款的实际年利率为（　　）。

A. 6.67%　　B. 7.14%

C. 9.09%　　D. 11.04%

3. 下列关于银行短期借款的说法中，错误的是（　　）。

A. 银行资金充足，实力雄厚，能随时为企业提供比较多的短期贷款

B. 银行短期借款的限制条件比较多，会构成对企业的限制

C. 银行短期借款的弹性较差，借款期限太短

D. 银行短期借款的资本成本比较高

4. 下列关于商业信用的说法中，错误的是（　　）。

A. 商业信用产生于银行信用之后

B. 利用商业信用筹资，主要有赊购商品和预收货款两种形式

C. 企业利用商业信用筹资的限制条件较少

D. 商业信用属于一种自然性筹资，不用作非常正式的安排

5. 某公司以“2/20，N/50”的信用条件购进原料一批，购进之后第 60 天付款，则企业放弃现金折扣的机会成本为（　　）。

A. 24%　　B. 24.49%

C. 18.37%　　D. 18%

二、多选题

1. 按照国际通行做法，银行发放短期借款往往带有一些信用条件，主要有（　　）。

A. 周转授信协议　　B. 借款抵押

C. 信贷额度　　D. 补偿性余额

2. 下列关于短期银行借款的优缺点的说法中，正确的有（　　）。

A. 银行短期借款具有较好的弹性，可以根据需要增加或减少借款

B. 短期借款的资本成本较高

C. 向银行借款的限制较少

D. 与商业信用筹资相比，短期借款的资本成本较低

3. 甲企业给客户 A 的信用条件为“1.5/10，N/30”，则下列说法中，正确的有（　　）。

A. 折扣期限为 10 天，现金折扣率为 1.5%

B. 放弃现金折扣的成本为 25.12%

C. 客户 A 面临一项收益为 25%的投资机会，则 A 应放弃折扣

D. 信用期限为 30 天

4. 下列选项中，属于商业信用筹资形式的有（　　）。

A. 分期收款售货　　B. 赊购商品

C. 预付货款　　D. 预收货款

三、判断题

1. 企业是否给客户延长信用期限主要看延长信用期限增加的销售利润是否超过增加的成本费用。（　　）

2. 周转授信协议借款不具有法律约束力，不构成银行必须给企业提供贷款的法律责任，而信用额度借款具有法律约束力，银行要承担额度内的贷款义务。 (　　)

3. 信用额度是指商业银行和企业之间商定的在未来一段时间内银行必须向企业提供的无担保贷款。 (　　)

四、计算题

1. 丙商场季节性采购一批商品，供应商报价为1 000万元，付款条件为“3/10，2.5/30，N/90”。目前，丙商场资金紧张，预计到第90天才有资金用于支付，若要在90天内付款只能通过借款解决，银行借款年利率为6%。假定一年按360天计算。有关资料如表6-2所示。

表6-2　有关资料

付款日	折扣率	付款额/万元	折扣额/万元	放弃折扣的信用成本率	银行借款利息/万元	享受折扣的净收益/万元
第10天	3%	*	30	*	(A)	(B)
第30天	2.5%	*	(C)	(D)	*	15.25
第90天	0	1 000	0	0	0	0

注：*表示省略的数据。

要求：(1) 确定表中字母代表的数值（不需要列示计算过程）。
(2) 请做出选择，并说明理由。

2. 某公司现在要从甲、乙两家企业中选择一家作为供应商。甲企业的信用条件为“2/10，N/30”，乙企业的信用条件为“1/20，N/30”。请回答下列互不相关的问题：

(1) 假如选择甲企业作为供应商，该公司在10~30天有一投资机会，投资回报率为40%。该公司是否应在折扣期内归还甲公司的应付账款，以取得现金折扣?

(2) 如果该公司准备放弃现金折扣，那么应选择哪家供应商?

(3) 如果该公司准备享受现金折扣，那么应选择哪家供应商（假设仅从现金折扣成本的角度考虑）?

第三节　练习题参考答案

知识点 1：营运资金管理概述

一、单选题

1. 【正确答案】C

【答案解析】营运资金是指在企业生产经营活动中占用在流动资产上的资金。营运资金有广义和狭义之分。广义的营运资金是指一个企业流动资产的总额；狭义的营运资金是指流动资产减去流动负债后的余额。因此，本题的正确答案为选项 C。

2. 【正确答案】B

【答案解析】营运资金=流动资产-流动负债。流动资产减少，会引起营运资金减少，用流动资产偿还流动负债的能力减弱，因而风险增加。因此，本题的正确答案为选项 B。

3. 【正确答案】B

【答案解析】营运资金=流动资产-流动负债，是个绝对数；流动比率=流动资产÷流动负债，是个相对数。绝对数大的，相对数不一定大，因此选项 A 不正确。同理，绝对数不能代表偿债能力，因此选项 CD 不正确。

4. 【正确答案】D

【答案解析】营运资金管理的目的是保证盈利性的前提下保证流动性需求。

二、多选题

1. 【正确答案】BCD

【答案解析】短期银行借款属于临时性流动负债。因此，本题的正确答案为选项 BCD。

2. 【正确答案】ABD

【答案解析】流动资产或流动负债很容易受到企业外部条件的影响，数量的波动较大，企业必须能够有效预测和控制。因此，选项 C 不正确。

3. 【正确答案】ACD

【答案解析】营运资金的特点为周转快、易变现、常波动、多样化。流动资产或流动负债项目容易受到企业内外条件的影响，数量的波动往往很大，因此选项 B 错误。

三、判断题

1.【正确答案】×

【答案解析】营运资金具有周期快、易变现、常波动、多样性等特点。

2.【正确答案】×

【答案解析】企业拥有的现金会降低其盈利能力，因此并不是现金越多越好。

3.【正确答案】×

【答案解析】如果一个企业的短期资产比较多，短期负债比较少，说明短期偿债能力较强。

知识点 2：现金管理

一、单选题

1.【正确答案】B

【答案解析】企业持有的现金有三种成本：机会成本、管理成本和短缺成本。其中，管理成本是一种固定成本，因此使用成本分析模式确定现金持有规模时，不必考虑管理成本。随着现金持有量的增加，机会成本逐渐增加，短缺成本逐渐减少，两者数值相等时，两者之和最小，企业持有的现金成本最小，现金持有量为最佳。因此，本题的正确答案为选项 B。

2.【正确答案】A

【答案解析】最佳现金持有量 $=\sqrt{2\times 8\ 100\times 0.2\div 10\%}=180$（万元）。

3.【正确答案】C

【答案解析】企业现金管理的目标是在现金的流动性与收益能力之间取得权衡，既要满足生产经营的需要，又要使闲置资金的收益能力达到最大。因此，本题的正确答案为选项 C。

4.【正确答案】B

【答案解析】现金持有量的存货模式下，现金的使用总成本 = 固定转换成本 + 机会成本。达到最佳现金持有量时，机会成本 = 固定转换成本，即与现金持有量相关的现金使用总成本 = 2×机会成本。因此，本题与现金持有量相关的现金使用总成本 = $2\times(20\ 000\div 2)\times 10\%=2\ 000$（元）。

5.【正确答案】B

【答案解析】在成本模型下最佳现金持有量指的是机会成本、短缺成本之和最小的现金持有量。因此，本题的正确答案为选项 B。

6.【正确答案】B

【答案解析】现金是指企业占用在各种货币形态上的资产，包括库存现金、银行存款及其他货币资金。因此，本题的正确答案为选项 B。

二、多选题

1.【正确答案】ABCD

【答案解析】最佳现金持有量 = $\sqrt{2\times8\ 100\times0.2\div10\%}$ = 180 万元。现金转化次数 = 8 100÷180 = 45（次）。现金交易成本 = 45×0.2 = 9（万元）。最佳现金持有量下持有现金的机会成本 = 180÷2×10% = 9（万元）。最佳现金持有量下的相关总成本 = 9+9 = 18（万元）。因此，本题的正确答案为选项 ABCD。

2.【正确答案】BC

【答案解析】成本模型考虑的现金持有成本，包括机会成本、管理成本和短缺成本。一般认为，管理成本是一种固定成本，在一定范围内和现金持有量之间没有明显的比例关系。因此，选项 D 不正确。由成本分析模型可知，如果减少现金持有量，则增加短缺成本；如果增加现金持有量，则增加机会成本。因此，选项 BC 正确，选项 A 不正确。

3.【正确答案】AD

【答案解析】存货模型中的相关现金成本包括机会成本和交易成本。因此，本题的正确答案为选项 AD。

三、判断题

1.【正确答案】×

【答案解析】一笔现金余额可能服务于多个动机，如为了投资资金不足而留存的资金也可以用于预防性需要。

2.【正确答案】×

【答案解析】利用成本模式确定最佳现金持有量时，只考虑因持有一定量的现金而产生的机会成本及短缺成本，而不考虑管理费用和转换成本

3.【正确答案】√

【答案解析】当企业实际的现金余额与最佳的现金余额不一致时，可以采用短期筹资策略或投资于有价证券等策略来达到理想状况。

四、计算题

1.【答案解析】（1）最佳现金持有量 = $\sqrt{\dfrac{2\times250\ 000\times500}{10\%}}$ = 50 000（元）。

（2）最佳现金持有量下的现金转换次数 = 250 000÷50 000 = 5（次）。

（3）最佳现金持有量下的现金交易成本 = 5×500 = 2 500（元）。

（4）最佳现金持有量下的持有现金的机会成本 = 50 000÷2×10% = 2 500（元）。

（5）最佳现金持有量下的相关总成本 = $\sqrt{2\times250\ 000\times500\times10\%}$ = 5 000（元）。

或者：

最佳现金持有量下的相关总成本 = 50 000×10% = 5 000（元）。

2.【答案解析】

（1）最佳现金持有量 = $\sqrt{2\times360\ 000\times300\div6\%}$ = 60 000（元）。

（2）最低现金管理相关总成本 = 60 000÷2×6% + 360 000÷60 000×300 = 3 600（元）。

全年现金交易成本 = 360 000÷60 000×300 = 1 800（元）。

全年持有现金机会成本 = 60 000÷2×6% = 1 800（元）。

（3）有价证券交易次数 = 360 000÷60 000 = 6（次）。

有价证券交易间隔期 = 360÷6 = 60（天）。

知识点3：应收账款管理

一、单选题

1.【正确答案】A

【答案解析】品德是指顾客愿意履行其付款义务的可能性。顾客是否愿意尽自己最大努力来归还货款，直接决定着账款的回收速度和数量。在信用评估中，品德因素是最重要的因素。因此，本题的正确答案为选项A。

2.【正确答案】C

【答案解析】信用期限的缩短将使销售收入降低，发生坏账的可能性减少，机会成本降低。因此，本题的正确答案为选项C。

3.【正确答案】D

【答案解析】信用条件“2/10，N/30”表示10天内付款享受2%的现金折扣，10天之后30天内付款没有折扣。因此，本题的正确答案为选项D。

4.【正确答案】B

【答案解析】信用标准是客户获得商业信用应具备的条件，通常以预期坏账损失率来表示。企业并不是对信誉很好、坏账损失率很低的顾客给予赊销，而是对达到信用条件的客户给予赊销。因此，本题的正确答案为选项B。

5.【正确答案】B

【答案解析】企业如果采用较积极的收账政策，可能会减少应收账款投资，减少坏账损失，但会增加收账成本。因此，本题的正确答案为选项B。

6.【正确答案】B

【答案解析】不适当地延长信用期限，会给企业带来的不良后果主要包括收账费用增加、坏账损失增多、平均收账期延长、增加应收账款机会成本。因此，本题的正确答案为选项B。

二、多选题

1.【正确答案】AC

【答案解析】现金折扣条件"2/10，N/30"表示信用期是30天，10天内付款享受2%的折扣，30天内付款没有折扣。因此，本题的正确答案为选项AC。

2.【正确答案】BCD

【答案解析】收账费用支出越多，坏账损失越少，但这两者并不一定存在线性关系。通常情况是，开始时支出一些收账费用，应收账款和坏账损失有小部分降低；随着收账费用增加，应收账款和坏账损失明显减少；收账费用达到某一限度以后，应收账款和坏账损失的减少就不明显了。企业在制定信用政策时，应权衡增加收账费用与减少应收账款机会成本和坏账损失之间的得失。因此，本题的正确答案为选项BCD。

3.【正确答案】AC

【答案解析】发生应收账款的主要原因是商业竞争，选项A不正确；应收账款发生后，企业应采取各种措施，尽量按期收回款项，选项C不正确。

4.【正确答案】ABD

【答案解析】信用标准代表公司愿意承担的最大的付款风险的金额。如果企业执行的信用标准过于严格，可能会降低对符合可接受信用风险标准客户的赊销额，因此会限制公司的销售机会。如果企业执行的信用标准过于宽松，可能会对不符合可接受信用风险标准的客户提供赊销，因此会增加随后还款的风险并增加坏账费用，因此选项AB正确。公司的信用条件、销售额和收账方式决定了其应收账款的水平，因此选项C不正确。企业采用什么样的现金折扣，要与信用期间结合起来考虑，因此选项D正确。

5.【正确答案】AC

【答案解析】信用条件是企业接受客户信用订单时在对客户等级进行评价的基础上提出的付款要求，主要包括信用期限、折扣期限和现金折扣。因此，本题的正确答案为选项AC。

6.【正确答案】ABC

【答案解析】现金折扣是企业对顾客在商品价格上的扣减。向顾客提供这种价格上的优惠，主要目的在于吸引顾客为享受优惠而提前付款，缩短企业的平均收款期。另外，现金折扣也能招揽一些视折扣为减价出售的顾客前来购货，借此增大销售量。一般销售量增大可以增加收益，因此选项ABC正确。

三、判断题

1.【正确答案】×

【答案解析】应收账款管理的基本目标是在充分发挥应收账款功能的基础上，

降低应收账款投资的成本，使提供商业信用、扩大销售所增加的收益大于相关的各项费用。

2.【正确答案】×

【答案解析】收账费用支出越多，坏账损失越少，但这两者并不一定存在线性关系。

3.【正确答案】×

【答案解析】信用条件过宽，虽然会增加赊销量，但同时也增加了收账成本，导致了坏账的增加。

四、计算题

1.【答案解析】（1）2021 年应收账款平均余额＝4 500×60÷360＝750（万元）。

（2）2021 年变动成本率＝250÷500＝50%。

（3）2021 年应收账款的机会成本＝750×50%×10%＝37.5（万元）。

（4）2022 年预计的应收账款的周转率＝4 500×(1+40%）÷840＝7.5（次）。

2022 年应收账款周转天数＝360÷7.5＝48（天）。

2.【答案解析】（1）收益增加＝（79 200－72 000)×(5－4）＝7 200（元）。

（2）原信用政策下应收账款占用资金应计利息＝360 000÷360×30×4÷5×10%＝2 400（元）。

（3）新信用政策下：

平均收现期＝10×20%+20×30%+30×50%＝23（天）。

应收账款占用资金应计利息＝396 000÷360×23×4÷5×10%＝2 024（元）。

（4）改变信用政策后应收账款占用资金应计利息增加＝2 024－2 400＝－376（元）。

（5）改变信用政策后存货占用资金应计利息增加＝(11 000－10 000)×4×10%＝400（元）。

（6）改变信用政策后收账费用增加＝2 850－3 000＝－150（元）。

（7）改变信用政策后坏账损失增加＝5 400－6 000＝－600（元）。

（8）改变信用政策后现金折扣成本增加＝396 000×20%×2%+396 000×30%×1%＝2 772（元）。

（9）改变信用政策后税前损益的增加＝7 200－(－376)－400－(－150)－(－600)－2 772＝5 154（元）。

（10）由于改变信用政策后增加了企业的税前损益，因此企业应该采用新信用政策。

知识点 4：存货管理

一、单选题

1.【正确答案】C

【答案解析】储存成本是指为持有存货而发生的全部成本，包括仓库费用、搬运费用、保险费用、存货占用资金支付的利息、存货破损和变质损失等。因此，本题的正确答案为选项 C。

2.【正确答案】D

【答案解析】ABC 控制法就是把企业种类繁多的存货，依据其重要程度、价值大小或资金占用等标准分为三大类：A 类高价值存货，品种数量占整个存货的 5%~20%，但价值占全部存货的 60%~80%；B 类中等价值存货，品种数量占全部存货的 20%~30%，价值占全部存货的 15%~30%；C 类低价值存货，品种数量最多，占整个存货的 60%~70%，价值占全部存货的 5%~15%。针对不同类别的存货分别采用不同的管理方法，A 类存货应作为管理的重点，实行重点控制、严格管理；对 B 类和 C 类存货的重视程度则可依次降低，实行一般管理。因此，本题的正确答案为选项 D。

3.【正确答案】D

【答案解析】再订货点＝预计交货期内的需求＋保险储备。预计交货期内的需求＝18 000÷360×5＝250（吨），因此再订货点＝250＋100＝350（吨）。

4.【正确答案】B

【答案解析】在交货期内，如果发生需求量增大或交货时间延误，就会发生缺货。为防止由此造成的损失，企业应有一定的保险储备。保险储备的量取决于存货中断的概率和存货中断的损失。较高的保险储备可以降低缺货损失，但也增加了存货的持有成本。因此，最佳的保险储备应该是使缺货损失和保险储备的持有成本之和降到最低。因此，本题的正确答案为选项 B。

二、多选题

1.【正确答案】ABCD

【答案解析】缺货成本是指由于存货供应中断而造成的损失，包括材料供应中断造成的停工损失、产成品库存缺货造成的拖欠发货损失和丧失销售机会的损失（还应包括主观估计的商誉损失）。如果生产企业以紧急采购代用材料解决库存材料中断之急，那么缺货成本表现为紧急额外购入成本（紧急额外购入的开支会大于正常采购的开支）。因此，本题的正确答案为选项 ABCD。

2.【正确答案】BCD

【答案解析】经济订货量是能使订货变动成本与储存变动成本相等的订货批量。

因此，本题的正确答案为选项 BCD。

3.【正确答案】ABC

【答案解析】适时制管理下，只有当制造企业在生产过程中需要原料或零件时，供应商才会将原料或零件送来。因此，本题的正确答案为选项 ABC。

三、判断题

1.【正确答案】×

【答案解析】较高的保险储备可以降低缺货损失，但也增加了存货的储存成本。因此，最佳的保险储备应该是使缺货损失和保险储备的储存成本之和达到最低。

2.【正确答案】×

【答案解析】经济订货批量是指在不考虑缺货成本的情况下，能够使一定时期存货的总成本达到最低的进货数量。因此，安全储备的存在不会影响经济订货批量的计算，但是会影响再订货点的确定。

3.【正确答案】√

【答案解析】存货管理的目标，就是在保证生产和销售经营需要的前提下，最大限度地降低存货成本。

四、计算题

1.【答案解析】（1）A 材料的经济订货批量 $=\sqrt{2\times250\ 000\times500\div10}=5\ 000$（件）。

全年订货次数 $=250\ 000\div5\ 000=50$（次）。

（2）采购 A 材料的年存货相关总成本 $=\sqrt{2\times250\ 000\times500\times10}=50\ 000$（元）。

（3）A 材料每日平均需用量 $=250\ 000\div250=1\ 000$（件）。

再订货点 $=1\ 000\times4=4\ 000$（件）。

2.【答案解析】经济订货批量 $=\sqrt{\dfrac{2\times16\ 000\times140}{7}}=800$（件）。

每次进货 800 件时：

$TC=16\ 000\times30+16\ 000\div800\times140+800\div2\times7=485\ 600$（元）。

每次进货 2 000 件时：

$TC=16\ 000\times30\times98\%+16\ 000\div2\ 000\times140+2\ 000\div2\times7=478\ 520$（元）。

每次进货 5 000 件时：

$TC=16\ 000\times30\times97\%+16\ 000\div5\ 000\times140+5\ 000\div2\times7=483\ 548$（元）。

经济订货批量应为 2 000 件。

知识点5：流动负债管理

一、单选题

1. 【正确答案】D

【答案解析】利息＝1 000×4%+600×4%×6÷12＝52（万元）。因此，本题的正确答案为选项D。

2. 【正确答案】C

【答案解析】借款的实际年利率＝100×8%÷［100×(1−12%)］＝9.09%。因此，本题的正确答案为选项C。

3. 【正确答案】C

【答案解析】银行短期借款的借款数额及借款时间弹性较大，可以在资金需要增加时借入，在资金需要减少时还款，便于企业灵活安排资金。因此，选项C错误。

4. 【正确答案】A

【答案解析】商业信用是由商品交易中钱与货在时间上的分离而产生的。它产生于银行信用之前，但银行信用出现之后，商业信用依然存在。因此，选项A错误。

5. 【正确答案】C

【答案解析】本题考查商业信用。放弃现金折扣的机会成本＝［2%÷（1−2%）］×［360÷(60−20)］×100%＝18.37%。

二、多选题

1. 【正确答案】ACD

【答案解析】按照国际惯例，短期银行借款往往附加一些信用条件，主要有信贷额度、周转授信协议和补偿性余额等。因此，本题的正确答案为选项ACD。

2. 【正确答案】AB

【答案解析】短期银行借款的优点如下：第一，银行资金充足、实力雄厚，能随时为企业提供较多的短期贷款。第二，企业取得借款的条件和手续较简便，筹资效率较高。第三，借款数额及借款时间弹性较大，可在资金需要增加时借入，在资金需要减少时还款，便于企业灵活安排资金。短期银行借款的缺点如下：第一，资金成本较高。采用短期银行借款成本比较高，不仅不能与商业信用相比，与短期融资券相比成本也高出许多。第二，限制较多。第三，筹资风险大，实际利率高，在存在补偿性余额和附加利率的情况下更是如此。因此，本题的正确答案为选项AB。

3. 【正确答案】AD

【答案解析】“1.5/10，N/30”的意思是：给予客户30天的信用期限，客户若能在10日内付款，便可以得到1.5%的现金折扣，否则只能全额支付账款。因此，选项AD正确。放弃现金折扣的成本=1.5%÷(1-1.5%)×360÷(30-10)=27.41%，选项B不正确。客户A面临一项收益为25%的投资机会，小于折扣成本27.41%，应该享受折扣而放弃投资，选项C不正确。

4.【正确答案】BD

【答案解析】商业信用是指商品交易中以延期付款或预收货款方式进行购销活动而形成的企业之间的借贷关系。其表现形式有应付账款、应付票据和预收账款。赊购商品通过应付账款处理。因此，本题的正确答案为选项BD。

三、判断题

1.【正确答案】√

【答案解析】企业是否给客户延长信用期限主要看延长信用期限增加的销售利润是否超过增加的成本费用。

2.【正确答案】×

【答案解析】信用额度借款不具有法律约束力，不构成银行必须给企业提供贷款的法律责任，而周转授信协议借款具有法律约束力，银行要履行额度内的贷款义务。

3.【正确答案】×

【答案解析】信用额度是借款人与银行之间的非正式协议中关于借款人最高借款额度的规定。在非正式协议下，银行并不承担按最高借款额度保证借款的法律义务。

四、计算题

1.【答案解析】(1) A=1 000×(1-3%)×6%÷360×(90-10) = 12.93（万元）。

B=1 000×3%-12.93=17.07（万元）。

C=1 000×2.5%=25（万元）。

D=［2.5%÷（1-2.5%）]×[360÷(90-30)]=15.38%。

(2) 应当选择在第10天付款。

理由：在第10天付款，享受折扣净收益为17.07万元；在第30天付款，享受折扣净收益为15.25万元；在第90天付款，享受折扣净收益为0。企业应当选择享受折扣净收益最大的，因此应在第10天付款。

2.【答案解析】(1) 放弃现金折扣的成本=2%÷(1-2%)×360÷(30-10)×100%=36.73%。

由于运用这笔资金可以实现40%的回报率，大于放弃现金折扣的成本36.73%，因此企业应该放弃现金折扣，选择在第30天付款。

(2) 放弃甲企业现金折扣的成本=36.73%。

放弃乙企业现金折扣的成本=1%÷(1-1%)×360÷(30-20)=36.36%<36.73%。

因此，如果公司准备放弃现金折扣，应该选择乙企业作为供应商。

（3）享受现金折扣时，放弃现金折扣的成本为“收益率”。收益率越大越好。根据第（2）问的计算结果可知，如果该公司准备享受现金折扣，应选择甲作为供应商。

第七章
利润分配管理

第一节　学习指导

一、本章结构

本章结构如图 7-1 所示。

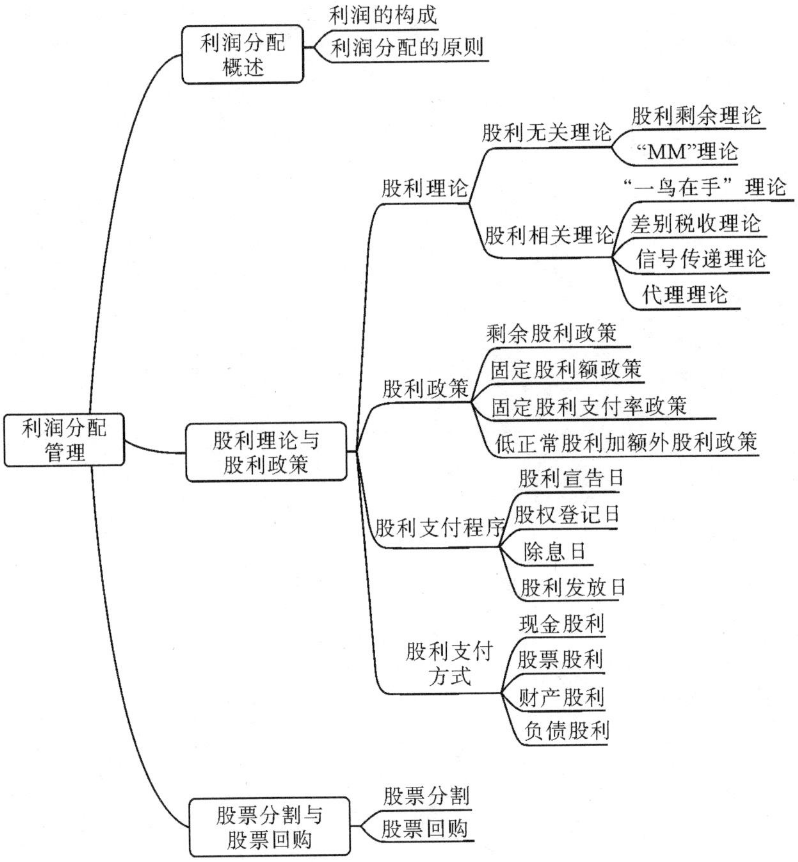

图 7-1　本章结构

二、学习目标和要求

1. 了解利润的构成
2. 掌握股利政策的基本理论
3. 理解股利分配政策的选择与评价
4. 掌握股票分割和股票回购

三、本章重点难点

1. 利润的构成

企业的利润主要由营业利润、投资净收益和营业外收支净额构成。其计算公式如下：

利润总额=营业利润+投资净收益+营业外收支净额

其中：

营业利润=主营业务利润+其他业务利润-销售费用-管理费用-财务费用

投资净收益=投资收益-投资损失

营业外收支净额=营业外收入-营业外支出

2. 利润分配的原则

利润分配是指企业将实现的经营成果按照法律规定的要求，向投资者进行分配的过程。企业税后净利润的分配是处理企业所有者和经营者等之间的利益关系的重要方面。为充分发挥利润分配的重要作用，企业在利润分配过程中必须遵循依法分配原则、资本保全原则、兼顾各方面利益原则、分配与积累并重原则、投资与收益对等原则。

3. 股利理论

（1）股利无关理论认为，公司股利政策不会对公司股票价格产生任何影响。股份公司的股利发放多少，不会影响股东对公司的态度，因此不会影响股票价格。具体来说，股利无关理论主要有以下两种理论：股利剩余理论和MM理论。股利剩余理论是指公司生产经营所获得的净收益首先应满足公司的资金需要，如果还有剩余，则派发股利；如果没有剩余，则不派发股利。MM理论认为，公司市场价值的高低是由公司选择的投资政策的好坏所决定的。在完善的资本市场条件下，股利政策不会影响股票的价格或公司的价值。

（2）股利相关理论认为，股利发放数额直接影响股东对公司的态度，从而影响公司的股票价格。公司应从股东的愿望出发考虑股利分配政策，而不仅仅根据公司投资机会和收益做出决策。

①“一鸟在手”理论认为，股票的投资收益包括股利收入和资本利得两个部分。在一般情况下，由于大部分投资者属于风险厌恶型，因此他们更倾向于获得股利这一相对稳定的收入。

②差别税收理论认为，由于股利收入的所得税税率高于资本利得的所得税税率，因此资本利得对股东更有利。

③信号传递理论认为，公司分配股利这一行为实际上是向投资者传达公司收益情况的信息。在信息不对称的情况下，公司通过股利政策向市场传递有关公司未来获利能力的信息，从而影响公司的股价。

④代理理论认为，股东与公司的管理者之间存在利益的冲突，当公司的所有权与经营权分离后，股东的目标是实现财富最大化，千方百计要求经营者以最大的努力去实现这一目标，但经营管理者通常会偏离这一目标。

4. 股利政策

在实际工作中，通常有下列几种股利发放政策可供选择：

（1）剩余股利政策是指在公司有着良好的投资机会时，根据一定的目标资本结构，将税后净利润首先用于满足投资所需的权益资本，然后将剩余的净利润再用于股利分配。

（2）固定股利额政策又称稳定的股利政策，即不论公司当年经济状况如何，也不论公司经营状况好坏，每期均按照预先规定的固定的每股股利额支付给股东的政策。

（3）固定股利支付率政策是指公司每期股利支付率保持不变，按照固定的股利支付率来支付股利，各年度发放的股利额随着公司收益的变动而变动，公司发生亏损时则不发放股利。

（4）低正常股利加额外股利政策是指公司一般情况下每年只支付一个固定的、数额较低的股利，在盈余较多的年份或不需要较多留存收益的年份，再根据实际情况向股东增加发放额外的股利。

5. 股利支付程序

股份制企业的股利支付程序是指股份公司向股东支付股利的过程，主要内容有股利宣告日、股权登记日、除息日和股利发放日。

6. 股利支付方式

股份制企业股利支付的方式一般包括现金股利、股票股利、财产股利和负债股利等。

7. 股票分割

股票分割是指将面额较高的股票转换成面额较低的股票的行为。股票分割不属于某种股利方式，但其所产生的效果与发放股票股利近似。股票分割一般只会增加发行在外的股票总数，但不会对公司的资本结构产生任何影响。股票股利虽然不会引起股东权益总额的改变，但股东权益的内部结构会发生变化，而在股票分割之后，股东权益总额及其内部结构都不会发生任何变化，变化的只是股票面值。对公司来讲，采取股票分割的措施主要有降低股票价格、向市场和投资者传递有利的信号等作用。

8. 股票回购

股票回购是指上市公司出资将其发行在外的普通股以一定价格购买回来予以注销或作为库存股的一种资本运作方式。公司在股票回购完成后可以将所回购的股票注销。在一般情况下，公司进行股票回购主要通过以下四种方式进行：公开市场回购、要约回购、协议回购和转换回购。公司采取股票回购的方式的最终目的是增加公司的价值。

第二节　练习题

知识点 1：利润的构成及利润分配的原则

一、单选题

1. 公司净利润的分配内容有：①弥补以前年度亏损；②提取法定公积金；③提取任意公积金；④向投资者分配股利（利润）。根据《中华人民共和国公司法》及相关法律制度的规定，其分配顺序是（　　）。

A. ①②③④　　B. ①②④③

C. ②①④③　　D. ④③②①

2. 某工业企业 2021 年度营业利润为 2 520 万元，主营业务收入为 4 000 万元，财务费用为 10 万元，营业外收入为 60 万元，营业外支出为 50 万元，企业所得税税率为 25%。假定不考虑其他因素，该企业 2021 年度的净利润应为（　　）万元。

A. 1 494　　B. 1 897. 5

C. 1 505. 6　　D. 4 132. 5

3. 下列关于利润分配的选项中，错误的有（　　）。

A. 企业的利润分配必须以资本的保全为前提

B. 企业当年无盈利，原则上不得分配股利

C. 企业当年有盈利，即可进行股利分配

D. 以企业的资本金进行的分配，属于一种清算行为，而不是利润的分配

4. “谁投资谁受益”所体现的分配原则是（　　）。

A. 依法分配原则　　B. 兼顾各方面利益原则

C. 分配与积累并重原则　　D. 投资与收益对等原则

二、多选题

1. 下列选项中，构成企业的利润总额的有（　　）。

A. 营业利润　　B. 投资净收益

C. 营业外收支　　D. 所得税费用

2. 下列选项中，影响企业利润总额的有（　　）。

A. 资产减值损失　　B. 公允价值变动损益

C. 所得税费用　　D. 营业外支出

3. 下列选项中，影响营业利润的项目有（　　）。

A. 营业外支出　　B. 其他业务利润

C. 管理费用　　D. 财务费用

4. 企业的收益分配应当遵循的原则包括（　　）。

A. 投资与收益对等原则　　B. 资本保全原则

C. 依法分配原则　　D. 分配与积累并重原则

三、判断题

1. 以企业的资本金进行的分配，属于一种利润分配行为。（　　）

2. 企业在利润分配中，只需考虑企业投资者的利益。（　　）

3. 企业必须在有可供分配留存收益的情况下进行利润分配。（　　）

知识点 2：股利理论

一、单选题

1. 下列各项股利分配理论中，认为企业应当采取高股利支付率政策的是（　　）。

A. 股利无关论　　B.“一鸟在手”理论

C. 所得税差异理论　　D. 信号传递理论

2. 某企业在选择股利政策时，以代理成本和外部融资成本之和最小化为标准。该企业所依据的股利理论是（　　）。

A.“一鸟在手”理论　　B. 信号传递理论

C. 差别税收理论　　D. 代理理论

3. 下列选项中，属于“一鸟在手”股利分配理论观点的是（　　）。

A. 股利政策相当于是协调股东与管理者之间代理关系的一种约束机制

B. 用留存收益再投资带给投资者的收益具有很大的不确定性

C. 公司可以通过股利政策向市场传递有关公司未来盈利能力的信息

D. 股利政策不对公司的价值产生影响

4. 下列选项中，不属于股利剩余理论的假设条件的是（　　）。

A. 投资者可自由、平等、无代价地获得公司信息

B. 不存在公司企业所得税与个人所得税

C. 不存在证券交易成本

D. 股东偏好于获得股利收入而不是获得资本增值

二、多选题

1. 下列股利理论中，属于股利相关理论的是（　　）。

A. “一鸟在手”理论　　B. MM 理论

C. 信号传递理论　　D. 差别税收理论

2. 下列选项中，属于股利相关理论的有（　　）。

A. “一鸟在手”理论　　B. 代理理论

C. 信号传递理论　　D. 差别税收理论

3. 下列选项中，认为企业的股利政策会影响到股票价格和公司价值的观点包括（　　）。

A. “一鸟在手”理论　　B. 信号传递理论

C. 代理理论　　D. 差别税收理论

三、判断题

1. 代理理论认为，高支付率的股利政策有助于降低企业的代理成本，但同时也会增加企业的外部融资成本。（　　）

2. 股利相关理论认为，股利发放多少不会影响公司的股票价格高低。（　　）

3. 差别税收理论认为，越少发放股利越好。（　　）

4. “一鸟在手”理论认为，企业应实行低股利分配率的股利政策。（　　）

5. “一鸟在手”理论是一种股利无关理论。（　　）

6. 在现实生活中，股利无关理论的相关假设是不存在的。（　　）

知识点 3：股利政策

一、单选题

1. 在利润分配中，主要考虑了未来投资机会的影响的股利分配政策是（　　）。

A. 剩余股利政策　　B. 固定股利政策

C. 固定股利支付率政策　　D. 低正常股利加额外股利政策

2. 在下列选项中，通常适合采用剩余股利政策的是（　　）。

A. 收益显著增长的公司　　B. 收益相对稳定的公司

C. 财务风险较高的公司　　D. 投资机会较多的公司

3. 上市公司按照剩余股利政策发放股利的好处是（　　）。

A. 有利于投资者安排收入与支出　　B. 有利于公司合理安排资金结构

C. 有利于公司稳定股票的市场价格　　D. 有利于公司树立良好的形象

4. 公司采用固定股利政策发放的好处主要表现为（　　）。

A. 降低资金成本　　B. 实现资本保全

C. 提高支付能力　　D. 维持股价稳定

5. 按照剩余股利政策，假定某公司的最佳资本结构是权益资金为 60%，债务资金为 40%。该公司下一年计划投资 1 000 万元，本年的净利润为 900 万元，法定盈余公积的计提比例为 10%，那么本年应该留存的利润是（　　）万元。

A. 540　　B. 510

C. 690　　D. 600

6. 一般而言，适用于采用固定股利政策的公司是（　　）。

A. 处于初创阶段的公司

B. 经营比较稳定的公司

C. 盈利水平波动较大的公司

D. 处于稳定发展阶段的公司

7. 在下列股利分配政策中，能保持股利与收益之间一定的比例关系，并体现多盈多分、少盈少分、无盈不分原则的是（　　）。

A. 剩余股利政策　　B. 固定或稳定股利政策

C. 固定股利支付率政策　　D. 低正常股利加额外股利政策

8. 下列选项中，属于固定股利支付率政策优点的是（　　）。

A. 股利分配有较大灵活性　　B. 有利于稳定公司的股价

C. 股利与公司盈余紧密配合　　D. 有利于树立公司的良好形象

9. 某有限公司的盈利水平具有随着经济周期而波动较大的特点，其适用的股利分配政策为（　　）。

A. 剩余股利政策　　B. 固定股利额政策

C. 固定股利支付率政策　　D. 低正常股利加额外股利政策

二、多选题

1. 在实际工作中，企业通常可以选择的股利发放政策有（　　）。

A. 剩余股利政策　　B. 固定股利额政策

C. 固定股利支付率政策　　D. 低正常股利加额外股利政策

2. 剩余股利政策的缺点在于（　　）。

A. 不利于投资者安排收入与支出　　B. 不利于公司树立良好的形象

C. 公司财务压力较大　　D. 不利于目标资本结构的保持

3. 下列关于固定股利支付率政策的说法中，正确的有（　　）。

A. 体现了多盈多分、少盈少分、无盈不分的股利分配原则

B. 从企业支付能力的角度看，这是一种不稳定的股利政策

C. 比较适用于那些处于稳定发展阶段且财务状况也比较稳定的公司

D. 该政策下，能够保持股利与利润间的一定比例关系

4. 下列关于固定股利支付率政策的缺点的说法中，正确的有（　　）。
   A. 容易给投资者传递一个公司经营不稳定的信号
   B. 容易造成公司信用地位下降、股票价格下跌
   C. 容易动摇股东对企业的投资信心
   D. 不利于公司的市场形象与股票价格的维护。

5. 下列关于低正常股利加额外股利政策的说法中，正确的是（　　）。
   A. 采用该政策的优点是给予了公司较大的灵活性
   B. 当公司盈利不佳时，则可以不必支付额外股利
   C. 额外股利与盈利水平有关，而且时多时少，给人不稳定的感觉
   D. 通过支付额外股利，公司向投资者传递公司盈利的状况

三、判断题

1. 剩余股利政策能保持最佳的资本结构，使企业价值长期最大化，其依据是股利相关理论。（　　）

2. 固定股利支付率政策可以给企业较大的财务弹性。（　　）

3. 相对来说，对那些盈利水平随着经济周期波动较大的公司，低正常股利加额外股利政策也许是一种不错的选择。（　　）

4. 剩余股利政策体现了风险投资与风险收益对等的原则。（　　）

知识点 4：影响股利政策的因素、股利支付程序和支付方式

一、单选题

1. （　　）要求公司不能用原始投资额发放股利。
   A. 资本保全约束　　B. 偿债能力约束
   C. 资本积累约束　　D. 超额累积利润约束

2. 基于（　　）考虑，公司的股利政策应保持一定的稳定性和连续性。
   A. 资本成本　　B. 投资需求
   C. 盈利的稳定性　　D. 股利政策的惯性

3. 投资者有权领取本期股利的股东资格登记的截止日期是（　　）。
   A. 除息日　　B. 股权登记日
   C. 股利宣告日　　D. 股利发放日

4. 在（　　）的股票交易，其交易价格会下降。
   A. 股利宣告日　　B. 股权登记日
   C. 除息日　　D. 股利支付日

5. 领取股利的权利与股票相分离的日期是（　　）。
   A. 股利宣告日　　B. 股权登记日
   C. 除息日　　D. 股利支付日

6. 如果上市公司以其应付票据作为股利支付给股东，则这种股利的支付方式称为（　　）。

A. 现金股利　　B. 股票股利

C. 财产股利　　D. 负债股利

7. 对公司而言，不会导致公司股东权益减少的股利支付方式是（　　）。

A. 现金股利　　B. 财产股利

C. 负债股利　　D. 股票股利

二、多选题

1. 纵观国内外的相关法规，对股利分配的要求主要体现在（　　）等方面。

A. 资本保全约束　　B. 偿债能力约束

C. 资本积累约束　　D. 超额累积利润约束

2. 某上市公司于2021年4月10日公布2020年度的分红方案。其公告如下："2021年4月9日在北京召开的股东大会，通过了董事会关于每股分派0.15元的2020年股息分配方案。股权登记日为4月25日，除息日为4月26日，股东可在5月10日至25日通过深圳交易所按交易方式领取股息。特此公告。"下列说法中，正确的有（　　）。

A. 4月26日之前购买的股票才能领取本次股利

B. 5月10日之前购买的股票都可以领取本次股利

C. 5月25日之前购买的股票都可以领取本次股利

D. 能够领取本次股利的股东必须在4月25日之前（包含4月25日）登记

3. 股份有限公司股利支付的程序包括（　　）。

A. 除息日　　B. 股权登记日

C. 股利宣告日　　D. 股利支付日

4. 在确定企业的利润分配政策时，应当考虑各种相关因素的影响，其中法律因素的相关要求主要体现在（　　）。

A. 资本保全约束　　B. 偿债能力约束

C. 资本积累约束　　D. 避税

5. 在决定公司收益分配政策时，通常考虑的股东因素有（　　）。

A. 筹资成本　　B. 稳定的收入

C. 防止公司控制权旁落　　D. 投资机会

6. 目前，在我国公司实务中很少使用的股利支付形式包括（　　）。

A. 现金股利　　B. 财产股利

C. 负债股利　　D. 股票股利

三、判断题

1. 在除息日购入公司股票的投资者不能享有已宣布发放的股利。（ ）

2. 在股利支付程序中，除息日是指领取股利的权利与股票分离的日期，在除息日购买股票的股东有权参与当次股利的分配。（ ）

3. 股权登记日是股票的所有权和领取股息的权利分离的日期。（ ）

4. 只有在股利支付日前在公司股东名册上有名的股东，才有权分享股利。（ ）

5. 以发行公司债券的方式支付股利属于支付财产股利。（ ）

6. 发放股票股利可以促进公司股票的交易和流通。（ ）

7. 只要公司有足够的现金，就可以采用现金股利形式发放股利。（ ）

8. 股票股利不会引起公司资产的流出或负债的增加，但会引起股东权益总额的变化。（ ）

9. 股份有限公司支付股利的形式只有现金股利和股票股利两种。（ ）

知识点 5：股票分割与股票回购

一、单选题

1. 下列关于股票分割的表述中，不正确的是（ ）。

A. 改善企业资本结构　　B. 使公司每股市价降低

C. 有助于提高投资者对公司的信心　　D. 股票面值变小

2. 下列关于股票分割和股票股利的共同点的说法中，不正确的是（ ）。

A. 均可以促进股票的流通和交易

B. 均有助于提高投资者对公司的信心

C. 均会改变股东权益内部结构

D. 均对防止公司被恶意收购有重要的意义

3. 下列关于发放股票股利和股票分割的说法中，不正确的是（ ）。

A. 都不会对公司股东权益总额产生影响

B. 都会导致股数增加

C. 都会导致每股面额降低

D. 都可以达到降低股价的目的

4. 下列选项中，会导致流通在外的普通股股数增加，但不改变公司资本结构的是（ ）。

A. 支付现金股利　　B. 增发普通股

C. 股票分割　　D. 股票回购

5. 下列关于股票回购方式的说法中，正确的是（　　）。

A. 公司在股票的公开交易市场上按照高出股票当前市场价格的价格回购

B. 公司在股票的公开交易市场上按照公司股票当前市场价格回购

C. 公司在特定期间向市场发出以低于股票当前市场价格的某一价格回购既定数量股票的要约

D. 公司以协议价格向所有股东回购股票

6. 下列选项中，不属于股票回购对上市公司影响的是（　　）。

A. 容易导致资产流动性降低，影响公司的后续发展

B. 在一定程度上巩固了对债权人利益的保障

C. 可能损害公司的根本利益

D. 容易加剧公司行为的非规范化，使投资者蒙受损失

7. 下列选项中，不属于股票回购动机的是（　　）。

A. 改变企业资本结构　　B. 基于控制权的考虑

C. 降低股价，吸引更多的投资人　　D. 现金股利的替代

8. 下列选项中，不属于股票回购方式的是（　　）。

A. 现金回购　　B. 协议回购

C. 公开市场回购　　D. 要约回购

二、多选题

1. 下列有关股票分割的表述中，不正确的有（　　）。

A. 股票分割的结果会使股数增加、股东权益增加

B. 股票分割的结果会使股东权益各账户的余额发生变化

C. 股票分割会使每股收益和每股市价降低

D. 股票分割不影响股票每股面值

2. 在净利润和市盈率不变的情况下，公司实行股票分割导致的结果有（　　）。

A. 每股收益减少　　B. 每股面额不变

C. 每股市价提高　　D. 每股净资产降低

3. 股票分割对股东的意义包括（　　）。

A. 股票分割后，只要每股现金股利的下降幅度小于股票分割幅度，股东仍能多获得现金股利

B. 股票分割向社会传递有利消息，降低了股价反而促使购买股票的人增加，股价上扬，进而增加股东财富

C. 降低股价，传递有利消息，吸引更多的投资者

D. 传递继续发展的消息

4. 股票股利和股票分割均会使（　　）。

A. 股价下降　　B. 股东权益总额减少

C. 普通股股数增加　　D. 每股收益下降

5. 按照《中华人民共和国公司法》的规定，在下列情形中，可以进行股票回购的有（　　）。

A. 减少公司注册资本

B. 与持有本公司股份的其他公司合并

C. 将股份奖励给本公司职工

D. 股东因对股东大会作出的合并、分立决议持异议，要求公司收购其股份

6. 在一般情况下，公司进行股票回购主要通过（　　）进行。

A. 公开市场回购　　B. 要约回购

C. 协议回购　　D. 转换回购

三、判断题

1. 股票分割不仅有利于促进股票流通和交易，而且有助于提高投资者对公司股票的信心。（　　）

2. 股票分割会使股票的每股市价下降，可以提高股票的流动性。（　　）

3. 股票分割是指将多股股票合并为一股股票的行为，会提高股票的流通性。（　　）

4. 在其他条件不变的情况下，股票分割会使发行在外的股票总数增加，进而降低公司的资产负债率。（　　）

5. 上市公司可以随意回购本公司的股份。（　　）

6. 股票回购使流通在外的股份数变少，增加被收购的风险。（　　）

7. 股票回购会改变公司的资本结构，而股票分割后股东权益总额及其内部结构都不会发生任何变化。（　　）

第三节　练习题参考答案

知识点 1：利润的构成和利润分配的原则

一、单选题

1. 【正确答案】A

【答案解析】根据《中华人民共和国公司法》及相关法律制度的规定，公司净利润的分配应按照下列顺序进行：第一，弥补以前年度亏损；第二，提取法定公积金；第三，提取任意公积金；第四，向股东（投资者）分配股利（利润）。因此，本题的正确答案为选项 A。

2. 【正确答案】B

【答案解析】企业 2021 年度的净利润 =（营业利润 + 营业外收入 − 营业外支出）×（1 − 所得税税率）=（2 520 + 60 − 50）×（1 − 25%）= 1 897.5（万元）。

3. 【正确答案】C

【答案解析】公司即便有盈利，若有亏损还须先对亏损进行弥补。因此，本题的正确答案为选项 C。

4. 【正确答案】D

【答案解析】企业的收益分配必须要遵循投资与收益对等的原则，即企业在进行收益分配时应当要体现谁投资谁收益、收益的多少与投资比例高低相适应的原则。投资与收益对等原则是正确处理投资者利益关系的关键。因此，本题的正确答案为选项 D。

二、多选题

1. 【正确答案】ABC

【答案解析】企业的利润主要由营业利润、投资净收益和营业外收支净额构成。其计算公式为：利润总额 = 营业利润 + 投资净收益 + 营业外收支净额。因此，本题的正确答案为选项 ABC。

2. 【正确答案】ABD

【答案解析】所得税费用不影响利润总额，它影响的是净利润。因此，本题的正确答案为选项 ABD。

3. 【正确答案】BCD

【答案解析】营业利润 = 主营业务利润 + 其他业务利润 − 销售费用 − 管理费用 − 财务费用。因此，本题的正确答案为选项 BCD。

4. 【正确答案】ABCD

【答案解析】企业利润分配所应遵循的主要原则有依法分配原则、资本保全原则、兼顾各方面利益原则、分配与积累并重原则、投资与收益对等原则。因此，本题的正确答案为选项 ABCD。

三、判断题

1. 【正确答案】×

【答案解析】以企业的资本金进行的分配，属于一种清算行为，而不是利润的分配。

2. 【正确答案】×

【答案解析】企业在利润分配中，必须兼顾国家、企业投资者、经营者和职工等各方的利益。

3. 【正确答案】√

【答案解析】这符合利润分配的资本保全原则的要求。

知识点 2：股利理论

一、单选题

1. 【正确答案】B

【答案解析】投资者愿意以较高的价格购买能够支付较多股利的股票。他们认为，未来的资本利得比现在的现金股利具有更高的风险。“一鸟在手”理论认为，公司支付现金股利，就可以消除投资者的不确定感，从而更有利于提高股价。因此，公司应尽可能多支付现金股利，才能使企业的价值最大化。因此，本题的正确答案为选项 B。

2. 【正确答案】D

【答案解析】代理理论认为，股利政策可以作为协调股东与管理者之间代理关系的一种约束机制。股利政策对管理者的约束主要体现在两个方面：第一，当企业存在大量自由现金时，通过现金股利的发放，可以减少留在管理者手中的现金，约束过度投资；第二，由于股利的发放而使得公司减少了内部融资，导致公司进入资本市场寻求外部融资，使公司可以经常接受资本市场的有效监督，减少了代理成本，但同时也增加了企业的外部融资成本。最优的股利政策应该是使得两种成本之和最小化。因此，本题的正确答案为选项 D。

3. 【正确答案】B

【答案解析】选项 A 是代理理论的观点，选项 C 是信号传递理论的观点，选项 D 是股利无关理论的观点。因此，本题的正确答案为选项 B。

4. 【正确答案】D

【答案解析】股利剩余理论是站在公司筹资角度分析的，它没有考虑股东的特殊要求。这种理论存在以下几种假设条件：第一，不存在企业所得税与个人所得税；第二，不存在证券交易成本，交易不需费用；第三，股利政策对公司资金成本无影响；第四，投资者可自由、平等、无代价地获得公司信息；第五，投资机会对所有投资者平等。因此，本题的正确答案为选项 D。

二、多选题

1. 【正确答案】ACD

【答案解析】股利相关理论具体包括“一鸟在手”理论、信号传递理论、差别税收理论和代理理论。因此，本题的正确答案为选项 ACD。

2. 【正确答案】ABCD

【答案解析】股利相关理论具体包括“一鸟在手”理论、信号传递理论、差别税收理论和代理理论。因此，本题的正确答案为选项ABCD。

3.【正确答案】ABCD

【答案解析】股利相关理论认为，企业的股利政策会影响股票价格。其主要观点包括“一鸟在手”理论、信号传递理论、差别税收理论和代理理论。因此，本题的正确答案为选项ABCD。

三、判断题

1.【正确答案】√

【答案解析】代理理论认为，高水平的股利政策降低了企业的代理成本，但同时增加了外部融资成本，理想的股利政策应当使两种成本之和最小。

2.【正确答案】×

【答案解析】股利相关理论认为，股利发放数额直接影响股东对公司的态度，从而影响公司的股票价格。

3.【正确答案】√

【答案解析】差别税收理论认为，由于股利收入的所得税税率高于资本利得的所得税税率，则资本利得对股东更有利。投资者未来避免缴纳较高税率的股利所得税，往往喜欢公司少支付股利而将较多的留存收益留在公司用于再投资，以期待提高股票的价值，把股利转化为资本利得。

4.【正确答案】×

【答案解析】“一鸟在手”理论认为，由于大部分投资者是属于风险厌恶型的，因此他们更倾向于获得股利这一相对稳定的收入。也就是说，投资者愿意以较高的价格购买能够支付较多股利的股票。

5.【正确答案】×

【答案解析】“一鸟在手”理论是股利相关理论。

6.【正确答案】√

【答案解析】股利无关理论是在完美资本市场的一系列假设下提出的。

知识点3：股利政策

一、单选题

1.【正确答案】A

【答案解析】剩余股利政策是指在公司有着良好的投资机会时，根据一定的目标资本结构，将税后净利润首先用于满足投资所需的权益资本，然后将剩余的净利润再用于股利分配。因此，本题的正确答案为选项A。

2.【正确答案】D

【答案解析】剩余股利政策是指在公司有着良好的投资机会时，根据一定的目标资本结构，将税后净利润首先用于满足投资所需的权益资本，然后将剩余的净利润再用于股利分配。因此，本题的正确答案为选项 D。

3.【正确答案】B

【答案解析】实行剩余股利政策的优点在于能够为公司保持比较理想的资本结构，使综合平均资本成本最低，即达到最优的资本结构，从而实现企业价值的长期最大化这一目标。在负债比率较高、利息负担及财务风险较大的情况下，实行剩余股利政策能满足投资规模扩大对资金需求增加的需要，可以减少从外部融资的交易成本。因此，本题的正确答案为选项 B。

4.【正确答案】B

【答案解析】采用固定股利政策的优点是可以向市场传递公司在任何情况下都经营正常的信息，有利于为公司树立良好的形象，增强投资者对公司的投资信心，稳定股票的价格。因此，本题的正确答案为选项 B。

5.【正确答案】D

【答案解析】需要留存的利润 = 1 000×60% = 600（万元）。

6.【正确答案】B

【答案解析】通常适合采用固定股利政策的是经营比较稳定的公司。因此，本题的正确答案为选项 B。

7.【正确答案】C

【答案解析】能保持股利与收益之间一定的比例关系，并体现多盈多分、少盈少分、无盈不分原则的是固定股利支付率政策。因此，本题的正确答案为选项 C。

8.【正确答案】C

【答案解析】固定股利支付率政策是指公司将每年净利润的某一固定百分比作为股利分派给股东，股利与公司盈余紧密配合。因此，本题的正确答案为选项 C。

9.【正确答案】D

【答案解析】相对来说，对那些盈利随着经济周期而波动较大的公司或盈利与现金流量很不稳定时，低正常股利加额外股利政策也许是一种不错的选择。因此，本题的正确答案为选项 D。

二、多选题

1.【正确答案】ABCD

【答案解析】在实际工作中，企业通常可以选择的股利发放政策有剩余股利政策、固定股利额政策、固定股利支付率政策和低正常股利加额外股利政策。因此，本题的正确答案为选项 ABCD。

2.【正确答案】AB

【答案解析】剩余股利政策的缺点在于每年的股利发放额随投资机会和盈利水平的波动而波动，不利于投资者安排收入与支出，也不利于公司树立良好的形象。剩余股利政策有利于企业目标资本结构的保持。公司财务压力较大是固定股利支付率政策的缺点。因此，本题的正确答案为选项 AB。

3.【正确答案】ACD

【答案解析】采用固定股利支付率政策，公司每年按固定的比例从税后利润中支付现金股利，从企业支付能力的角度看，这是一种稳定的股利政策。因此，本题的正确答案为选项 ACD。

4.【正确答案】ABCD

【答案解析】固定股利支付率政策的缺点是容易给投资者传递一个公司经营不稳定的信号，容易造成公司信用地位下降、股票价格下跌与股东信心动摇的局面，不利于公司的市场形象与股票价格的维护。因此，本题的正确答案为选项 ABCD。

5.【正确答案】ABCD

【答案解析】低正常股利加额外股利政策的优点是给予了公司较大的灵活性，当公司盈利状况良好、资金充实时，可以多支付额外股利；当公司盈利不佳时，可以不必支付额外股利。采用该政策还可以维护投资者对企业的投资信心，对稳定股票价格起到一定的积极作用。其缺点是股利的发放仍然不稳定。额外股利与盈利水平有关，而且时多时少，给人不稳定的感觉。此外，由于公司支付的股利低于正常股利，可能会失去一部分以股利收入为主的股东。因此，本题的正确答案为选项ABCD。

三、判断题

1.【正确答案】×

【答案解析】剩余股利政策下，留存收益优先保证再投资的需要，从而能保持最佳的资本结构，使企业价值长期最大化。剩余股利政策的理论依据是股利无关理论。

2.【正确答案】×

【答案解析】低正常股利加额外股利政策的一个优点是赋予公司较大的灵活性，使公司在股利发放上留有余地，并具有较大的财务弹性。固定股利支付率政策容易使公司面临较大的财务压力。

3.【正确答案】√

【答案解析】低正常股利加额外股利政策存在一个缺点，即当公司在较长时期持续发放额外股利后，可能会被股东误认为是“正常股利”，而一旦取消了这部分额外股利，传递出去的信号可能会使股东认为这是公司财务状况恶化的表现，进而可能会引起公司股价下跌的不良后果。因此，相对来说，对那些盈利水平随着经济周期波动较大的公司或盈利与现金流量很不稳定时，低正常股利加额外股利政策也许是一种不错的选择。

4.【正确答案】×

【答案解析】固定股利支付率政策体现了风险投资与风险收益对等的原则。

知识点 4：影响股利政策的因素、股利支付程序和支付方式

一、单选题

1. 【正确答案】A

【答案解析】资本保全是指公司不能因支付股利而减少资本总额，即公司股利的发放不能侵蚀资本，也就是说公司不能用原始投资额发放股利。我国法律规定，公司资本公积的用途只能是转增资本，不能发放股利。因此，本题的正确答案为选项 A。

2. 【正确答案】D

【答案解析】股利政策的重大调整，一方面会给投资者带来企业经营不稳定的印象，从而导致股票价格下跌；另一方面，股利收入是部分股东生产和消费的主要来源，其一般不愿持有股利大幅波动的股票。因此，公司的股利政策要保持一定的稳定性和连续性。因此，本题的正确答案为选项 D。

3. 【正确答案】B

【答案解析】股权登记日是指有权领取本期股利的股东资格登记的截止日期。凡是在此指定日期收盘之前取得公司股票，成为公司在册股东的投资者都可以作为股东享受公司本期分派的股利。在这一天之后取得股票的股东则无权领取本次分派的股利。因此，本题的正确答案为选项 B。

4. 【正确答案】C

【答案分析】在除息日之前购买的股票，股利的享有权附在股票上，购买者可以领取本次发放的股利。但在除息日当天或之后购买的股票，股利与股票分离，股利属股权登记日登记在册的股东所有，股票价格是扣除股利后的除权价格，购买者不能领取本次股利。在不考虑股市波动的情况下，在除息日当天，公司股票的市价将会下跌，每股股价的跌幅一般约等于每股发放的股利。因此，本题的正确答案为选项 C。

5. 【正确答案】C

【答案分析】在除息日之前购买的股票，股利的享有权附在股票上，购买者可以领取本次发放的股利。但在除息日当天或之后购买的股票，股利与股票分离，股利属股权登记日登记在册的股东所有，股票价格是扣除股利后的除权价格，购买者不能领取本次股利。因此，本题的正确答案为选项 C。

6. 【正确答案】D

【答案解析】负债股利是以负债方式支付的股利，通常以公司的应付票据支付给股东，有时也以发行公司债券的方式支付股利。因此，本题的正确答案为选项 D。

7. 【正确答案】D

【答案解析】股票股利对公司来说，并没有现金流出企业，也不会导致公司的

股东权益减少，而只是将公司的未分配利润转化为股本和资本公积。因此，本题的正确答案为选项 D。

二、多选题

1.【正确答案】ABCD

【答案解析】纵观国内外的相关法规，对股利分配的要求主要体现在资本保全约束、偿债能力约束、资本积累约束、超额累积利润约束等几个方面。因此，本题的正确答案为选项 ABCD。

2.【正确答案】AD

【答案解析】除息日之前购买的股票才能领取本次股利，本题中除息日为 4 月 26 日，4 月 26 日之前购买的股票才能领取本次股利，选项 A 正确。股权登记日是有权领取本次股利的股东资格登记截止日期，能够领取本次股利的股东必须在 4 月 25 日之前（包含 4 月 25 日）登记，选项 D 正确。

3.【正确答案】ABCD

【答案解析】股份有限公司向股东支付股利，其过程主要经历除权日、股利宣告日、股权登记日和股利支付日。因此，本题的正确答案为选项 ABCD。

4.【正确答案】ABC

【答案解析】为了保护债权人和股东的利益，法律法规就公司的利润分配作出如下规定：第一，资本保全约束；第二，资本积累约束；第三，超额累积利润约束；第四，偿债能力约束。选项 D 属于应该考虑的股东因素，不是本题的正确答案。

5.【正确答案】BC

【答案解析】股东在决定公司的收益分配政策时，通常考虑控制权、稳定的收入、避税等问题。因此，本题的正确答案为选项 BC。

6.【正确答案】BC

【答案解析】财产股利和负债股利实际上都是现金股利的替代方式，但目前这两种股利方式在我国公司实务中很少使用。因此，本题的正确答案为选项 BC。

三、判断题

1.【正确答案】√

【答案解析】股利支付程序中的时间顺序依次是股利宣告日、股权登记日、除息日、股利发放日。在股权登记日之后取得股票的股东则无权享受已宣布的股利。在除息日购入公司股票的投资者不能享有已宣布发放的股利。

2.【正确答案】×

【答案解析】在除息日当天或以后购买股票的股东，不能参与当次股利的分配。

3.【正确答案】×

【答案解析】凡是在股权登记日收盘之前取得了公司的股票，成为公司在册股东的投资者都可以作为股东享受公司分派的股利。在此之后取得股票的股东无权享受已宣布的股利。由此可知，股权登记日的下一个交易日是股票的所有权和领取股息的权利分离的日期，称为除息日，即在除息日，股票的所有权和领取股息的权利分离，股利权利不再从属于股票。在这一天购入公司股票的投资者不能享受已宣布发放的股利，而在这一天的前一天购入公司股票的投资者能享受已宣布发放的股利。

4.【正确答案】×

【答案解析】只有在股权登记日前在公司股东名册上有名的股东，才有权分享股利。

5.【正确答案】×

【答案解析】财产股利是以现金以外的其他资产支付的股利，主要是以公司所拥有的其他公司的有价证券，如债券、股票等，作为股利发放给股东。负债股利是以负债方式支付的股利，通常以公司的应付票据支付给股东，有时也以发行公司债券的方式支付股利。

6.【正确答案】√

【答案解析】发放股票股利可以降低公司股票的市场价格，因此可以促进公司股票的交易和流通。

7.【正确答案】×

【答案解析】公司采用现金股利形式时，必须具备两个基本条件：第一，公司要有足够的未指明用途的留存收益（未分配利润）；第二，公司要有足够的现金。

8.【正确答案】×

【答案解析】股票股利不会引起公司资产的流出或负债的增加，也不会引起股东权益总额的变化，而只涉及股东权益内部结构的调整，即在减少未分配利润项目金额的同时，增加公司股本额，同时还可能引起资本公积的增减变化。

9.【正确答案】×

【答案解析】支付的股利形式除了现金股利和股票股利之外，还有财产股利、负债股利和股票回购等形式。

知识点 5：股票分割与股票回购

一、单选题

1.【正确答案】A

【答案解析】股票分割是将一股股票拆分成多股股票的行为。股票分割对公司的资本结构不会产生任何影响，一般只会使发行在外的股票总数增加，股票面值变小。股票分割之后，股数增加，会使公司股票每股市价降低。股票分割可以向市场和投资者传递“公司发展前景良好”的信息，有助于提高投资者对公司股票的信心。因此，本题的正确答案为选项 A。

2. 【正确答案】C

【答案解析】股票分割不会改变股东权益内部结构，但是发放股票股利会导致所有者权益内部的“未分配利润”项目减少，“股本”项目增加，还可能导致“资本公积”项目增加，“未分配利润”项目减少数和“股本”项目增加数之间的差额计入“资本公积”项目。因此，本题的正确答案为选项 C。

3. 【正确答案】C

【答案解析】股票股利是公司以发放的股票作为股利的支付方式。发放股票股利可以使得股数增加，但是不会导致每股面额降低，也不会对公司股东权益总额产生影响（仅仅是引起股东权益各项目的结构发生变化）。在发放股票股利后，如果盈利总额不变，市盈率不变，会由于普通股股数增加而引起每股收益和每股市价的下降。股票分割是指将面额较高的股票交换成面额较低的股票的行为。股票分割时，发行在外的股数增加，使得每股面额降低，每股盈余下降；但公司价值不变，股东权益总额、股东权益各项目的金额及其相互间的比例也不会改变。对公司来讲，实行股票分割的主要目的在于通过增加股票股数降低每股市价，从而吸引更多的投资者。因此，本题的正确答案为选项 C。

4. 【正确答案】C

【答案解析】支付现金股利不会增加流通在外的普通股股数，同时由于资产和股东权益的减少会改变资本结构；增发普通股会增加流通在外的普通股股数，但由于资产和股东权益的增加也会改变公司资本结构；股票分割会增加流通在外的普通股股数，但不会引起资产、负债和股东权益的增减变化，因此不会改变公司资本结构；股票回购会减少流通在外的普通股股数，同时由于资产和股东权益的减少会改变公司的资本结构。因此，本题的正确答案为选项 C。

5. 【正确答案】B

【答案解析】股票回购包括公开市场回购、要约回购以及协议回购三种方式。在公开市场回购中，回购价格等于公司股票当前市场价格；在要约回购中，回购价格高于公司股票当前市场价格；在协议回购中，公司以协议价格直接向一个或几个主要股东回购股票。因此，本题的正确答案为选项 B。

6. 【正确答案】B

【答案解析】股票回购需要大量资金支付回购成本，容易造成资金紧张，降低资产流动性，影响公司的后续发展。公司进行股票回购，无异于股东退股和公司资本的减少，也可能会使公司的发起人股东更注重创业利润的实现，从而不仅在一定程度上削减了对债权人利益的保护，而且忽视了公司的长远发展，损害了公司的根本利益。公司回购自己的股票容易导致其利用内幕消息进行炒作，加剧公司行为的非规范化，损害投资者的利益。因此，本题的正确答案为选项 B。

7. 【正确答案】C

【答案分析】股票回购会使股价上升。因此，选项 C 不是股票回购的动机。股票回购的动机有现金股利的替代、改变公司的资本结构、传递公司的信息、基于控制权的考虑。

8.【正确答案】A

【答案分析】股票回购的方式主要有四种，包括公开市场回购、要约回购、转换回购和协议回购。因此，本题的正确答案为选项 A。

二、多选题

1.【正确答案】ABD

【答案解析】股票分割对公司的资本结构和股东权益不会产生任何影响，一般只会使发行在外的股票总数增加，每股面值降低，并由此引起每股收益和每股市价下跌，而资产负债表中股东权益各账户的余额都保持不变，股东权益总额也保持不变。因此，本题的正确答案为选项 ABD。

2.【答案】AD

【答案解析】股票分割使得每股股票面值变小，股数变大，市盈率=每股市价÷每股收益，净利润不变，股数增加，每股收益减少，而市盈率不变，每股市价降低；股东权益总额不变，股数增加，每股净资产降低。因此，本题的正确答案为选项 AD。

3.【正确答案】ABCD

【答案解析】对股东来讲，股票分割后各股东持有的股数增加，但持股比例不变，持有股票的总价值不变。不过，只要股票分割后每股现金股利的下降幅度小于股票分割幅度，股东仍能多获得现金股利。股票分割向社会传播的有利信息和降低的股价，可能导致购买该股票的人数增加，反使其价格上升，进而增加股东财富。对公司来讲，实行股票分割的主要目的在于通过增加股数降低每股市价，从而吸引更多的投资者。此外，股票分割往往是成长中公司的行为，宣布股票分割后容易给人一种“公司正处于发展之中”的印象，这种有利信息对公司有所帮助。因此，本题的正确答案为选项 ABCD。

4.【正确答案】ACD

【答案解析】本题考查的是股票股利和股票分割的比较。股票股利和股票分割均不改变所有者权益总额。因此，本题的正确答案为选项 ACD。

5.【正确答案】ABCD

【答案解析】《中华人民共和国公司法》规定，公司只有在以下四种情形下才能回购本公司的股份：第一，减少公司注册资本；第二，与持有本公司股份的其他公司合并；第三，将股份奖励给本公司职工；第四，股东因对股东大会作出的合并、分立决议持异议，要求公司收购其股份。因此，本题的正确答案为选项 ABCD。

6.【正确答案】ABCD

【答案解析】在一般情况下，公司进行股票回购主要通过公开市场回购、要约回购、协议回购和转换回购四种方式进行。因此，本题的正确答案为选项 ABCD。

三、判断题

1.【正确答案】√

【答案解析】股票分割会使每股市价降低，买卖该股票所需资金量减少，从而可以促进股票的流通和交易。另外，股票分割向市场和投资者传递“公司发展前景良好”的信号，有助于提高投资者对公司股票的信心。

2.【正确答案】√

【答案解析】股票分割会使每股市价降低，买卖该股票所需资金减少，从而可以促进股票的流通和交易。

3.【正确答案】×

【答案解析】反分割显然会降低股票的流通性，提高公司股票投资的门槛。市场股票分割又称拆股，即将一股股票拆分成多股股票的行为。反分割又称股票合并或逆向分割，是指将多股股票合并为一股股票的行为。这些行为传递的信息通常都是不利的。

4.【正确答案】×

【答案解析】股票分割会使发行在外的股票总数增加，但并没有改变公司的权益总额，没有改变公司的资本结构，公司的资产负债率不变。

5.【正确答案】×

【答案解析】公司不得随意收购本公司的股份，只有满足相关法律规定的情形才允许股票回购。

6.【正确答案】×

【答案解析】股票回购使流通在外的股份数变少，股价上升，从而可以有效防止敌意收购。

7.【正确答案】√

【答案解析】无论是现金回购还是举债回购股份，都会提高公司的财务杠杆水平、改变公司的资本结构。股票分割之后，股东权益总额及其内部结构都不会发生任何变化。

第八章
预算管理

第一节　学习指导

一、本章结构

本章结构如图 8-1 所示。

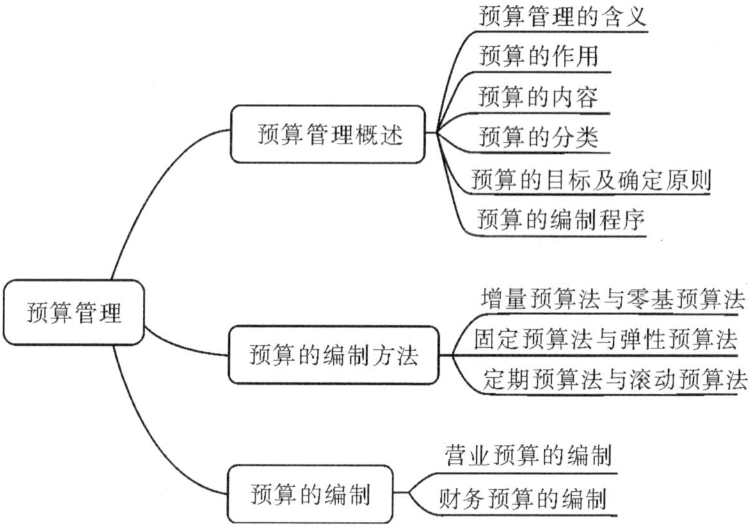

图 8-1　本章结构

二、学习目标和要求

1. 理解预算管理概述
2. 掌握预算的编制方法
3. 掌握现金预算的编制

三、本章重点难点

1. 预算管理概述

预算管理是通过企业内外部环境的分析，在预测与决策的基础上，调配相应的资源，对企业未来一定时期的经营和财务等做出一系列的计划。预算的内容主要包括经营预算、投资预算、财务预算三大部分。预算的目标是以企业战略规划和经营目标为导向，在市场预测和平衡企业内部各项资源的基础上，经过公司投资者、决策者、经营者以及内部各个预算执行部门反复协调、测算确定的，是企业战略规划和经营目标在预算期内的具体化和明细化。

2. 预算的分类

（1）按预算的性质分类，预算可分为固定预算和弹性预算。

（2）按预算的基础分类，预算可分为增量预算和零基预算。

（3）按预算的期间分类，预算可分为短期预算、长期预算和滚动预算。

（4）按预算的主体分类，预算可分为部门预算和总预算。

（5）按预算的精细度分类，预算可分为年度预算、季度预算、月度预算、旬预算和周预算。

3. 预算的编制方法

常用的预算的编制方法主要包括增量预算法与零基预算法、固定预算法与弹性预算法、定期预算法与滚动预算法，这些方法被广泛应用于与营业活动有关的预算的编制。

（1）增量预算法与零基预算法。按其出发点的特征不同，预算的编制方法可分为增量预算法和零基预算法。

增量预算法又称调整预算法，是指以基期水平为基础，分析预算期业务水平及有关影响因素的变动情况，通过调整基期项目及数额，编制相关预算的方法。这种方法具有简便易行、便于理解、易于认同等优点。它的缺点主要包括预算理念保守和预算结果消极。

零基预算法是以零为基础编制预算的方法，采用零基预算法在编制费用预算时，不考虑以往期间的费用项目和费用数额，主要根据预算期的需要和可能分析费用项目和费用数额的合理性，综合平衡编制费用预算。与增量预算法相比，零基预算法具有以下优点：有利于合理配置企业资源，确保重点，兼顾一般；有利于增强员工的“投入-产出”意识；有利于发挥全员参与预算编制的积极性和创造性。

（2）固定预算法与弹性预算法。按其业务量基础的数量特征不同，预算的编制方法可分为固定预算法和弹性预算法。

固定预算法又称静态预算法，是指在编制预算时，只根据预算期内正常、可实现的某一固定的业务量（如生产量、销售量等）水平作为唯一基础来编制预算的方法。固定预算法是最基本的预算编制方法，具有简便易行、直观明了的优点。它的缺点主要包括适应性差、可比性差、容易导致预算执行中的突击行为。

弹性预算法又称动态预算法，是在成本性态分析的基础上，依据业务量、成本和利润之间的联动关系，按照预算期内可能的一系列业务量（如生产量、销售量、工时等）水平编制预算的方法。与固定预算法相比，弹性预算法具有以下特点：实用性强、可比性强。相对于固定预算法而言，弹性预算法具有编制工作量较大的缺点。

弹性预算法又分为公式法和列表法两种具体方法。公式法是运用总成本性态模型，测算预算期的成本费用数额，并编制成本费用预算的方法。根据成本性态，成本与业务量之间的数量关系可用公式表示为 $y=a+bx$，其中 y 表示某项预算成本总额，a 表示该项成本中的预算固定成本额，b 表示该项成本中的预算单位变动成本额，x 表示预计业务量。列表法也叫多水平法，是在确定的业务量范围内，按照一定的业务量标准，划分若干个不同的水平，然后分别计算各项预算数额，汇总列入一个预算表格中的方法。

（3）定期预算法与滚动预算法。按其预算期的时间特征不同，预算的编制方法可分为定期预算法和滚动预算法。

定期预算法是以固定不变的会计期间（如年度、季度、月份）作为预算期间编制预算的方法。采用定期预算法编制预算，保证预算期间与会计期间在时期上配比，便于依据会计报告的数据与预算的比较，考核和评价预算的执行结果。定期预算法的优点是保持了预算期间与会计期间的一致性，便于预算数据与会计数据的相互比较，并且预算编制过程比较简单。但是，定期预算法不利于前后各个期间的预算衔接，不能适应连续不断的业务活动过程的预算管理。定期预算法具有以下缺点：盲目性大、缺乏远期指导性、预算衔接难度大、市场适应性差。

滚动预算法又称连续预算法或永续预算法，是在上期预算完成情况的基础上，调整和编制下期预算，并将预算期间逐期连续向后滚动推移，使预算期间保持一定的时期跨度。滚动预算法具有工作量大、编制成本高等缺点，但是与传统预算法相比，具有以下优点：滚动预算能够从动态的角度、发展的观点把握住企业近期经营目标和远期战略布局，使预算具有较高的透明度，有利于企业管理决策人员以长远的眼光去统筹企业的各项经营活动，使得企业的长期预算和短期预算很好地联系和衔接起来；滚动预算遵循了企业生产经营活动的变动规律，在时间上不受会计年度的限制，能够根据前期预算的执行情况及时调整和修订近期预算；滚动预算使企业管理人员一直保持 12 个月的工作时间概念，有利于稳定而有序地开展经营活动；滚动预算采取长计划、短安排的具体做法，可以根据预算执行结果和企业经营环境的变化情况，对以后执行期间的预算不断加以调整和修正，使预算更接近和适应变化的实际情况，从而更有效地发挥预算的计划和控制作用，也有利于预算的顺利执行和实施。

4. 营业预算的编制

营业预算是企业日常营业活动的预算。企业的营业活动涉及供、产、销等各个环节及业务。营业预算包括销售预算、生产预算、直接材料预算、直接人工预算、制造费用预算、产品成本预算、销售及管理费用预算等。

销售预算是整个预算的编制起点，其他预算的编制都以销售预算为基础。

生产预算是在销售预算的基础上编制的，其主要内容有销售量、期初和期末产成品存货、生产量。

直接材料预算是以生产预算为基础编制的，同时要考虑原材料存货水平。其主要内容有直接材料的单位产品用量、生产需用量、期初和期末存量等。预计生产量的数据来自生产预算，单位产品材料用量 的数据来自标准成本资料或消耗定额资料，生产需用量是上述两项的乘积。期初和期末的材料存货量是根据当前情况和长期销售预测估计的。各季度期末材料存量根据下季度生产量的一定百分比确定。预计各季度采购量根据下列公式计算确定：预计采购量=生产需用量+期末存量-期初存量。

直接人工预算也是以生产预算为基础编制的，其主要内容有预计产量、单位产品工时、人工总共时、每小时人工成本和人工总成本。预计产量的数据来自生产预算。单位产品人工工时和每小时人工成本数据来自标准成本资料。人工总共时和人工总成本是在人工预算中计算出来的。

制造费用预算通常分为变动制造费用和固定制造费用两部分。变动制造费用以生产预算为基础编制。如果有完善的标准成本资料，用单位产品的标准成本与产量相乘，即可得到相应的预算金额。如果没有标准成本资料，就需要逐项预计计划产量需要的各项制造费用。固定制造费用需要逐项进行预计，通常与本期产量无关，按每季度实际需要的支付额预计，然后求出全年数额。

产品成本预算是销售预算、生产预算、直接材料预算、直接人工预算、制造费预算的汇总。其主要内容是产品的单位成本和总成本。

销售费用预算是指为了实现销售预算所需支付的费用预算。它以销售预算为基础，分析销售收入、销售利润和销售费用的关系，力求实现销售费用的最有效使用。

5. 财务预算的编制

财务预算是企业的综合性预算，包括现金预算、利润表预算和资产负债表预算。现金预算由四部分组成：现金收入、现金支出、现金多余或不足、现金的筹措和运用。利润表预算和资产负债表预算是财务管理的重要工具。资产负债表预算与实际的资产负债表内容、格式相同，只不过数据是反映预算期末的财务状况。

第二节　练习题

知识点1：预算管理的概述

一、单选题

1. 预算管理的主体是（　　）。
   A. 企业管理层　　B. 经营活动
   C. 预算方法　　D. 经营目标
2. 下列选项中，属于经营预算的是（　　）。
   A. 预计资产负债表　　B. 预计利润表
   C. 资金预算　　D. 销售预算
3. 预算的作用不包括（　　）。
   A. 通过规划、控制和引导经济活动，使企业经营达到预期目标
   B. 可以实现企业内部各个部门之间的协调
   C. 是业绩考核的重要依据
   D. 可以将资源分配给获利能力相对较高的相关部门
4. （　　）是预算期内企业财务活动、经营成果和财务状况方面的预算。
   A. 经营预算　　B. 投资预算
   C. 财务预算　　D. 结构预算

二、多选题

1. 预算的主要内容包括（　　）。
   A. 经营预算　　B. 投资预算
   C. 财务预算　　D. 结构预算
2. 下列各项预算中，一般为短期预算的有（　　）。
   A. 经营预算　　B. 财务预算
   C. 总预算　　D. 专门决策预算
3. 下列选项中，构成预算工作组织的有（　　）。
   A. 决策层　　B. 管理层
   C. 考核层　　D. 执行层

三、判断题

1. 销售预算属于财务预算。（　　）
2. 预算管理涉及企业经济活动的方方面面，是一项全员参与、全方位管理、

全过程控制的综合性和系统性的管理活动。（ ）

3. 预算按预算的主体可分为部门预算和总预算。（ ）

4. 固定预算也称静态预算，是以预算期内的某一业务量水平为既定基础编制的预算。（ ）

知识点2：增量预算法与零基预算法

一、单选题

1. 可能导致无效费用开支不能得到有效控制的预算编制方法是（ ）。

A. 增量预算法　B. 静态预算法
C. 固定预算法　D. 定期预算法

2. 下列关于增量预算和零基预算的说法中，不正确的是（ ）。

A. 增量预算是在基期水平的基础上编制的，可能导致预算不准确
B. 增量预算的前提之一是原有的各项业务都是合理的
C. 用零基预算编制费用预算时，不考虑以往期间的费用数额，但要考虑以往的费用项目
D. 增量预算不利于调动各部门达成预算目标的积极性

3. 某公司编制预算的时候考虑到本年生产任务增长10%，所以制造费用就在上一年30万元的基础上编制为30×(1+10%)=33（万元）。其采用的预算编制方法是（ ）。

A. 增量预算法　B. 零基预算法
C. 固定预算法　D. 弹性预算法

二、多选题

1. H公司董事会在讨论该公司2022年预算方案时，甲董事提到不能考虑以往会计期间所发生的成本费用，从2022年经营过程的实际需要考虑，重新逐项审议各项开支。下列选项中，属于甲董事提到的预算方法优点的有（ ）。

A. 更贴近企业经营管理实际情况　B. 能够灵活应对内外环境的变化
C. 有利于进行预算控制　D. 实现动态反映市场

2. 下列关于零基预算的描述中，正确的是（ ）。

A. 可能导致无效费用开支
B. 不受现有项目的限制
C. 有助于增加预算编制的透明度，有利于进行预算控制
D. 不受历史期经济活动中的不合理因素的影响

3. 下列选项中，属于零基预算法优点的是（ ）。

A. 不受现有费用项目的限制
B. 有利于促使预算单位合理利用资金

C. 不受现有预算的约束
D. 编制预算的工作量小

三、判断题

1. 零基预算法的优点是编制工作量小。 （ ）
2. 增量预算法考虑了基期预算的实际执行情况，所编制的预算易于得到企业各层级领导、员工的理解和认同。 （ ）
3. 增量预算编制不受前期费用项目和费用水平的限制。 （ ）

知识点3：固定预算法与弹性预算法

一、单选题

1. 用列表法编制弹性预算时，下列说法中，不正确的是（ ）。
   A. 不管实际业务量是多少，不必经过计算即可找到与业务量相近的预算成本
   B. 混合成本中的阶梯成本和曲线成本可按其性态计算填列，不必修正
   C. 评价和考核实际成本时往往需要使用插值法计算实际业务量的预算成本
   D. 便于在一定范围内计算任何业务量的预算成本
2. 在各类预算编制方法中，固定预算法是指（ ）。
   A. 使预算期始终保持为一个固定长度的预算方法
   B. 以预算期正常的、最可实现的某一业务量水平为固定基础来编制预算的方法
   C. 以不变的预算期间作为预算期的预算方法
   D. 不以基期成本费用水平为基础的预算方法

二、多选题

1. 下列关于弹性预算法的说法中，正确的有（ ）。
   A. 实务中主要用于编制成本费用预算和利润预算
   B. 能够保证预算期间与会计期间相对应
   C. 更贴近企业经营管理实际情况
   D. 编制的工作量比固定预算法大
2. 在进行弹性预算编制时，可以采用的方法有（ ）。
   A. 公式法　　B. 因素分析法
   C. 销售百分比法　　D. 列表法

三、判断题

1. 弹性预算的编制方法包括公式法和列表法，其中列表法的优点是可比性和适应性强。（　　）

2. 需要按成本性态分析的方法将企业成本分为固定成本和变动成本的预算编制方法是弹性预算。（　　）

3. 固定预算法又称静态预算法，是指在编制预算时，只根据预算期内正常、可实现的某一固定的业务量（如生产量、销售量等）水平作为唯一基础来编制预算的方法。（　　）

知识点4：定期预算法与滚动预算法

一、单选题

1. 下列选项中，需要根据上一期预算执行情况和新的预测结果进行编制预算的预算方法是（　　）。

A. 增量预算法　　B. 弹性预算法

C. 滚动预算法　　D. 零基预算法

2. 下列选项中，不受会计年度制约，预算期始终保持在一定时间跨度的预算方法是（　　）。

A. 固定预算法　　B. 弹性预算法

C. 定期预算法　　D. 滚动预算法

3. 下列关于定期预算和滚动预算的说法中，不正确的有（　　）。

A. 定期预算编制预算的时间不变，一般以一个会计年度为一个完整的预算期

B. 定期预算便于预算管理和考核企业

C. 定期预算能够及时反映企业的变化

D. 滚动预算能够保持预算的持续性

二、多选题

1. 下列关于预算编制方法的说法中，不正确的有（　　）。

A. 按出发点的特征不同，编制预算的方法可分为增量预算法和定期预算法

B. 按业务量基础的数量特征不同，编制预算的方法可分为零基预算法和弹性预算法

C. 按预算期的时间特征不同，编制预算的方法可分为定期预算法和滚动预算法

D. 按业务量基础的数量特征不同，编制预算的方法可分为固定预算法和滚动预算法

2. 短期预算可采用定期预算法编制，该方法（　　）。

A. 有利于前后各个期间的预算衔接

B. 可以适应连续不断的业务活动过程的预算管理

C. 有利于按财务报告数据考核和评价预算的执行结果

D. 使预算期间与会计期间在时期上配比

3. 滚动预算的编制按其滚动的时间单位不同，可分为（　　）。

A. 逐月滚动　　B. 逐季滚动

C. 混合滚动　　D. 逐年滚动

三、判断题

1. 由于能够使预算期间与会计期间相对应，定期预算法有利于企业长远打算，有利于企业长期稳定发展。（　　）

2. 滚动预算中的逐月滚动编制方法是滚动编制的，编制时补充下一个月的预算即可，不需要对中间月份的预算进行调整。（　　）

知识点 5：营业预算的编制

一、单选题

1. 下列关于制造费用预算的说法中，不正确的是（　　）。

A. 制造费用预算通常分为变动制造费用预算和固定制造费用预算两部分

B. 固定制造费用需要逐项进行预计，通常与本期产量无关，按每季度实际需要的支付额预计，然后求出全年数

C. 制造费用都会导致现金的流出

D. 为了便于以后编制资金预算，需要预计现金支出

2. 在直接人工预算中，预计产量数据来自（　　）。

A. 制造费用预算　　B. 生产预算

C. 直接材料预算　　D. 销售预算

二、多选题

1. 编制生产预算中的“预计生产量”项目时，需要考虑的因素有（　　）。

A. 预计销售量　　B. 预计期初产成品存货

C. 预计期末产成品存货　　D. 前期实际销售量

2. 下列关于管理费用预算的说法中，正确的有（　　）。

A. 管理费用的数额随销售额的变动而变动

B. 管理费用是搞好一般管理业务所必要的费用

C. 在编制管理费用预算时，要分析企业的业务成绩和一般经济状况，务必做到费用合理化

D. 必须充分考察每种费用是否必要，以便提高费用效率

3. 下列计算公式中，正确的有（　　）。

A. 某种材料采购量=生产需用量+期末存量-期初存量

B. 预计生产量=预计销售量+预计期末产成品存货-预计期初产成品存货

C. 本期销售商品所收到的现金=本期的销售收入+期末应收账款-期初应收账款

D. 本期购货付现=本期购货付现部分+以前期赊购本期付现的部分

4. 下列选项中，不属于直接材料预算的编制基础的有（　　）。

A. 销售预算　　B. 生产预算

C. 直接人工预算　　D. 资金预算

5. 下列预算的编制与生产预算存在直接联系的有（　　）。

A. 直接材料预算　　B. 产品成本预算

C. 专门决策预算　　D. 直接人工预算

三、判断题

1. 经营预算是全面预算编制的起点，因此专门决策预算应当以经营预算为依据。（　　）

2. 直接人工预算既要反映人工工时消耗水平，又要反映人工成本。（　　）

3. 在产品成本预算中，产品成本总预算金额是将直接材料、直接人工、制造费用以及销售与管理费用的预算金额汇总相加而得到的。（　　）

4. 在编制管理费用预算时，一般是以过去的实际开支为基础，按预算期的可预见变化来调整。（　　）

四、计算题

某企业编制直接材料预算，预计第 4 季度期初应付账款为 10 000 元，年末应付账款为 8 160 元。第 4 季度期初直接材料存量为 500 千克，该季度生产需用量为 3 500千克，预计期末存量为 400 千克，材料单价为 8 元。该企业预计第 4 季度采购现金支出为多少元？

知识点 6：财务预算的编制

一、单选题

1. 全面预算编制的终点是（　　）。
   A. 专门决策预算　　B. 预计利润表
   C. 预计资产负债表　　D. 资金预算
2. 财务预算是企业的综合性预算，下列选项中，不属于财务预算的是（　　）。
   A. 现金预算　　B. 利润表预算
   C. 资产负债表预算　　D. 销售预算

二、多选题

1. 下列选项中，属于财务预算的有（　　）。
   A. 现金预算　　B. 利润表预算
   C. 资产负债表预算　　D. 销售预算
2. 下列选项中，属于预计利润表编制依据的有（　　）。
   A. 销售预算　　B. 资金预算
   C. 产品成本预算　　D. 预计资产负债表
3. 下列选项中，属于资金预算中现金支出的有（　　）。
   A. 支付所得税费用　　B. 经营性现金支出
   C. 资本性现金支出　　D. 股利与利息支出

三、判断题

1. 专门决策预算主要反映项目投资与筹资计划，是编制资金预算和预计资产负债表的依据之一。（　　）

2. 企业资金预算中，预测出了现金余缺也就完成了资金预算的编制。（　　）

3. 预计资产负债表需要以计划期开始日的资产负债表为基础，它是编制全面预算的终点。（　　）

4. 年度预算经批准后，原则上不做调整。当内外战略环境发生重大变化或突发重大事件等，导致预算编制的基本假设发生重大变化时，可进行预算调整。（　　）

5. 企业预算在执行过程中，对无合同、无凭证、无手续的项目支出，应当按照预算管理制度规范支付程序。（　　）

6. 在预计利润表的编制过程中，“所得税费用”项目的数据是根据“利润总额”乘以所得税税率计算出来的，与资金预算中的“所得税费用”项目不同。（　　）

四、计算题

1. 某企业应收账款收款模式如下：销售当月收回销售额的 50%，销售后的第 1

个月收回销售额的30%，销售后的第 2 个月收回销售额的 20%。已知 2022 年 1~3 月的销售额分别为 20 万元、30 万元、40 万元。根据以上资料估计 3 月的现金流入为多少万元。

2. 某公司着手编制 2022 年 9 月的现金收支计划。预计 2022 年 9 月月初现金余额为 8 000 元；月初应收账款为 4 000 元，预计月内可收回 80%；9 月销货为50 000 元，预计月内收款比例为 50%；9 月采购材料为 8 000 元，预计月内付款 70%；月初应付账款余额为 5 000 元，需在月内全部付清；月内以现金支付工资为 8 400 元；9 月制造费用等间接费用付现为 16 000 元；其他经营性现金支出为 900 元；购买设备支付现金为 10 000 元。企业现金不足时，可向银行借款，借款金额为 1 000 元的倍数；现金多余时可购买有价证券。月末现金余额不低于 5 000 元。

要求：(1) 计算经营现金收入。

(2) 计算经营现金支出。

(3) 计算现金余缺。

(4) 确定最佳资金筹措或运用数额。

(5) 确定现金月末余额。

第三节　练习题参考答案

知识点 1：预算管理的概述

一、单选题：

1. 【正确答案】A

【答案解析】预算管理的主体是企业管理层。因此，本题的正确答案为选项 A。

2. 【正确答案】D

【答案解析】经营预算也称业务预算，是指与企业日常经营活动直接相关的一系列预算。经营预算包括销售预算、生产预算、采购预算、费用预算、人力资源预算等。因此，本题的正确答案为选项 ABC。

3.【正确答案】D

【答案解析】预算的作用如下：第一，预算通过规划、控制和引导经济活动，使企业经营达到预期目标；第二，预算可以实现企业内部各个部门之间的协调；第三，预算是业绩考核的重要依据。因此，本题的正确答案为选项 D。

4.【正确答案】C

【答案解析】财务预算是预算期内企业财务活动、经营成果和财务状况方面的预算。因此，本题的正确答案为选项 C。

二、多选题

1.【正确答案】ABC

【答案解析】预算主要包括经营预算、投资预算、财务预算三部分。因此，本题的正确答案为选项 ABC。

2.【正确答案】ABC

【答案解析】短期预算是指预算期在 1 年以内（含 1 年）的预算。在一般情况下，企业的经营预算和财务预算多为 1 年期的短期预算。财务预算又称总预算。因此，本题的正确答案为选项 ABC。

3.【正确答案】ABCD

【答案解析】预算工作的组织包括决策层、管理层、执行层和考核层。因此，本题的正确答案为选项 ABCD。

三、判断题

1.【正确答案】×

【答案解析】销售预算是预算期内企业销售产品或提供劳务等销售活动的预算，主要包括发货数量预算、销售收入预算、应收账款预算、销售成本预算、销售毛利预算等。销售预算属于经营预算。

2.【正确答案】√

【答案解析】预算管理涉及企业经济活动的方方面面，是一项全员参与、全方位管理、全过程控制的综合性和系统性的管理活动。

3.【正确答案】√

【答案解析】预算按预算的主体可分为部门预算和总预算。

4.【正确答案】√

【答案解析】固定预算又称静态预算，是以预算期内的某一业务量水平为既定基础编制的预算。

知识点2：增量预算法与零基预算法

一、单选题：

1.【正确答案】A

【答案解析】增量预算法以历史期实际经济活动及其预算为基础，其缺陷是可能导致无效费用开支不能得到有效控制。因此，本题的正确答案为选项A。

2.【正确答案】C

【答案解析】零基预算是以零为基础编制预算的方法，在编制费用预算时，不考虑以往期间的费用项目和费用数额，因此选项C的说法不正确。

3.【正确答案】A

【答案解析】该公司在上一年原有基础上做了简单调整，选择的预算编制方法是增量预算。增量预算以历史期实际经济活动及其预算为基础，主张不需做较大的调整，可能使原来无效费用开支无法得到有效控制。因此，本题的正确答案为选项A。

二、多选题

1.【正确答案】BC

【答案解析】零基预算法的优点如下：一是以零为起点编制预算，不受历史期经济活动中的不合理因素影响，能够灵活应对内外环境的变化，预算编制更贴近预算期企业经济活动需要；二是有助于增加预算编制透明度，有利于进行预算控制。选项A是弹性预算中公式法的优点，选项D是滚动预算的优点。

2.【正确答案】BCD

【答案解析】选项A是增量预算法的缺点。

3.【正确答案】ABC

【答案解析】选项D编制预算的工作量小属于增量预算法的优点。

三、判断题

1.【正确答案】×

【答案解析】零基预算法的缺点是编制工作量大。

2.【正确答案】√

【答案解析】增量预算法考虑了基期预算的实际执行情况，所编制的预算易于得到企业各层级领导、员工的理解和认同。

3.【正确答案】×

【答案解析】零基预算法编制费用预算的优点是不受前期费用项目和费用水平的制约，能够调动各部门降低费用的积极性。

知识点 3：固定预算法与弹性预算法

一、单选题

1.【正确答案】D

【答案解析】混合成本中阶梯成本和曲线成本，可按其性态直接计算填列，不必用数学方法修正为近似的直线成本。但是，运用列表法编制预算，在评价和考核实际成本时，往往需要使用插值法计算"实际业务量的预算成本"，比较烦琐。选项 D 是公式法的优点。

2.【正确答案】B

【答案解析】固定预算法又称静态预算法，是指以预算期内正常的、最可实现的某一业务量（生产量、销售量、作业量等与预算项目相关的弹性变量）水平为固定基础，不考虑可能发生的变动的预算编制方法。因此，本题的正确答案为选项 B。

二、多选题

1.【正确答案】ACD

【答案解析】能够保证预算期间与会计期间相对应描述的是定期预算法，不是弹性预算法。因此，本题的正确答案为选项 ACD。

2.【正确答案】AD

【答案解析】在进行弹性预算编制时，既可以采用公式法，也可以采用列表法。因此，本题的正确答案为选项 AD。

三、判断题

1.【正确答案】×

【答案解析】列表法的优点是不管实际业务量多少，不必经过计算即可找到与业务量相近的预算成本；混合成本中的阶梯成本和曲线成本，可按总成本性态模型计算填列，不必用数学方法修正为近似的直线成本。可比性和适应性强是公式法的优点。

2.【正确答案】√

【答案解析】弹性预算法的编制前提是将成本按性态分析，划分为固定成本和变动成本。

3.【正确答案】√

【答案解析】固定预算法又称静态预算法，是指在编制预算时，只根据预算期内正常、可实现的某一固定的业务量（如生产量、销售量等）水平作为唯一基础来编制预算的方法。

知识点4：定期预算法与滚动预算法

一、单选题

1.【正确答案】C

【答案解析】滚动预算法是指企业根据上一期预算执行情况和新的预测结果，按既定的预算编制周期和滚动频率，对原有的预算方案进行调整和补充、逐期滚动、持续推进的预算编制方法。因此，本题的正确答案为选项C。

2.【正确答案】D

【答案解析】滚动预算法的预算期间始终保持一定的时期跨度。因此，本题的正确答案为选项D。

3.【正确答案】C

【答案解析】定期预算具有滞后性和间断性，不能及时反映企业的变化。因此，本题的正确答案为选项C。

二、多选题

1.【正确答案】ABD

【答案解析】按其出发点的特征不同，编制预算的方法可分为增量预算法和零基预算法。按其业务量基础的数量特征不同，编制预算的方法可分为固定预算法和弹性预算法。按其预算期的时间特征不同，编制预算的方法可分为定期预算法和滚动预算法。因此，本题的正确答案为选项ABD。

2.【正确答案】CD

【答案解析】选项A和选项B是滚动预算的优点，选项C和选项D是定期预算的特点。

3.【正确答案】ABC

【答案解析】本题考查的是滚动预算的滚动方式。因此，本题的正确答案为选项ABC。

三、判断题

1.【正确答案】×

【答案解析】由于定期预算法固定以1年为预算期，在执行一段时间后，往往使管理人员只考虑剩下来的几个月的业务量，缺乏长远打算，导致一些短期行为的出现。

2.【正确答案】×

【答案解析】滚动预算编制时，需要根据当月的执行情况修订中间月份的预算，同时补充下一个月的预算。

知识点5：营业预算的编制

一、单选题

1.【正确答案】C

【答案解析】制造费用中，除折旧费外都需要支付现金。制造费用中的折旧费不会导致现金流出，因此选项C的说法不正确。

2.【正确答案】B

【答案解析】在直接人工预算中，预计产量数据来自生产预算。因此，本题的正确答案为选项B。

二、多选题

1.【正确答案】ABC

【答案解析】预计生产量的计算公式为：预计生产量=预计销售量+预计期末产成品存货-预计期初产成品存货。因此，本题的正确答案为选项ABC。

2.【正确答案】BCD

【答案解析】管理费用多属于固定成本，一般是以过去的实际开支为基础，按预算期的可预见变化来调整。因此，本题的正确答案为选项BCD。

3.【正确答案】ABD

【答案解析】本期销售商品所收到的现金=本期销售本期收现+以前期赊销本期收现=本期的销售收入+期初应收账款-期末应收账款。因此，本题的正确答案为选项ABD。

4.【正确答案】CD

【答案解析】直接材料预算的编制基础是销售预算和生产预算。因此，本题的正确答案为选项CD。

5.【正确答案】ABD

【答案解析】生产预算是在销售预算的基础上编制的。直接材料、直接人工、产品成本预算的编制都需要以生产预算为基础。因此，本题的正确答案为选项ABD。

三、判断题

1.【正确答案】×

【答案解析】销售预算是全面预算编制的起点。编制专门决策预算的依据是项目财务可行性分析资料以及企业筹资决策资料。

2.【正确答案】√

【答案解析】直接人工预算是一种既反映预算内人工工时消耗水平，又规划人工成本开支的经营预算。

3.【正确答案】×

【答案解析】产品成本预算的主要内容是产品的单位成本和总成本，是销售预算、生产预算、直接材料预算、直接人工预算、制造费用预算的汇总。产品成本预算不包括销售与管理费用预算。

4.【正确答案】√

【答案解析】在编制管理费用预算时，管理费用多属于固定成本，因此一般是以过去的实际开支为基础，按预算期的可预见变化来调整。

四、计算题

【答案解析】预计第4季度材料采购成本＝(3 500+400−500)×8＝27 200（元）。

采购现金支出＝27 200+10 000−8 160＝29 040（元）。

知识点6：财务预算的编制

一、单选题

1.【正确答案】C

【答案解析】本题考查财务预算的编制。预计资产负债表是用来反映企业在计划期末预计的财务状况。它的编制需要以计划期开始日的资产负债表为基础，结合计划期间各项经营预算、专门决策预算、资金预算和预计利润表进行编制。它是编制全面预算的终点。因此，本题的正确答案为选项C。

2.【正确答案】D

【答案解析】财务预算是企业的综合性预算，包括现金预算、利润表预算和资产负债表预算。因此，本题的正确答案为选项D。

二、多选题

1.【正确答案】ABC

【答案解析】财务预算是企业的综合性预算，包括现金预算、利润表预算和资产负债表预算。因此，本题的正确答案为选项ABC。

2.【正确答案】ABC

【答案解析】编制预计利润表的依据是各经营预算、专门决策预算和资金预算。预计利润表是编制预计资产负债表的依据，因此选项D不是答案。

3.【正确答案】ABC

【答案解析】资金预算主要反映现金收支差额和现金筹措使用情况。该预算中现金收入主要指经营活动的现金收入；现金支出除了涉及有关直接材料、直接人工、制造费用和销售与管理费用方面的现金支出外，还包括用于支付所得税费用、股利分配等支出，另外还包括购买设备等资本性支出。利息支出属于现金筹措与运用。

因此，本题的正确答案为选项 ABC。

三、判断题

1. 【正确答案】√

【答案解析】专门决策预算的要点是准确反映项目资金投资支出与筹资计划，它同时也是编制资金预算和预计资产负债表的依据。

2. 【正确答案】×

【答案解析】预算出现金余缺后，还要据此进行现金的筹措与运用，以确定最终的期末现金余额。

3. 【正确答案】√

【答案解析】预计资产负债表的编制需以计划期开始日的资产负债表为基础，结合计划期间各项经营预算、专门决策预算、资金预算和预计利润表进行编制。它是编制全面预算的终点。

4. 【正确答案】√

【答案解析】年度预算经批准后，原则上不做调整。企业应在制度中严格明确预算调整的条件、主体、权限和程序等事宜，当内外战略环境发生重大变化或突发重大事件等，导致预算编制的基本假设发生重大变化时，可进行预算调整。

5. 【正确答案】×

【答案解析】对预算内的资金拨付，企业按照授权审批程序执行。对预算外的项目支出，企业按预算管理制度规范支付程序。对无合同、无凭证、无手续的项目支出，企业不予支付。

6. 【正确答案】×

【答案解析】预计利润表中的“所得税费用”项目的数据与资金预算中的“所得税费用”项目的数据一致，是在利润规划时估计的，不是根据“利润总额”乘以所得税税率计算出来的。

四、计算题

1. 【答案解析】根据销售当月收回销售额的50%，销售后的第1个月收回销售额的30%，销售后的第2个月收回销售额的20%，得出3月份的现金流入包括3月份销售收入的50%、2月份销售收入的30%和1月份销售收入的20%。

3月份现金流入 $=40\times50\%+30\times30\%+20\times20\%=33$（万元）。

2. 【答案解析】（1）现金收入 $=4\ 000\times80\%+50\ 000\times50\%=28\ 200$（元）。

（2）现金支出 $=8\ 000\times70\%+5\ 000+8\ 400+16\ 000+900+10\ 000=45\ 900$（元）。

（3）现金余缺 $=8\ 000+28\ 200-45\ 900=-9\ 700$（元）。

（4）最佳资金筹措，即银行借款数额 $=5\ 000+10\ 000=15\ 000$（元）。

（5）现金月末余额 $=15\ 000-9\ 700=5\ 300$（元）。

第九章 财务分析与评价

第一节 学习指导

一、本章结构

本章结构如图9-1所示。

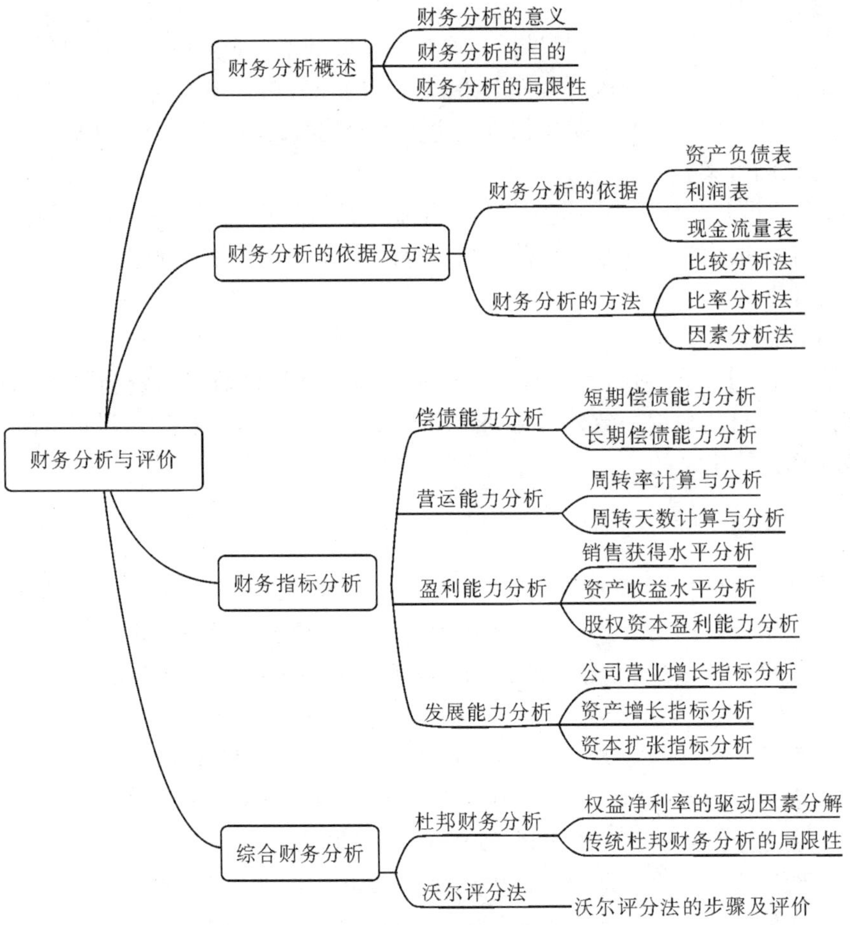

图9-1 本章结构

二、学习目标和要求

1. 了解财务分析的意义、基础、程序
2. 识记财务分析的目的、方法
3. 理解财务分析的基本概念
4. 掌握偿债能力、营运能力、盈利能力、发展能力等相关指标的计算
5. 掌握杜邦财务分析方法及其应用

三、本章重点难点

1. 财务分析概述

财务分析是对各项财务指标的完成情况所做的分析。将财务分析仅仅理解为会计报表分析，是对财务分析的一种狭义理解。广义的财务分析应包括企业一般的和具体的、整体的和部门的、内部的和外部的、目前的和未来的、价值的和非价值的各种与企业经营和投资的过去、现在和未来财务状况相关的各项分析内容。财务分析依据包括资产负债表、利润表、现金流量表。财务分析方法通常包括定性分析和定量分析两种类型。常用的定量分析方法有比较分析法、比率分析法、因素分析法、趋势分析法等。

2. 偿债能力分析

根据债务偿还期限的长短，偿债能力分析分为短期偿债能力分析和长期偿债能力分析。

（1）短期偿债能力分析。短期偿债能力是指企业偿还流动负债的能力，流动负债又称短期负债，是指企业在一年以内或超过一年的一个营业周期内必须偿还的债务。评价短期偿债能力的指标主要有流动比率、速动比率、现金比率等。

①流动比率是流动资产与流动负债的比率。它表明企业每一元流动负债有多少流动资产作为偿还的保证。其计算公式如下：

流动比率=流动资产÷流动负债

流动比率越高，反映企业短期偿债能力越强，债权人的权益越有保障。

②速动比率是速动资产与流动负债的比率。与流动比率相比，速动比率能够更加准确、可靠地评价企业资产的流动性以及可以立即用于偿付流动负债的能力。其计算公式如下：

速动比率=速动资产÷流动负债

其中：

速动资产=货币资金+交易性金融资产+应收账款+应收票据+其他应收款

=流动资产-存货-预付款项-一年内到期的非流动资产-其他流动资产

③现金比率又称超速动比率，是现金及其等价物与流动负债的比率。现金等价物是指与现金几乎具有相同变现能力的银行存款、短期有价证券、可贴现和转让票

据等。它们可以随时提现、转让变现或贴现变现，持有它们等于持有现金。现金比率的计算公式如下：

现金比率=(现金+现金等价物)÷流动负债

（2）长期偿债能力分析。反映企业长期偿债能力的指标主要有资产负债率、产权比率和已获利息倍数。

①资产负债率是企业的负债总额与资产总额的比率。它是企业财务分析的重要指标，反映了企业的资本结构状况，直接表现了企业财务风险的大小。资产负债率的计算公式如下：

资产负债率=资产总额÷负债总额×100%

②产权比率是企业负债总额与权益资本总额的比率。它是企业财务结构稳健与否的重要标志，反映了股东权益对债权人权益的保障程度。产权比率的计算公式如下：

产权比率=负债总额÷股东权益总额×100%

③已获利息倍数又称利息保障倍数，是指企业一定时期息税前利润对利息支出的倍数。长期债务不需要每年还本，却要每年付息。利息保障倍数表明每一元利息支付有多少倍的息税前利润作为保障，反映了债务政策的风险大小。

利息保障倍数的计算公式如下：

$$利息保障倍数=\frac{息税前利润总额}{利息支出}=\frac{利润总额+利息支出}{利息支出}$$

3. 营运能力分析

营运能力分析是对企业资产利用效果进行的分析。它通过企业生产经营资产周转速度的有关指标反映资产利用程度。企业的资产周转速度越快，说明资产的利用程度越高，也就是资产的营运能力越强；反之，则资产的营运能力越差。周转速度通常用周转率（周转次数）和周转期（周转天数）表示。其计算公式分别如下：

周转次数（率）=周转额÷资产平均余额

周转天数（期）=计算期÷周转次数=计算期×资产平均余额÷周转额

周转期指标中的分子是一个时期数，更具体地说，是一年的时期数。因此，这里的周转期也包括后面将要出现的周转期，都是就一年而言，以360天计算。

①应收账款周转率是企业一定时期销售收入或赊销收入与应收账款平均余额之比；表明一定时期内应收账款周转的次数，或者说明每一元应收账款投资支持的销售收入。应收账款周转期又称应收账款收现期，表明从销售开始到收回现金平均需要的天数。其计算公式如下：

应收账款周转率=销售收入(赊销收入)÷应收账款平均余额

应收账款周转期=360÷应收账款周转次数

=360÷[销售收入(赊销收入)÷应收账款平均余额]

销售收入数据取自利润及利润分配表的销售收入，是指企业当期主要经营活动取得的收入减去销售折扣与折让后的数额。应收账款数据为资产负债表中应收账款期初、期末数据的算术平均数，未扣除期初坏账准备。

②存货周转率是企业一定时期的销售成本总额与存货平均余额之比，表明一定时期内存货周转次数，或者说明每一元存货支持的销售收入。存货周转期表明存货周转一次需要的时间，也就是存货转换成现金平均需要的时间。其计算公式如下：

存货周转率=销售成本÷平均存货余额

存货周转天数=360÷存货周转率=360÷(销售成本÷平均存货余额)

上式中的存货数据来自资产负债表，按年度平均额计算；销售成本数据取自利润表。

③流动资产周转率是反映企业全部流动资产周转速度的重要指标，是指企业一定时期内销售收入总额与流动资产平均占用额的比率，表明一定时期内流动资产周转的次数。其计算公式如下：

流动资产周转次数=销售收入÷平均流动资产总额

流动资产周转天数=360÷流动资产周转率

=360÷（销售收入÷平均流动资产总额）

上式中的流动资产数来自资产负债表，按年度平均额计算；销售收入总额来自利润表。

④总资产周转率是销售收入与总资产的比率，表明一定时期内总资产周转的次数，或者说明每一元总资产支持的销售收入。总资产周转期表明总资产周转一次需要的时间，也就是总资产转换成现金平均需要的时间。其计算公式如下：

总资产周转次数=销售收入÷平均总资产

总资产周转天数=360÷总资产周转次数=360÷(销售收入÷平均总资产)

上式中的总资产数来自资产负债表，按年度平均额计算；销售收入总额来自利润表。

4. 盈利能力分析

评价企业的盈利能力主要可以从销售获利水平、资产收益水平和股权资本盈利能力三方面进行分析。

（1）销售获利水平。销售毛利率反映了企业一定时期销售毛利与销售收入的比率，说明了每一元收入能获取的毛利额。这是一个非常重要的反映企业市场竞争能力的指标。其计算公式如下：

销售毛利率=销售毛利÷销售收入=(销售收入-销售成本)÷销售收入

销售净利率是企业一定时期净利润与销售收入净额的比率。销售净利率又简称“净利率”，某个利润率如果前面没有指明计算比率使用的分母，则是指以销售收入为分母。这一指标说明了企业净利润占销售收入的比例，即通过销售赚取利润的能力。其计算公式如下：

销售净利率=净利润÷销售收入×100%

该指标反映每一元销售净收入中可带来多少净利润。显然该指标越高越好，该指标越高，说明企业通过销售获取利润的能力越强。

（2）资产收益水平。

①资产净利率也称资产收益率或投资报酬率，是指企业一定时期的税后净利润与总资产平均额的比率，说明企业每一元资产占用所能获得的净利润。其计算公式如下：

资产净利率=净利润÷平均资产总额×100%

资产净利率反映企业运用全部资产获取税后净利润的能力，反映了企业总资产的利用水平和盈利能力。一般情况下，该指标越大越好。该指标如明显低于同行业，说明企业经营管理存在严重问题。企业可以利用资产净利率来分析经营中存在的问题，提高销售净利率，加速资金周转。

（3）股权资本的盈利能力。

①权益净利率也称权益资本净利率或净资产收益率，是指企业一定时期的税后净利润与权益资本平均额的比率。该指标反映了权益资本的盈利能力，即每一元股东权益赚取的净利润，可以衡量企业的总体盈利能力。其计算公式如下：

权益净利率=净利润÷所有者权益平均余额

该指标适用范围广，不受行业限制，通过对该指标的综合对比分析，可以看出企业获利能力在同行中所处的地位以及同类企业的差异水平。

②市盈率是指普通股每股市价与每股收益的比率，反映了普通股股东愿意为每一元净利润支付的价格。其中，每股收益是指可分配给普通股股东的净利润与流通在外普通股加权平均股数的比率，反映了每只普通股当年创造的净利润。其计算公式如下：

市盈率=普通股每股市价÷普通股每股收益

③市净率又称市账率，是指普通股每股市价与每股净资产的比率，反映了普通股股东愿意为每一元净资产支付的价格，说明市场对公司资产质量的评价。其计算公式如下：

市净率=每股市价÷每股净资产

该指标反映了公司股票的市场价值是净资产的多少倍。一般来讲，该指标越大，说明投资者对公司发展前景越有信心，市场对其有好评，但也隐含着较大的潜在投资风险。

5. 发展能力分析

（1）公司营业（销售）增长指标。营业收入增长率，即营业增长率，是公司本年营业收入增长额与上年营业收入总额的比率，反映了公司营业收入的增减变动情况。由于营业收入包括主营业务收入和其他业务收入，在计算该指标时，可以根据实际需要选择相关收入进行分析。其计算公式如下：

营业收入增长率=本年营业收入增长额÷上年营业收入总额×100%

其中：

本年营业收入增长额=本年营业收入总额-上年营业收入总额

净利润增长率=(本年净利润-上年净利润)÷上年净利润×100%

净利润增长率指标反映公司获利能力的增长情况，反映公司长期的盈利能力趋势。该指标通常越大越好。

（2）资产增长指标分析。总资产增长率是公司本年总资产增长额同年初资产总额的比率，反映公司本期资产规模的增长情况。其计算公式如下：

总资产增长率=本年度总资产增长额÷年初资产总额×100%

本年总资产增长额=年末资产总额-年初资产总额

由于资产的增长率受资产短期波动因素的影响，同样可以计算连续三年的平均资产增长率，以反映公司较长时间内的资产增长情况，避免偶然因素影响形成的资产异常变动。三年平均资产增长率表示公司资本连续三年的积累情况。其计算公式如下：

$$三年平均资产增长率=\left(\sqrt[3]{年末资产总额÷三年前年末资产总额}-1\right)×100\%$$

该指标值大于零，反映公司资产呈现增长趋势，有能力不断扩大生产规模。该指标值越大，表明资产增长的速度越快，发展性越强。

（3）资本扩张指标分析。资本积累率，即股东权益增长率，是指公司本年所有者权益增长额同年初所有者权益的比率。资本积累率表示公司当年资本的积累能力，是评价公司发展潜力的重要指标。其计算公式如下：

资本积累率=本年所有者权益增长额÷年初所有者权益×100%

本年所有者权益增长额=所有者权益年末数-所有者权益年初数

年末与年初数值取值于资产负债表。

三年平均资本增长率表明公司资本连续三年的积累情况，体现公司发展水平和发展趋势。其计算公式如下：

$$三年平均资本增长率=\left(\sqrt[3]{年末所有者权益总额÷三年前年末所有者权益总额}-1\right)×100\%$$

6. 杜邦分析法

杜邦分析法是利用几种主要的财务比率之间的关系来综合地分析企业财务状况的一种方法。在传统的杜邦分析体系中，净资产收益率是一个综合性最强、最具代表性的指标，是杜邦分析体系的核心。该指标的高低取决于总资产净利率与权益乘数。其中，总资产净利率反映企业的经营能力；权益乘数，即财务杠杆，反映企业的财务政策。

权益净利率=总资产净利率×权益乘数

=销售净利率×总资产周转率×权益乘数

权益乘数主要受资产负债率的影响。负债比率大，权益乘数就高，说明企业有较高的负债程度，给企业带来了较多的杠杆利益，同时也给企业带来了较多的风险。

企业既要充分有效地利用全部资产，提高资产利用效率，又要妥善安排资本结构。

销售净利率是净利润与营业收入之比，是反映企业盈利能力的重要指标。提高这一比率的途径有扩大营业收入和降低成本费用等。

资产周转率是营业收入与资产平均总额之比，是反映企业运用资产以产生营业收入能力的指标。对资产周转率的分析，除了对资产构成部分从总占有量上是否合理进行分析外，还可以通过流动资产周转率、存货周转率、应收账款周转率等有关资产使用效率指标的分析，以判明影响资产周转的主要问题所在。

第二节　练习题

知识点 1：财务分析概述、依据及方法

一、单选题

1. 财务分析的局限性不包括（　　）。

A. 财务报表本身的局限性　　B. 财务报表的可靠性问题

C. 财务分析的比较基础问题　　D. 财务分析的目的

2. 连环替代法属于（　　）。

A. 因果判断法　　B. 比较分析法

C. 比率分析法　　D. 因素分析法

3. 某企业 2021 年 10 月某种原材料费用的实际数为 4 620 元，而其计划数为 4 000元。实际比计划增加 620 元。原材料费用由产品产量、单位产品材料消耗量和材料单价三个因素的乘积组成。计划产量是 100 件，实际产量是 110 件；单位产品计划材料消耗量是 8 千克；实际消耗量是 7 千克；材料计划单价为 5 元/千克，实际单价为 6 元/千克。企业用差额分析法按产品产量、单位产品材料消耗量和材料单价的顺序进行分析，则下列说法中，正确的是（　　）。

A. 产量增加导致材料费用增加 560 元

B. 单位产品材料消耗量差异使得材料费用增加 550 元

C. 单价提高使得材料费用增加 770 元

D. 单价提高使得材料费用增加 550 元

二、多选题

1. 下列选项中，属于财务分析方法的有（　　）。

A. 因果判断法　　B. 比较分析法

C. 比率分析法　　D. 因素分析法

2. 判别财务指标优劣的标准有（　　）。

A. 以经验数据为标准　　B. 以历史数据为标准

C. 以同行业数据为标准　　D. 以本企业预定数据为标准

3. 下列选项中，属于相关比率的有（　　）。

A. 流动资产占资产总额的百分比　　B. 销售利润率

C. 资产负债率　　D. 流动比率

三、判断题

1. 在财务分析中，通过对比两期或连续数期财务报告中的相同指标，以说明企业财务状况或经营成果变动趋势的方法称为比较分析法。（　　）

2. 采用比较分析法进行财务分析时，应该剔除偶发性项目的影响。（　　）

3. 因素分析法包括连环替代法和差额分析法，它们之间不存在联系。（　　）

知识点 2：偿债能力分析

一、单选题

1. 公司判断短期偿债能力时应使用的指标是（　　）。

A. 资产负债率　　B. 流动比率

C. 成本利润率　　D. 负债构成比率

2. 下列选项中，不属于速动资产的是（　　）。

A. 现金　　B. 产成品

C. 应收账款　　D. 交易性金融资产

3. 某公司目前的流动资产为 300 万元，流动比率为 1.5，则营运资金为（　　）万元。

A. 300　　B. 200

C. 100　　D. 150

4. 下列关于资产负债率、权益乘数和产权比率（负债/所有者权益）之间关系的表达式中，正确的是（　　）。

A. 资产负债率+权益乘数=产权比率

B. 资产负债率−权益乘数=产权比率

C. 资产负债率×权益乘数=产权比率

D. 资产负债率÷权益乘数=产权比率

5. 某企业目前的资产负债率为 80%，资产总额为 5 000 万元，管理当局认为财务风险较大，打算使年底时资产对负债的保障程度提高 1 倍。预计年底的资产总额为 12 000 万元，则年底的负债总额为（　　）万元。

A. 6 000　　B. 4 800

C. 5 000　　D. 8 000

二、多选题

1. 下列选项中，属于速动资产的有（　　）。

A. 货币资金　　B. 交易性金融资产

C. 应收账款　　D. 预付账款

2. 下列关于现金比率的说法中，不正确的有（　　）。

A. 现金比率是货币资金与流动负债的比值

B. 现金比率剔除了应收账款对偿债能力的影响，最能反映企业直接偿付流动负债的能力

C. 现金比率越高越好

D. 表明每一元流动负债有多少现金资产作为偿债保障

3. 企业的下列财务活动中，符合债权人目标的有（　　）。

A. 提高利润留存比率　　B. 降低资产负债率

C. 发行公司债券　　D. 非公开增发新股

4. 企业增加发行了新股，获得长期资金。这对企业的影响有（　　）。

A. 总资产增加　　B. 资产负债率增加

C. 总负债增加　　D. 股东权益增加

5. 下列各项指标中，反映短期偿债能力的指标有（　　）。

A. 流动比率　　B. 速动比率

C. 资产负债表　　D. 权益净利率

三、判断题

1. 权益乘数的高低取决于企业的资本结构。资产负债率越高，权益乘数越高，财务风险越大。（　　）

2. 利息保障倍数的重点是衡量企业支付利息的能力，由于应付利息属于流动负债，因此利息保障倍数属于反映企业短期偿债能力的指标。（　　）

3. 对债权人而言，企业的资产负债率越高越好。（　　）

4. 对任何企业而言，速动比率应该大于 1 才是正常的。（　　）

5. 流动比率越高，表明资产运用效果越好。（　　）

知识点 3：营运能力分析

一、单选题

1. 下列有关营运能力分析的说法中，错误的是（　　）。

A. 计算应收账款周转率指标时，应收账款应为未扣除坏账准备的金额

B. 存货周转率指标反映了企业经营各环节的存货周转情况和管理水平

C. 固定资产周转次数多，说明企业固定资产投资得当、结构合理、利用效率高

D. 计算总资产周转率时分子分母在时间上应保持一致

2. 企业营运能力主要指企业营运资产的（　　）

A. 结构与分布　　B. 效率与效益

C. 产出与耗费　　D. 积累与分配

3. 不能加快总资产周转速度的因素是（　　）。

A. 增加销售收入　　B. 提升资产利用效率

C. 本年年末增加一笔银行贷款　　D. 降低总资产周转率

4. 公司应收账款周转率的下降可能是其（　　）引起的。

A. 放宽了信用政策

B. 加快了收账速度

C. 赊销收入增长的速度快于应收账款的增长速度

D. 回收了以前期间大量的应收账款

二、多选题

1. 下列关于应收账款周转率指标的说法中，正确的有（　　）。

A. 销售收入是指扣除销售折扣和折让后的销售净额

B. 应收账款包括会计报表中的“应收账款”和“应收票据”等全部赊销账款

C. 应收账款为扣除坏账准备的金额

D. 应收账款周转率指标容易受季节性、偶然性等因素的影响

2. 在具体分析存货周转率时，应注意的问题包括（　　）。

A. 存货周转率的高低与企业的经营特点有密切联系，应注意行业的可比性

B. 存货周转率反映的是存货整体的周转情况，不能说明企业经营各环节的存货周转情况和管理水平

C. 应结合应收账款周转情况和信用政策进行分析

D. 存货周转次数越高越好

3. 反映营运能力的指标有（　　）。

A. 应收账款周转率　　B. 固定资产周转率

C. 流动资产周转率　　D. 存货周转率

4. 反映流动资产周转速度的指标有（　　）。

A. 应收账款周转期　　B. 生产设备产值率

C. 总资产产值率　　D. 存货周转率

5. 下列等式中，正确的有（　　）。

A. 应收账款周转期=(应收账款平均余额×360)÷赊销收入净额

B. 流动资产周转率=(营业成本÷平均存货)×(平均存货÷流动资产平均余额)

C. 总资产报酬率=(营业收入÷流动资产平均余额)×(流动资产平均余额÷总资产平均余额)

D. 总资产周转次数=销售收入÷平均总资产

三、判断题

1. A公司2021年度销售收入为15 010万元，资产负债表中显示，2021年年末应收账款为2 000万元、应收票据为50万元，2021年年初应收账款为1 005万元，应收票据为65万元。补充资料中显示，2021年年初、年末坏账准备余额分别为20万元、30万元。2021年A公司的应收账款周转次数为9.47次。（　　）

2. 企业要想提高资产的营运能力，只需要改进生产工艺，提升产值率。（　　）

3. 企业只要提高营运能力，盈利能力就一定能够提升。（　　）

4. 应收账款周转期越长，表明周转速度越快。（　　）

知识点4：盈利能力分析

一、单选题

1. 下列对企业盈利能力指标的分析中，错误的是（　　）。

A. 销售毛利率反映产品每一元销售收入所包含的毛利润是多少

B. 销售净利率反映产品最终的盈利能力

C. 销售净利率反映每一元销售收入最终赚取了多少利润

D. 总资产净利率是杜邦财务指标体系的核心

2. 假定其他条件不变，下列各项经济业务中，会导致公司总资产净利率上升的是（　　）。

A. 收回应收账款　　B. 用资本公积转增股本

C. 用银行存款购入生产设备　　D. 用银行存款归还银行借款

3. 某企业2021年和2022年的销售净利率分别为6%和7%，总资产周转率分别为2和1.5，两年的资产负债率相同。与2021年相比，2022年的净资产收益率变动趋势为（　　）。

A. 上升　　B. 下降

C. 不变　　D. 无法确定

4. 在下列财务绩效定量评价指标中，属于企业盈利能力基本指标的是（　　）。

A. 营业利润增长率　　B. 总资产报酬率

C. 总资产周转率　　D. 资产负债率

5. 某公司的营业收入是100万元，营业毛利率是50%，税金及附加为零，销售费用为10万元，管理费用为10万元，财务费用为零，企业所得税税率为25%，则公司的营业净利率为（ ）。

A. 22.5%　　B. 30%

C. 7.5%　　D. 60%

二、多选题

1. 下列对企业盈利能力指标的分析中，错误的有（ ）。

A. 销售毛利率反映产品每一元销售收入所包含的毛利润是多少

B. 总资产净利率反映产品最终的盈利能力

C. 销售净利率反映每一元销售收入最终赚取了多少利润

D. 总资产净利率是杜邦财务指标体系的核心

2. 某公司无优先股，2021年实现净利润100万元，发行在外普通股加权平均数为100万股，年末每股市价为10元。该公司实行固定股利政策，2020年每股发放股利0.2元，净利润增长率为5%。下列说法中，正确的有（ ）。

A. 2021年每股收益为1元　　B. 2021年每股股利为0.21元

C. 2021年每股股利为0.2元　　D. 2021年年末公司市盈率为10

3. 提高销售净利率的途径主要包括（ ）。

A. 扩大销售收入　　B. 提高负债比率

C. 降低成本费用　　D. 提高成本费用

4. 与资金相关的获利能力指标有（ ）。

A. 营业毛利率　　B. 营业净利率

C. 总资产报酬率　　D. 净资产收益率

5. 总资产报酬率可由（ ）指标相乘得到。

A. 净资产收益率　　B. 权益乘数

C. 营业净利率　　D. 总资产周转率

三、判断题

1. 2021年，某公司实现净利润100万元，营业收入为1 000万元，平均股东权益总额为600万元，预计2022年净利润增长为5%。其他因素不变，则该公司2021年的净资产收益率为17.5%。（ ）

2. 企业所有者作为投资人，关心其资本的保值增值状况，因此较为重视企业的发展能力指标。（ ）

3. 净资产收益率反映了企业所有者投入资本的获利能力，说明了企业筹资、投资、资产营运等各项财务及其管理活动的效率。（ ）

4. 与资金有关的获利能力指标的分子都是息税前利润。（　　）

5. 某公司本期净利润为 100 万元，净资产收益率为 5%，上期净资产余额为 1 800万元，则本期净资产增长率为 22.22%。（　　）

知识点 5：发展能力分析

一、单选题

1. 某公司 2021 年年初所有者权益为 1.25 亿元，2021 年年末所有者权益为 1.5 亿元。该公司 2021 年的资本积累率是（　　）。

A. 16.67%　　B. 20.00%

C. 25.00%　　D. 120.00%

2. 某公司 2018 年营业收入为 5 000 万元，2021 年年末营业收入为 5 464 万元。该公司的营业收入平均增长率是（　　）。

A. 3%　　B. 5%

C. 8%　　D. 10%

二、多选题

1. 下列选项中，属于衡量企业发展能力的指标有（　　）。

A. 销售收入增长率　　B. 总资产增长率

C. 销售现金比率　　D. 资本积累率

2. 下列选项中，属于反映企业发展能力的财务比率有（　　）。

A. 营业收入增长率　　B. 总资产增长率

C. 股东权益报酬率　　D. 销售毛利率

三、判断题

1. 销售收入增长率可以作为一个参考指标来反映企业的发展能力。（　　）

2. 企业发展能力关注的是企业与自身历史情况的对比。（　　）

3. 根据发展能力指标的计算公式可知，这些指标都是计算当期某项目数据相对上期该项目数据的增长比率。（　　）

知识点 6：杜邦分析法

一、单选题

1. 下列关于杜邦分析体系的说法中，不正确的是（　　）。

A. 杜邦分析体系以净资产收益率为起点

B. 总资产净利率和权益乘数是杜邦分析体系的基础

C. 决定净资产收益率的主要因素是销售净利率、总资产周转率和权益乘数

D. 要想提高销售净利率，只能降低成本费用

2. 某公司 2021 年的销售净利率为 10%，总资产周转率为 1.5 次，资产负债率为 40%，2022 年的销售净利率为 15%，总资产周转率为 1.25 次，资产负债率为 50%。按上述顺序依次替换，则总资产周转率对总资产净利率的影响为（　　）。

A. −3.75%　　B. −2.5%

C. −1.5%　　D. −1%

3. 在杜邦财务分析体系中，核心指标是（　　）。

A. 净资产收益率　　B. 总资产净利率

C. 总资产周转率　　D. 销售净利率

4. 某企业 2021 年和 2022 年的销售净利率分别为 7%和 8%，资产周转率分别为 2 和 1.5，两年的资产负债率相同。与 2021 年相比，2022 年的净资产收益率变动趋势为（　　）。

A. 上升　　B. 下降

C. 不变　　D. 无法确定

5. 下列关于杜邦财务分析体系的说法中，不正确的是（　　）。

A. 净资产收益率是一个综合性最强的财务比率

B. 以总资产净利率和权益乘数为基础

C. 考虑了财务风险因素

D. 净资产收益率是杜邦分析体系的起点

二、多选题

1. 下列有关杜邦分析法的说法中，不正确的有（　　）。

A. 杜邦分析法以总资产收益率为起点

B. 杜邦分析法以总资产净利率和权益乘数为核心

C. 杜邦分析法重点揭示企业获利能力及权益乘数对净资产收益率的影响

D. 杜邦分析法中有关资产、负债和权益指标通常使用期末值计算

2. 下列有关杜邦分析法的说法中，正确的有（　　）。

A. 杜邦分析法以净资产收益率为核心，以资产净利率和权益乘数为起点

B. 杜邦分析法重点揭示企业盈利能力及权益乘数对净资产收益率的影响以及各相关指标间的相互影响作用关系

C. 净资产收益率是一个综合性最强的财务分析指标

D. 权益乘数越高，说明企业的负债程度越高

3. 下列关于杜邦分析体系的说法中，正确的有（　　）。

A. 该体系以净资产收益率为起点

B. 该体系以总资产净利率和权益乘数为基础

C. 净资产收益率是综合性最强的财务分析指标

D. 提高销售净利率的途径是扩大销售收入

4. 杜邦分析系统主要反映的财务比率关系有（　　）。

A. 净资产收益率与总资产报酬率及权益乘数之间的关系

B. 总资产报酬率与营业净利率及总资产周转率之间的关系

C. 营业净利率与净利润及营业收入之间的关系

D. 总资产周转率与营业收入及资产总额之间的关系

5. 下列关于杜邦分析法的计算公式中，不正确的有（　　）。

A. 总资产净利率＝销售净利率×总资产周转率

B. 净资产收益率＝销售毛利率×总资产周转率×权益乘数

C. 净资产收益率＝资产净利率×权益乘数

D. 权益乘数＝资产÷股东权益＝1÷（1+资产负债率）

三、判断题

1. 杜邦分析体系的核心是总资产报酬率。（　　）

2. 在杜邦分析体系中，通过对总资产周转率的分析，能够了解企业的资本结构是否合理和财务风险的大小。（　　）

3. 在企业的资本结构一定的情况下，提高总资产报酬率可以使净资产收益率增大。（　　）

4. 在杜邦财务分析体系中，总资产收益率是一个综合性最强的指标。（　　）

5. 某公司今年与上年相比，销售收入增长10%，净利润增长8%，平均资产总额增长12%，平均负债总额增长9%。可以判断，该公司净资产收益率比上年下降了。（　　）

四、计算题

1. 某企业上年销售收入为6 900万元，总资产平均余额为2 760万元，流动资产平均余额为1 104万元；本年销售收入为7 938万元，总资产平均余额为2 940万元，流动资产平均余额为1 323万元。

要求：(1) 计算上年与本年的总资产周转率、流动资产周转率和资产结构（流动资产占总资产的百分比）。

(2) 运用差额分析法计算流动资产周转率与资产结构变动对总资产周转率的影响。

2. 某企业本年销售收入为1 000万元，销售净利率为20%。该企业的普通股股数为50万股，目前每股市价为25元。该企业计划下年每季度发放现金股利每股0.25元。该企业下年度资金预算需700万元，按资产负债率50%的比例筹资。

要求：（1）计算每股收益。

（2）计算市盈率。

（3）计算公司下年尚需从外部筹措的权益资金为多少？

3. 甲公司是上市公司，2021年年末的股份总数为900万股（年初为600万股，6月1日资本公积转增股本300万股）。甲公司有关数据如下：

甲公司2021年年初的负债总额为1 500万元，股东权益总额是负债总额的2倍，年末所有者权益增加30%，2021年年末的资产负债率为40%。

2021年甲公司实现净利润900万元，企业所得税税率为25%。甲公司股东大会通过了2021年股利发放率为60%的分配方案。

要求：（1）计算2021年的总资产净利率、净资产收益率、权益乘数（时点数均使用平均数计算）。

（2）已知2021年年末市盈率为13倍，计算甲公司2021年的基本每股收益、年末每股股价和每股股利。

4. 甲公司有关资料如下：

资料1：今年年初股东权益总额为1 200万元，年末股东权益总额为1 680万元。今年年初、年末的权益乘数分别是2.5、2.2。

资料2：今年利润总额为400万元，企业所得税为100万元，普通股现金股利总额为84万元，普通股的加权平均数为200万股。甲公司所有的普通股均发行在外，无优先股。

资料3：今年年末普通股股数为210万股，按照年末每股市价计算的市盈率为10。

资料4：甲公司上一年发行了面值总额为100万元的可转换公司债券（期限为5年），发行总额为120万元，每张债券面值为1 000元，转换比率为80（今年没有转股），债券利率为4%，企业所得税税率为25%。

资料5：今年的总资产周转率为1.5次，上一年的销售净利率为4%，总资产周转率为1.2次，权益乘数（按平均数计算）为2.5。

要求：（1）假设不考虑可转换债券在负债成分和权益成分之间的分拆，债券票面利率等于实际利率，计算今年的稀释每股收益。

（2）计算今年的权益乘数（按平均数计算）。

（4）计算今年年初、年末的资产总额和负债总额。

（5）计算今年年末的每股净资产。

（6）计算今年的基本每股收益和每股股利。

（7）计算今年年末普通股每股市价。

（8）利用连环替代法和差额分析法分别分析销售净利率、总资产周转率和权益乘数的变动对权益净利率的影响。

第三节　练习题参考答案

知识点1：财务分析概述、依据和方法

一、单选题

1.【正确答案】D

【答案解析】财务分析的局限性包括财务报表本身的局限性、财务报表的可靠性问题、财务分析的比较基础问题。因此，本题的正确答案为选项D。

2.【正确答案】D

【答案解析】连环替代法是因素分析法的基本形式。因此，本题的正确答案为选项D。

3.【正确答案】C

【答案解析】采用差额分析法计算可知，产量增加对材料费用的影响＝(110－100)×8×5＝400（元）；单位产品材料消耗量节约对材料费用的影响＝(7－8)×110×5＝－550（元）；价格提高对材料费用的影响＝(6－5)×110×7＝770（元）。

二、多选题

1.【正确答案】BCD

【答案解析】财务分析的方法包括比较分析法、比率分析法、因素分析法。因此，本题的正确答案为选项 BCD。

2.【正确答案】ABCD

【答案解析】判别财务指标优劣的标准有以经验数据为标准、以历史数据为标准、以同行业数据为标准、以本企业预定数据为标准。因此，本题的正确答案为选项 ABCD。

3.【正确答案】CD

【答案解析】相关比率是以某个项目和与其有关但又不同的项目加以对比所得的比率，反映有关经济活动的关系。因此，本题的正确答案为选项 CD。选项 A 属于构成比率，选项 B 属于效率比率。

三、判断题

1.【正确答案】×

【答案解析】在财务分析中，通过对比两期或连续数期财务报告中的相同指标，以说明企业财务状况或经营成果变动趋势的方法称为趋势分析法。

2.【正确答案】√

【答案解析】采用比较分析法时，应当注意以下问题：第一，用于对比的各个时期的指标，其计算口径必须保持一致；第二，应剔除偶发性项目的影响，使分析所利用的数据能反映正常的生产经营状况；第三，应运用例外原则对某项有显著变动的指标做重点分析，研究其产生的原因，以便采取对策，趋利避害。

3.【正确答案】×

【答案解析】因素分析法具体有两种：一是连环替代法，二是差额分析法。差额分析法是连环替代法的一种简化形式。

知识点 2：偿债能力分析

一、单选题

1.【正确答案】B

【答案解析】通过选项 A 可以判断企业长期债务能力；选项 C 属于效率比率，主要考察企业的获利能力；选项 D 属于构成比率，主要考察总体中某个部分的安排是否合理。选项 B 属于相关比率，是流动资产与流动负债的比率，可以判断企业的短期偿债能力。因此，本题的正确答案为选项 B。

2.【正确答案】B

【答案解析】产成品属于存货，存货属于非速动资产。因此，本题的正确答案为选项 B。

3.【正确答案】C

【答案解析】流动负债 = 300÷1.5 = 200（万元）。营运资金 = 300-200 = 100（万元）。因此，本题的正确答案为选项 C。

4.【正确答案】C

【答案解析】资产负债率 = 负债总额÷资产总额。权益乘数 = 资产总额÷所有者权益总额。产权比率 = 负债总额÷所有者权益总额。资产负债率×权益乘数 =（负债总额÷资产总额）×（资产总额÷所有者权益总额）= 负债总额÷所有者权益总额 = 产权比率。因此，本题的正确答案为选项 C。

5.【正确答案】B

【答案解析】资产负债率 = 负债总额÷资产总额×100%。资产负债率反映总资产中有多大比例是通过负债取得的，资产负债率越高，说明资产对负债的保障程度越低。资产对负债的保障程度提高一倍意味着资产负债率降低为原来的一半，即降为 40%。因此，本题的正确答案选项为 B。

二、多选题

1.【正确答案】ABC

【答案解析】货币资金、交易性金融资产和各种应收款项，可以在较短时间内变现，称为速动资产；另外的流动资产，包括存货、预付款项、一年内到期的非流动资产和其他流动资产等，属于非速动资产。因此，本题的正确答案为选项 ABC。

2.【正确答案】AC

【答案解析】现金资产与流动负债的比值称为现金比率，选项 A 错误；现金比率过高，意味着企业过多资源占用在盈利能力较低的现金资产上，从而影响企业盈利能力，选项 C 错误。

3.【正确答案】ABD

【答案解析】如果选项中的财务活动能够提高企业的偿债能力，那么这样的财务活动可以提高债权人目标。提高利润留存比率，会提高企业的资产，负债没有改变，资产负债率降低，企业的偿债能力增强，因此选项 AB 正确。选项 C 会增加公司的债务，提高资产负债率，因此选项 C 不正确；选项 D 会增加企业的资产但不改变企业的负债，因此选项 D 正确。

4.【正确答案】AD

【答案解析】企业增加发行了新股，获得长期资金，使得企业股东权益增加，负债不变，总资产增加。资产负债率=负债÷总资产，资产负债率下降，偿债能力增强。因此，本题的正确答案为选项 AD。

5.【正确答案】AB

【答案解析】流动比率与速动比率衡量短期偿债能力，资产负债表衡量长期偿债能力，权益净利率衡量企业的盈利能力。因此，本题的正确答案为选项 AB。

三、判断题

1.【正确答案】√

【答案解析】权益乘数=1÷（1-资产负债率）= 1+负债总额÷所有者权益=资产总额÷所有者权益。因此，权益乘数的大小取决于企业的资本结构；资产负债率越高，权益乘数越大，财务风险越大。

3.【正确答案】×

【答案解析】如果企业一直保持按时付息的信誉，则长期负债可以延续，举借新债也比较容易。利息保障倍数越大，利息支付越有保障。如果利息支付尚缺乏保障，归还本金就更难指望。因此，利息保障倍数可以反映长期偿债能力。

3.【正确答案】×

【答案解析】资产负债率反映了企业的长期偿债能力，指标值越高，表示企业长期偿债能力越弱。当资产负债率远高于 50%时，企业将面临资不抵债的风险。因此，该指标值并不是越高越好。

4.【正确答案】×

【答案解析】速动比率等于速动资产除以流动负债。一般来说要求流动资产大于流动负债，即流动比率大于 1。而速动资产属于流动资产的一部分，未要求速动资产必须大于流动负债。不同企业标准不一样，并不是大于 1 才是正常的。

5.【正确答案】×

【答案解析】资产运用效果是否更好，既取决于资产的利用程度，又取决于企业收入的情况，实为衡量企业的营运能力。流动比率衡量企业的偿债能力。

知识点 3：营运能力分析

一、单选题

1.【正确答案】B

【答案解析】存货周转率指标反映的是存货整体的周转情况，不能说明企业经营各环节的存货周转情况和管理水平。因此，本题的正确答案为选项 B。

2.【正确答案】B

【答案解析】企业营运资产的利用及其能力如何，将从根本上决定企业的经营状况与经济效益。企业营运能力主要指企业营运资产的效率与效益。因此，本题的正确答案为选项 B。

3.【正确答案】C

【答案解析】总资产周转次数=销售收入÷平均总资产。增加销售收入、提升资产利用效率、降低平均总资产，都可以增加总资产周转次数，加快总资产周转速度。但如果本年年末增加一笔银行贷款，平均总资产增加，总资产周转次数减少。因此，本题的正确答案为选项 C。

4.【正确答案】A

【答案解析】应收账款周转率等于营业收入除以应收账款的平均数。放宽信用政策会使得应收账款增加，当营业收入不变时，应收账款周转率下降。加快收账速度使得应收账款减少，当营业收入不变时，应收账款周转率提高。赊销收入增长的速度快于应收账款的增长速度会使得应收账款周转率下降。回收了以前期间大量的应收账款，应收账款平均余额减少，当营业收入不变时，应收账款周转率下降。因此，本题的正确答案为选项 A。

二、多选题

1.【正确答案】ABD

【答案解析】应收账款应为未扣除坏账准备的金额。因此，本题的正确答案为选项 ABD。

2.【正确答案】ABC

【答案解析】在具体分析存货周转率时，应注意以下几点：第一，存货周转率的高低与企业的经营特点有密切联系，应注意行业的可比性；第二，存货周转率反映的是存货整体的周转情况，不能说明企业经营各环节的存货周转情况和管理水平；第三，应结合应收账款周转情况和信用政策进行分析。因此，本题的正确答案为选项 ABC。

3.【正确答案】ABCD

【答案解析】周转率指标能反映营运能力。因此，本题的正确答案为选项 AB-CD。

4.【正确答案】AD

【答案解析】生产设备属于非流动资产，总资产不仅包括流动资产，还包括非流动资产，只有应收账款与存货属于流动资产。因此，本题的正确答案为选项 AD。

5.【正确答案】ACD

【答案解析】应收账款周转期等于 360 除以应收账款周转率，应收账款周转率为赊销收入净额÷应收账款平均余额，因此可写成（应收账款平均余额×360）÷赊销收入净额。流动周转率等于营业收入除以流动资产平均余额，不是用营业成本计算。总产报酬率等于营业收入除以总资产平均余额，分子分母同乘以流动资产平均余额，可写成(营业收入÷流动资产平均余额)×(流动资产平均余额÷总资产平均余额)。总资产周转次数=销售收入÷平均总资产。因此，本题的正确答案为选项 ACD。

三、判断题

1.【正确答案】√

【答案解析】在计算应收账款周转次数时应注意，其中的应收账款包括会计报表中“应收账款”和“应收票据”等全部赊销账款在内，因为应收票据是销售形成的应收款项的另一种形式。另外，应收账款应为未扣除坏账准备的金额。因为如果按照扣除坏账准备的金额计算，其结果是计提坏账准备越多，应收账款周转率越高、周转天数越少，对应收账款实际管理欠佳的企业反而会得出应收账款周转情况更好的错误结论。此外，要注意的是，应收账款在财务报表上按净额列示。A 公司的应收账款周转次数=15 010÷[（2 000+50+30+1 005+65+20）÷2]=9.47（次）。

2.【正确答案】×

【答案解析】如果产值率提升的同时，产品销售率下降，且后者下降的幅度更大，则资产的营运能力不升反降。

3.【正确答案】×

【答案解析】该说法存在片面性，提高营运额能力仅代表提高了单位资产的产出，企业盈利能力是否提高还要看利润的创造情况。

4.【正确答案】×

【答案解析】应收账款周转期等于 360÷周转率，周转期越长，表明周转率越小，即周转速度越慢。

知识点 4：盈利能力分析

一、单选题

1.【正确答案】D

【答案解析】净资产收益率是杜邦财务指标体系的核心。因此，本题的正确答案为选项 D。

2.【正确答案】D

【答案解析】总资产=净利润÷总资产。收回应收账款是资产内部的一增一减，总资产不会变化，选项 A 不正确；用资本公积转增股本影响所有者权益内部的变化，不会导致总资产变化，选项 B 不正确；用银行存款购入生产设备也是资产内部的一增一减，总资产不会变化，选项 C 不正确；用银行存款归还银行借款表明资产减少，负债减少，净利润不变，总资产净利率会上升，选项 D 正确。

3.【正确答案】B

【答案解析】2021 年权益乘数=2022 年权益乘数。

2021 年净资产收益率=销售净利率×总资产周转率×权益乘数=6%×2×2021 年权益

乘数＝12%×2021 年权益乘数。2022 年净资产收益率＝7%×1.5×2022 年权益乘数＝10.5%×2022 年权益乘数。由此可知，与 2021 年相比，2022 年的净资产收益率下降了。因此，本题的正确答案为选项 B。

4.【正确答案】B

【答案解析】财务绩效定量评价指标中，企业盈利能力的基本指标包括净资产收益率和总资产报酬率。营业利润增长率是企业经营增长的修正指标。总资产周转率是企业资产质量的基本指标。资产负债率是企业经营偿债能力的基本指标。因此，本题的正确答案为选项 B。

5.【正确答案】A

【答案解析】公司的毛利＝100×50%＝50（万元）。净利＝(50－10－10)×(1－25%)＝22.5（万元）。净利率＝22.5÷100×100%＝22.5%。因此，本题的正确答案为选项 A。

二、多选题

1.【正确答案】BD

【答案解析】销售净利率反映产品最终的盈利能力，选项 B 错误；净资产收益率是杜邦财务指标体系的核心，选项 D 错误。

2.【正确答案】ACD

【答案解析】2021 年每股收益＝净利润÷发行在外普通股加权平均数＝100÷100＝1（元/股），选项 A 正确。公司实行固定股利政策，2021 年每股股利＝2020 年每股股利，则 2021 年每股股利为 0.2 元，选项 C 正确。市盈率＝每股市价÷每股收益＝10÷1＝10，选项 D 正确。

3.【正确答案】AC

【答案解析】销售净利率反映了企业净利润与销售收入的关系，它的高低取决于销售收入与成本总额的高低。要想提高销售净利率，一是要增加销售收入，二是要降低成本费用。因此，本题的正确答案为选项 AC。

4.【正确答案】CD

【答案解析】选项 A 和选项 B 是与营业收入有关的获利能力指标。因此，本题的正确答案为选项 CD。

5.【正确答案】CD

【答案解析】总资产报酬率＝净利润÷总资产平均余额×100%＝（净利润÷营业收入）×（营业收入÷总资产平均余额）×100%＝营业净利率×总资产周转率。因此，本题的正确答案为选项 CD。

三、判断题

1.【正确答案】√

【答案解析】净资产收益率=净利润÷股东权益，该公司2021年的净资产收益率=100×(1+5%)÷600×100%=17.5%。

2.【正确答案】×

【答案解析】企业所有者作为投资人，关心其资本的保值和增值状况，因此较为重视企业盈利能力指标，主要进行企业盈利能力分析。

3.【正确答案】√

【答案解析】净资产收益率反映了企业所有者投入资本的盈利能力，说明了企业筹资、投资、资产营运等各项财务及其管理活动的效率。

4.【正确答案】×

【答案解析】总资产报酬率和净资产收益率的分子都是净利润。虽然有学者认为总资产报酬率可以使用息税前利润作为分子，但净资产收益率的分子肯定是净利润。

5.【正确答案】√

【答案解析】本期净资产余额=100÷0.05×2−1 800=2 200（万元）。净资产增长率=(2 200−1 800)÷1 800×100%=22.22%。

知识点5：发展能力分析

一、单选题

1.【正确答案】B

【答案解析】资本积累率=(1.5−1.25)÷1.25×100%=20%。

2.【正确答案】A

【答案解析】营业收入平均增长率=$\sqrt[3]{(5\ 464\div 5\ 000)}-1=3\%$。

二、多选题

1.【正确答案】ABD

【答案解析】衡量企业发展能力的指标主要有销售收入增长率、总资产增长率、营业利润增长率和资本积累率等。因此，本题的正确答案为选项ABD。

2.【正确答案】AB

【答案解析】选项C和选项D是反映获利能力的指标。

三、判断题

1.【正确答案】√

【答案解析】销售收入增长率可以作为一个参考指标来反映企业的发展能力。

2.【正确答案】√

【答案解析】发展能力分析必须与自身历史情况做对比，才可以预测未来的发展趋势。

3. 【正确答案】√

【答案解析】根据营业收入增长率等指标的公式可知，发展能力指标都类似于营业收入增长率的计算过程，即用当期营业收入与上期营业收入的差除以上期营业收入。

知识点6：杜邦分析法

一、单选题

1. 【正确答案】D

【答案解析】要想提高销售净利率，一是要扩大销售收入，二是要降低成本费用。因此，本题的正确答案为选项D。

2. 【正确答案】A

【答案解析】总资产净利率＝销售净利率×总资产周转率，则总资产周转率对总资产净利率的影响＝15%×(1.25−1.5)＝−3.75%。

3. 【正确答案】A

【答案解析】杜邦财务分析体系是利用各主要财务比率指标间的内在联系，对企业财务状况及经济效益进行综合系统分析评价的方法。该体系以净资产收益率为起点，以资产净利率和权益乘数为基础。因此，本题的正确答案为选项A。

4. 【正确答案】B

【答案解析】净资产收益率＝销售净利率×资产周转率×权益乘数。因为资产负债率不变，所以权益乘数不变。假设权益乘数为 A，则2021年的净资产收益率＝7%×2×A＝14%×A，2022年的净资产收益率＝8%×1.5×A＝12%×A。与2021年相比，2022年的净资产收益率下降了。因此，本题的正确答案为选项B。

5. 【正确答案】C

【答案解析】在杜邦财务分析体系中，净资产收益率＝总资产净利率×权益乘数＝销售净利率×总资产周转率×权益乘数＝销售净利率×总资产周转率÷（1−资产负债率）。由此可知，在杜邦财务分析体系中，净资产收益率是一个综合性最强的财务比率（选项A正确），是杜邦分析体系的起点（选项D正确），以总资产净利率和权益乘数为基础（选项B正确）。该分析体系认为，在总资产净利率大于零且不变的前提下，提高资产负债率可以提高净资产收益率。但是，提高资产负债率会增加财务风险，因此该分析体系没有考虑财务风险因素，选项C不正确。

二、多选题

1. 【正确答案】ABD

【答案解析】杜邦分析法以净资产收益率为起点，以总资产净利率和权益乘数为基础，重点揭示企业盈利能力及权益乘数对净资产收益率的影响以及各相关指标间的相互影响和作用关系。杜邦分析法中，有关资产、负债和权益指标通常使用平均值计算。因此，本题的正确答案为选项 ABD。

2. 【正确答案】BCD

【答案解析】杜邦分析法是利用各主要财务比率指标间的内在联系，对企业财务状况及经济效益进行综合系统分析评价的方法。该体系以净资产收益率为起点，以总资产净利率和权益乘数为基础。因此，本题的正确答案为选项 BCD。

3. 【正确答案】ABC

【答案解析】提高销售净利率的途径如下：一是要扩大销售收入，二是要降低成本费用。因此，本题的正确答案为选项 ABC。

4. 【正确答案】ABCD

【答案解析】选项 A 反映的是杜邦分析体系的第一次分解，选项 B 反映的是杜邦分析体系的第二次分解。选项 C 和选项 D 反映的是营业净利率和总资产周转率两指标的计算，都是杜邦分析系统里包含的。

5. 【正确答案】BD

【答案解析】净资产收益率 = 总资产净利率×权益乘数 = 销售净利率×总资产周转率×权益乘数。总资产净利率 = 销售净利率×总资产周转率。权益乘数 = 资产÷股东权益 = 1÷（1-资产负债率）。因此，本题的正确答案为选项 BD。

三、判断题

1. 【正确答案】×

【答案解析】杜邦分析体系的核心是净资产收益率。

2. 【正确答案】×

【答案解析】通过对权益乘数大小的分析，可以了解资本结构是否合理以及财务风险的大小。

3. 【正确答案】√

【答案解析】资本结构不变，则总资产报酬率的分母和净资产收益率的分母均不变，此时总资产报酬率提高，即净利润增加。对净资产收益率来说，分母不变，分子提高，则结果是净资产收益率增大。

4. 【正确答案】×

【答案解析】在杜邦财务分析体系中，净资产收益率 = 总资产净利率×权益乘数 = 销售净利率×总资产周转率×权益乘数 = 销售净利率×总资产周转率÷（1-资产负债率）。由此可知，在杜邦财务分析体系中，净资产收益率是一个综合性最强的指标。

5. 【正确答案】√

【答案解析】根据杜邦财务分析体系，净资产收益率 = 销售净利率×总资产周转率×权益乘数 =（净利润÷销售收入）×（销售收入÷平均资产总额）×[1÷（1-资产负债率）]。今年与上年相比，销售净利率的分母销售收入增长 10%，分子净利润增长

8%，表明销售净利率在下降；总资产周转率的分母平均资产总额增加 12%，分子销售收入增长 10%，表明总资产周转率在下降；资产负债率的分母平均资产总额增加 12%，分子平均负债总额增加 9%，表明资产负债率在下降，即权益乘数在下降。今年和上年相比，销售净利率下降了，总资产周转率下降了，权益乘数下降了，由此可以判断，该公司净资产收益率比上年下降了。

四、计算题

1.【答案解析】（1）有关指标计算如下：

上年总资产周转率＝6 900÷2 760＝2. 5（次）。

本年总资产周转率＝7 938÷2 940＝2. 7（次）。

上年流动资产周转率＝6 900÷1 104＝6. 25（次）。

本年流动资产周转率＝7 938÷1 323＝6. 0（次）。

上年流动资产占总资产的百分比＝1 104÷2 760×100%＝40%。

本年流动资产占总资产的百分比＝1 323÷2 940×100%＝45%。

（2）流动资产周转率与资产结构变动对总资产周转率的影响计算如下：

流动资产周转率变动的影响＝(6. 0−6. 25)×40%＝−0. 1（次）。

资产结构变动的影响＝6. 0×(45%−40%)＝0. 3（次）。

2.【答案解析】（1）每股收益＝1 000×20%÷50＝4（元/股）。

（2）市盈率＝每股市价÷每股收益＝25÷4＝6. 25。

（3）公司预期保留盈余＝1 000×20%−(0. 25×4)×50＝150（万元）。

需要筹集的权益资金＝700×（1−0. 5）＝350（万元）。

公司需从外部筹措的权益资金为＝350−150＝200（万元）。

3.【答案解析】（1）2021 年年初的股东权益总额＝1 500×2＝3 000（万元）。

2021 年年初的资产总额＝1 500+3 000＝4 500（万元）。

2021 年年末的股东权益总额＝3 000+3 000×30%＝3 900（万元）。

2021 年年末的资产总额＝3 900÷(1−40%)＝6 500（万元）。

总资产净利率＝900÷[(4 500+6 500)÷2]×100%＝16. 36%。

净资产收益率＝900÷[(3 000+3 900)÷2]×100%＝26. 09%。

使用平均数计算的权益乘数＝［(4 500+6 500）÷2］÷［(3 000+3 900）÷2］＝1. 59。

（2）基本每股收益＝900÷(600+300)＝1（元/股）。

年末每股市价＝13×1＝13（元）。

每股股利＝900×60%÷900＝0. 6（元）。

4.（1）调整后的归属于普通股股东的当期净利润＝300＋4×(1−25%)＝303（万元）。

调整后的发行在外的普通股加权平均数＝200+8＝208（万股）。

稀释每股收益＝303÷208＝1.46（元）。
（2）平均股东权益＝(1 200+1 680)÷2＝1 440（万元）。
平均资产总额＝(3 000+3 696)÷2＝3 348（万元）。
权益乘数＝3 348÷1 440＝2.33。
（3）可转换债券的年利息＝100×4%＝4（万元）。
可转换债券可以转换的普通股股数＝100÷1 000×80＝8（万股）。
（4）年初权益乘数＝年初资产总额÷年初股东权益总额
2.5＝年初资产总额÷1 200
年初资产总额＝3 000（万元）。
年初负债总额＝3 000－1 200＝1 800（万元）。
年末权益乘数＝年末资产总额÷年末股东权益总额
2.2＝年末资产总额÷1 680
年末资产总额＝3 696（万元）。
年末负债总额＝3 696－1 680＝2 016（万元）。
（5）年末的每股净资产＝1 680÷210＝8（元/股）。
（6）净利润＝利润总额－所得税＝400－100＝300（万元）。
基本每股收益＝300÷200＝1.5（元/股）。
每股股利＝普通股现金股利总额÷年末普通股股数＝84÷210＝0.4（元/股）。
（7）普通股每股市价＝10×1.5＝15（元/股）。
（8）今年的销售收入＝3 348×1.5＝5 022（万元）。
今年的销售净利率＝300÷5 022×100%＝5.97%。
今年的权益净利率＝5.97%×1.5×2.33＝20.87%。
上年的权益净利率＝4%×1.2×2.5＝12%。
利用连环替代法分析如下：
第一次替代：5.97%×1.2×2.5＝17.91%。
第二次替代：5.97%×1.5×2.5＝22.39%。
第三次替代：5.97%×1.5×2.33＝20.87%。
销售净利率变动对权益净利率的影响＝17.91%－12%＝5.91%。
总资产周转率变动对权益净利率的影响＝22.39%－17.91%＝4.48%。
权益乘数变动对权益净利率的影响＝20.87%－22.39%＝－1.52%。
利用差额分析法分析如下：
销售净利率变动对权益净利率的影响＝(5.97%－4%)×1.2×2.5＝5.91%。
总资产周转率变动对权益净利率的影响＝5.97%×(1.5－1.2)×2.5＝4.48%。
权益乘数变动对权益净利率的影响＝5.97%×1.5×(2.33－2.5)＝－1.52%。

图书在版编目(CIP)数据

财务管理学习指导/姚永红主编 .—成都:西南财经大学出版社,
2022. 2
ISBN 978-7-5504-4464-5

Ⅰ. ①财… Ⅱ. ①姚… Ⅲ. ①财务管理 Ⅳ. ①F275

中国版本图书馆 CIP 数据核字(2021)第 279160 号

财务管理学习指导

主　编　姚永红
副主编　陈雪铃　叶国安　李美玲

责任编辑:李晓嵩
责任校对:王甜甜
封面设计:何东琳设计工作室
责任印制:朱曼丽

出版发行	西南财经大学出版社(四川省成都市光华村街 55 号)
网　　址	http://cbs. swufe. edu. cn
电子邮件	bookcj@ swufe. edu. cn
邮政编码	610074
电　　话	028-87353785
照　　排	四川胜翔数码印务设计有限公司
印　　刷	郫县犀浦印刷厂
成品尺寸	185mm×260mm
印　　张	16. 75
字　　数	357 千字
版　　次	2022 年 2 月第 1 版
印　　次	2022 年 2 月第 1 次印刷
印　　数	1— 3000 册
书　　号	ISBN 978-7-5504-4464-5
定　　价	39. 80 元